扑克财经策划

企业
风险管理

大宗商品价格、汇率、利率风险管理实务

汪滔　石建华　著

Enterprise
Risk Management

机械工业出版社
CHINA MACHINE PRESS

本书介绍了企业如何对生产经营中的各种风险进行有效管理，从而规避大宗商品、汇率、利率等市场波动对企业经营带来的负面影响。本书首先介绍了什么是风险，如何把握对冲和投机的根本区别，以确保正确的风险管理理念；然后对各种不同的风险进行了详细的分析，并介绍了相应的应对措施；最后对企业风险管理中的实际操作问题进行了详细的介绍，特别是针对中国企业实践中至关重要的财务处理、绩效评估和业务制度等方面，提供了具体的指导。

本书结合了成熟的理论体系，基于大量中国实际案例写就，内容具体且实操性强，有效针对中国企业的实际情况，不仅从理念和制度上，而且从具体操作上提供指南。本书能对企业和金融服务机构的专业人员在各种管理培训、自学提高和实操参考中发挥重要作用。

图书在版编目（CIP）数据

企业风险管理：大宗商品价格、汇率、利率风险管理实务／汪滔，石建华著． -- 北京：机械工业出版社，2024. 6. -- ISBN 978 - 7 - 111 - 76003 - 0

Ⅰ. F272. 35

中国国家版本馆 CIP 数据核字第 2024KD9508 号

机械工业出版社（北京市百万庄大街 22 号 邮政编码 100037）

策划编辑：坚喜斌	责任编辑：坚喜斌
责任校对：杜丹丹　张慧敏　景 飞	责任印制：刘 媛

唐山楠萍印务有限公司印刷

2024 年 11 月第 1 版第 1 次印刷

170mm × 240mm · 20. 25 印张 · 1 插页 · 296 千字

标准书号：ISBN 978 - 7 - 111 - 76003 - 0

定价：89. 00 元

电话服务　　　　　　　　　　网络服务

客服电话：010 - 88361066　　机 工 官 网：www. cmpbook. com

　　　　　010 - 88379833　　机 工 官 博：weibo. com/cmp1952

　　　　　010 - 68326294　　金 书 网：www. golden-book. com

封底无防伪标均为盗版　　机工教育服务网：www. cmpedu. com

推荐序一

▲

抢占先机，立于不败之地

对外经济贸易大学国际经贸学院研究员、博士生导师
李正强

中央金融工作会议鲜明提出"加快建设金融强国"目标，强调金融是国民经济的血脉，坚持把金融服务实体经济作为根本宗旨。近年来，国内外商品价格、利率、汇率的变化对于企业生产经营的影响不断增大，风险管理更具挑战。在各种原材料和产成品的金融属性越来越明显、相关金融产品日益丰富的今天，企业应积极探索利用金融市场和金融工具，规避风险、降低成本、稳定经营，力求在竞争中获得先机。随着我国期货市场品种工具进一步丰富、市场功能不断深化，期货服务实体经济质效进一步提升，为实体企业管理风险、促进企业稳健经营等方面取得积极成效。

近年来，国内企业对利用期货及衍生品工具规避经营风险也越发重视，多家上市公司发布公告称拟开展套期保值业务。期货套期保值助力企业提升风险对冲能力，在帮助实体企业锁定采购成本和销售利润、减少资金占用、确保原材料质量、提高产品品牌价值、预判走势、改善信用状况等方面发挥了积极作用。开展风险管理业务，既可以平抑商品价格波动、平滑企业利润，同时还能够改善企业财务表现和业绩预期、估值水平，在有利于企业维持充裕现金流的同时实现稳健盈利。

在上述背景下，本书的出版对于企业风险管理水平的提高，在复杂多变的经营环境中占得先机，立于不败之地，有着非常重要的现实意义。这本书介绍了企业风险管理的基本理念和方法，衍生品工具的基本特性和应用，以及相应的企业组织机构、财务和风险管理系统等，是企业在微观层面管理风

险的重要参考和指南。

我在大连商品交易所工作之时和本书作者相识，有很多接触和交集，离开交易所到大学任教后，我们还有多次合作和交流。他们二位将丰富的理论知识、业界交易员职业经历和企业风险管理系统开发实践中获得的大量经验有效结合反哺行业，是对行业高管人员培训的最重要资源。他们为行业衍生品套期保值应用推广、服务实体经济健康发展做出了很多贡献。他们对企业风险管理及衍生品应用有着非常深刻的理解和思考，通过这本书对企业风险管理进行了非常好的诠释，对风险管理的内涵、意义、方法和路径进行了详细的讲解，书中案例也是作者们在实践中提炼出来并精心雕琢的，对于读者有很大的启发。

相信这本书能够增强企业应对大宗商品、汇率、利率波动的能力，强化风险意识，帮助企业在各种不同环境下都能够生存和繁荣。

推荐序二

▲

觉醒时刻：风控不是临场救火，是未雨绸缪

扑克财经、零炬大宗创始人　林辉

人类社会进入工业时代之后，企业的发展是由科学技术和现代管理制度的相互结合共同推动的，相比于欧美社会数百年的工商业发展和迭代，中国现代企业建立现代管理制度的时间要短得多。在改革开放和加入世贸组织后，中国企业的发展更可谓乘势而起、突飞猛进，中国工业化浪潮让中国成为全球生产基地，造就和壮大了一批又一批的大宗商品企业，这里面有中央企业、有地方国企，更多的是虽无资源优势却更加灵活的民营企业。中国大宗商品企业当下面临的很多难题都可以从本书中找到答案。

这本书的书名是《企业风险管理：大宗商品价格、汇率、利率风险管理实务》，是一本企业套期保值的实务书籍和指南。书中既有对市场风险管理体系的系统梳理，也有大量作者亲身经历的案例。我一直认为，套期保值绝对不是一个部门的事，绝对不是一门技术，也不仅仅是一项业务，更不是市场行情判断和交易水平。套期保值是"一把手"工程，套期保值的理念应该要提升到企业文化的高度，它是企业的管理学命题。我们都知道世界五百强企业中进行套期保值的比例高达94%，而相对能代表中国优质公司的上市公司里，截至2022年数据显示参与套期保值的比例仅为22.89%。这还是在近几年包括交易所在内的社会各界广泛推广套保理念之后的结果，并且这些参与套保的企业仅仅是发布了公告，参与套保的质量和程度还有待验证。这个结果是中国企业和欧美企业在管理文化以及对套期保值认识上的差异导致的，我们需要给中国企业一些时间去拉平这种管理学上的认知差，在这个时间里，我们需要大力沉淀、梳理、传播正确且专业的企业市场风险管理理念和实践。

工业革命期间发展形成的企业管理成果我们还未来得及吸收和消化，新的挑战却已来到门口。百年变局、前所未有，站在变局的关口，中国大宗商品企业在管理上面临的挑战非常紧迫，我们还有时间去做这件事，但留给我们的时间确实不太多了。

我和本书的两位作者均结缘于 2016 年左右，彼时我刚创立扑克财经不久，传播正确且专业的大宗商品企业风险管理理念是公司的使命和愿景。石建华总裁跟我说，他想做出中国最好的市场风险管理系统，当天谈话的很多内容都已模糊，但是这句话至今还留在我的记忆中，如今他所创办的企业已持续服务众多的大宗商品龙头企业。汪滔教授从摩根士丹利、中国国际金融有限公司离职后加入上海交通大学高级金融学院，担任金融衍生品教授。我们在他的办公室见面，我还没落座，他就拿出一本沉甸甸的《套期保值实务》给我，直言希望我能协助他把书出版了。现如今，这本起源自《套期保值实务》又超越《套期保值实务》的新书即将面市，我激动的心情绝不亚于这两位作者！

十年来，我在研究和学习大宗产业、企业变迁、品种基本面、市场周期、风险管理的无数个日日夜夜中，见到太多的巧妙设计、超高杠杆，以及由此带来的财富涌动、巧取豪夺、悲欢离合。有的企业对自身判断趋势的能力过于自信，认为自己搞现货搞了几十年，对市场判断总体来说还是比较准的；有的企业以为风险管理只要交给专业人才或系统搞定就行，甚至认为找到一位知名的操盘手就行；有的企业视金融衍生品为洪水猛兽，是下九流；有的企业觉得金融衍生品虽然好，但自己不会用、没有人才、没有团队，只能望洋兴叹，心有余而力不足；有的企业不满足于严格套保后失去的"利润"，想追求更高的回报率，很难抵挡诱惑……一个行业，为何如此"冰火两重天"？究其原因，与风险控制的水平息息相关。这个市场一直在谈风险管理，往往侧重在技术和实施层面，如果没有把风险管理放到企业文化和管理的高度，微观层面搞得再好效果也会打折扣。我们都听过太多别人家的公司和别人的故事，而对于我们自己，却连如何避免失败都不知从何说起。认为我们各自所面临的风险都是个体事件，这就是我们认知层面的风险点。

令人欣喜的是，随着中国企业全球化步伐的加快，为了在业务和管理上提升水平，为了在复杂多变的国际环境中灵活应变，为了在大宗商品这个历久弥新的行业中屹立不倒，越来越多的企业由粗放快速的扩张向精耕细作的管理转变，其中企业风险管理，正在成为越来越多的企业稳定经营、不断做强的重要法宝。

然而风控知易行难，一套完整有效的风险管理方法论和体系，贯穿于企业的各个部门和流程，如新业务的扩张，业务谈判，执行层面的期现匹配、交易执行；再到物流、仓储、单证流和资金流的匹配和控制，价格风险控制等，每个版块和环节无不体现了成功企业的管理智慧和严谨治理体系。

近年来，得益于政府部门和交易所等行业管理者的大力引导和帮助，市场风险管理的培训和学习正在越来越多的企业如火如荼地展开！交易和风险中最重要的因素是人，风控不是临场救火，而是未雨绸缪。我希望这本《企业风险管理：大宗商品价格、汇率、利率风险管理实务》的出版，也能够给大宗商品这个有趣、专业、坚实厚重的行业，给这个行业孜孜不倦投身其中的同仁们带来启发和帮助，为推动中国大宗商品企业风险管理水平的提升带来助力！

序　言

▲

企业风险管理的正本清源

汪滔

自从麻省理工学院博士毕业，进入华尔街投资银行摩根士丹利，开启衍生品的职业生涯，我就一直在思考一个问题，衍生品是不是一个正业，是不是一个恰当的行业。我认为，任何行业如果不是真正为社会服务、为生命服务，就不是恰当的，如果只是为了投机，大鱼吃小鱼，最后只剩下一条巨大的鱼而饿死，这个行业是不可能长期存在的。

在这些年的衍生品生涯中，我看到了太多的起起伏伏，很多人短期内获得巨大利润，但是很快又面临巨额亏损，各种悲欢喜乐。高度杠杆导致的瞬间大起大落，刺激人的神经，把人性的弱点诱发到极致，各种贪婪，不择手段，甚至丧失底线。我一直在思考，如果这个行业不是一个正业，那又为何一直存在而且蓬勃发展？即使是信用衍生品惹了大祸，成为引发次贷危机的导火索。

后来我明白了，衍生品最终是为实体经济服务的，是为价格风险管理服务的，而这也正是它能够长期存在且繁荣的根本原因。在复杂的环境中，通过运用市场上丰富的衍生品工具，企业和其他经济实体可以有效地平滑利润的波动，能够集中精力做自己最擅长的经营活动，不管是采矿、制造、贸易、种植或其他，也不管在哪个行业，黑色金属、有色金属、能化、粮食或其他。企业专注于主业，把自身不能承受或者不愿意承受的价格波动风险，通过衍生品对冲出去。衍生品通过正当的方式为企业的风险管理做出贡献，这就是我寻找的正业，为社会服务、为生命服务，可以长期持续下去。有了这个正业为基础，衍生品行业才有了意义，因为它能够为实体企业的风险管理提供交易对手盘，提供流动性，帮助价格发现。

　　我离开投资银行来到高校以后，一直深耕企业风险管理领域。我一方面从事教研工作，另一方面也为企业提供风险管理咨询服务，和很多企业就各种具体情况研究对策。在这个过程中，我有很多心得和体会，非常高兴最终能够写出来付印。

　　非常荣幸和华融启明的石总一起写作。石总和我有不同的视角：我从国际国内投行转到商学院任职，石总有大量国内期货行业、期现交易和套期保值相关工作的实践，包括风险管理系统的开发工作。我第一次和石总深聊企业风险管理，非常惊喜，我们从不同的视角出发，最后得出的对风险管理的根本理解竟然完全一致。我们决定一起把我们这些心得写出来，希望为企业风险管理起到正本清源的作用。我们对一些核心理念进行清晰的梳理、系统的总结，因为如果理念不对，地基是歪的，企业后面的具体操作可能处处碰壁。进行企业风险管理必须要有一个正确的理念，本书希望能够在这方面起到一些作用。

　　在帮助企业树立正确的风险管理理念的基础上，我们把企业风险管理相关各方面成熟的操作要点也整理出来，给企业一个比较系统的介绍和指南。书中我们也收集了一些国内和国际的案例，特别是不少国内案例，绝大部分是我们亲身参与的，有真实的感受和确切的事实。通过这样一本既比较详尽，又比较系统的书籍，加上有丰富的实际案例，希望能够真正为中国企业成功的风险管理助力。这也是我职业生涯中很大的一个心愿，真正能做一些有益社会、为生命服务的事情。

　　这本书陆续也花费了好多时间，得益于很多朋友的帮忙，包括扑克财经的林辉，早年帮我整理书稿的王雨桐、陆梦琦和林豪，还有给了我巨大支持的亲爱的夫人王雪姣，非常感谢他们！

　　我们尽力写得比较准确系统，但书中可能也有一些考虑不周的地方，一些错漏，一些不够深刻的地方，请大家一定给我们指出来，帮助我们进一步提高。企业风险管理是我终生的事业，是一个长期的事情，我们计划进一步完善这本书，旨在辅助企业开展具体的风险管理工作，真正服务于企业，同时为社会和生命创造价值，以体现正业的初心，就像我一开始提到的，回到衍生品的本意！带着这个心愿，看到这本书面世，非常欣慰，感谢大家！

前　言

▲

企业风险管理的解决方案

石建华

随着市场竞争的日益加剧、技术创新的层出不穷以及全球经济格局的深刻变革，企业所面临的风险呈现出前所未有的复杂性和多样性。在这个瞬息万变的时代，企业不仅要直面传统的市场风险、财务风险，还要应对技术风险、信息安全风险等新型挑战。这些风险往往相互交织、影响深远，尤其是大宗商品价格、汇率以及利率的风险，更是给企业的经营带来了极大的不确定性。大宗商品价格的涨跌直接影响到企业的采购成本、库存价值以及产品销售价格；汇率的变动则影响到企业的进出口业务、跨境投资以及国际融资；利率的波动则直接关系到企业的融资成本、债务负担以及投资回报。对这些风险进行有效管理，不仅关乎企业的短期经营成果，更决定着企业的长期生存和发展。加强企业风险管理，提升企业的风险应对能力，已成为现代企业的必修课。本书《企业风险管理：大宗商品价格、汇率、利率风险管理实务》正是回应时代的这一呼唤，应运而生的。

早在 2007 年之前我从事纺织行业时，对 PTA 和棉花等原材料价格波动对下游产品产生的巨大影响，体会尤为深刻。当时由此而产生的种种焦虑，仍不时历历在心头。2008 年，我进入了期货行业，并立即被期货市场的独特魅力所征服。它独有的机制和功能为解决大宗商品行业的诸多问题提供了有效途径：期货的每日负债结算制度有效避免了大宗商品现货行业中频发的三角形债务问题重演；其双向操作机制能够帮助我们规避系统性风险；其套期保值功能可以管理大宗商品价格的波动，使得我们能够更加从容地应对市场变化；而其价格发现功能则使得大宗商品现货交易能够利用期货价格作为基准进行定价，从而在现货层面有效规避价格风险。

　　我进入期货市场最初从操盘手做起，后来涉足了期货公司的期货经纪业务，期间历任五矿海勤总经理助理和银河期货总部营销中心负责人，有幸服务了众多的期货行业的客户。然而，随着工作的深入，我发现实际情况与我之前的想象有着不小的出入。当时，中国的期货行业主要以个人客户为主，他们大多倾向于从事投机交易。虽然一些企业也开始涉猎期货市场，但多数并非真正进行套期保值操作，而是同样以判断行情进行投机为主。由于缺乏有效利用金融衍生品进行价格风险管理的意识和能力，这些企业面临着巨大的经营风险。与国际同类型成熟企业相比，其盈利能力也有着显著的差距。

　　2013 年，我和周伟等作为创始合伙人成立了北京华融启明风险管理技术股份有限公司（以下简称"华融启明"），专注于解决中国大宗商品业务与金融衍生品融合的难题。在服务客户的道路上，我们历经了无数次的摸索与尝试。为了打下坚实的理论基础，我们翻阅了国内外大量书籍和文献，也请教了很多专家学者。然而，我们遗憾地发现，国内在这一领域的理论研究尚显薄弱，企业风险管理的相关研究也远远滞后于国际水平。国内现有的关于套期保值和风险管理的书籍，大多仍停留在对期货和套期保值基本概念的解读，或是简单介绍一些企业的期货实践案例，鲜有深入探讨企业风险管理整体体系的研究。

　　针对这一情形，华融启明随即成立了启明研究院，专注于研究国际先进的风险管理理论以及企业金融衍生品应用的管理体系、方法和工具。在此过程中，华融启明也逐渐明确了自身的定位与发展方向：为中国大宗商品企业提供大宗商品业务与风险管理的专业培训、咨询和 CTRM 软件服务。

　　在深耕行业多年之后，华融启明越来越深切感受到中国企业对于企业风险管理理论知识的迫切需求。于是，华融启明萌生了撰写一本企业风险管理专著的念头。后来，我有幸和汪滔教授相识，我们的教育背景和工作经历虽大相径庭，但在风险管理理念上却不谋而合，彼此的观点既高度契合又互为补充。这种难得可贵的默契为本书的创作注入了强大的动力，也让我们更有信心合作将这本书打造成为一本兼具深度和广度的企业风险管理佳作。

2021 年，我们开始正式着手撰写本书。整整三年时间，我们倾注了大量的心血，力求使其成为一部体系完整、内容全面的大宗商品企业风险管理指南，旨在帮助企业构建科学的风险管理体系，为大宗商品行业的从业者提供理论和实践的指导，同时也为即将踏入这个领域的新人提供宝贵的启蒙。

当然，我在本书中所阐述的和汪教授不谋而合的诸多观点、理论，并非仅仅出自于我个人的思想成果，更来源于华融启明历届研究院同仁的研究成果，是集体智慧的结晶。这也是"华融启明解决方案"的理论基石。

特别感谢华融启明总经理助理黄奇文先生和我的夫人徐晓琴女士！在本书的撰写过程中，他们为书籍内容的整理、丰富以及文字的修改、更正等，做出了大量的贡献。

本书的出版我们力求在内容上做到体系化、严谨化，但受限于各种因素，必然存在诸多不足之处。我们衷心希望各位读者朋友不吝赐教，提出宝贵的意见和建议。在未来的版本中，我们将据此修正和完善，从而使本书更加规范、更具价值，以期成为企业风险管理的必备宝典。

谨以此书献给所有热爱和关注企业风险管理事业的朋友们。

目　录

▲

结　语

第 1 章　风险管理概述

▲

远古时期，以打鱼捕捞为生的渔民们每次出海前都要祈祷，祈求神灵保佑自己能够平安归来，其中主要祈祷的内容就是让神灵保佑自己在出海时能够风平浪静、满载而归。他们在长期的捕捞实践中，体会到风给他们带来的无法预测、无法确定的危险。他们认识到，在出海捕捞打鱼的生活中，"风"即意味着"险"，因此有了"风险"一词。

而另一据说经过多位学者论证的"风险"一词的"起源说"称，风险（risk）一词是舶来词，有人认为来自阿拉伯语、有人认为来自西班牙语或拉丁语，但比较权威的说法是来源于意大利语的"risque"一词。在早期的运用中，也被理解为客观的危险，体现为自然现象或者航海遇到礁石、风暴等事件。大约到了 19 世纪，在英文的使用中，风险一词常常用法文拼写，主要用于与保险有关的事物。

世界上有两种游戏，一种叫"胜者游戏"，还有一种叫"剩者游戏"。前者就像踢世界杯淘汰赛，每一场都必须赢，最终获胜者赢得冠军；而后者的规则是，其他参赛者均已死亡或者出局，幸存者只要还活着，就赢了。

在"剩者游戏"中，一旦个人生命死亡或者企业破产，即使盈利能力再强，也无济于事。怎么参与游戏，如何应对风险，是很有智慧的事情。有效风险管理可以减少随机的波动，波幅减小，生存机会就大了。风险管理的目的是让我们活下去，而不至于出局。

总结一下，风险来自于人的有限理性与世界随机运行的冲突。风险管理的根本目的是生存下去：冬天来了，如果可以活下去，那么春天就是你的；在低谷的时候，如果可以活下去，那么你就可以谋篇布局，蓄势待发。这就是风险管理的根本目的。

1.1 风险与风险管理哲学

1.1.1 风险的概念

为了进行对风险的研究，首先必须了解不确定性（uncertainty）和风险（risk）之间的区别。人们对于不确定性和风险，通常情况下并不加以区分。在日常对话中，人们对"风险"一词使用比较宽泛。但从经济学的角度来看，在一些情形中，"风险"是可以度量的；而在另外一些时候则不然。可度量的"风险"与不可度量的风险有着天壤之别。可以度量的"风险"不能归为不确定性。[注]

事件发生的可能结果有三种情况（见表1-1），第一种是可能结果未知；第二种是可能结果已知，但不能确定何种结果必然发生；第三种是可能结果已知，且确定何种结果必然发生。

表1-1 事件发生的可能结果

	不确定	风险	确定
结果可能性	未知	已知但不确认	确认
概率分布	未知	已知但不确认	确认

第一种情形，可能结果未知，是指产生的结果未知和对于各种结果的发生概率未知，即不确定性（uncertainty）。如转基因技术，现代生活中有很多人反对生物技术的广泛应用，他们的一个重要担忧就是人类不知道这样的技术对未来会产生怎样的后果。很多行为会对我们的未来产生很大的影响，只是因为种种原因，我们在现阶段并不能准确预测这种可能的结果。

㊀ 奈特. 风险、不确定性与利润［M］. 安佳，译. 北京：商务印书馆，2010.

结果未知的产生原因有两种：

1. 从认识论的角度来看是认识论的无知：由于人类看待世界角度的局限性，人类尚不能准确判断事件未来发生的结果。中国自古就有诗句："横看成岭侧成峰，远近高低各不同。不识庐山真面目，只缘身在此山中。"（《题西林壁》苏轼）。由于我们所处的角度不同，有些地方可能就是天然盲点。

2. 从现象学的角度来看是现象学的无知：人类科学技术的局限，使得我们无法预知事物产生的后果。早年人类并不知道电磁波和核辐射的存在，但是电磁波和核辐射也始终在影响着我们的身体。古代的人们无法探知这种影响，直到近现代，科学技术才使得我们可以计量这种影响。

随着人类有限理性的提升，人类不断拓展看待世界的角度和认识世界运行的规律，就可以使对结果的认识从不确定性向确定性发展。

第二种情形，可能结果已知，可以分为两个情况，一种是不知道事情发生的概率，另一种是已知事情发生的概率。在精算中，保险公司可以通过大数据收集了解人类寿命的长短以及概率分布，进而制定保险方案。对于保险公司来讲，人的寿命就是结果已知以及概率已知。

上述第二种情况我们称为风险。风险可以定义为：决策者能够事先知道事件最终的可能结果，以及各种结果发生的概率分布，但不能确定结果唯一性情况。

第三种情形，可能结果已知，且确定何种结果必然发生，即"确定性"。

风险的基本特征是风险发生的概（频）率和影响程度，也就是风险发生的可能性和风险的影响程度。因此风险管理一定要从这两个维度考虑。走路、开汽车、坐飞机的例子就很能说明风险发生的可能性和影响程度原理（见表 1-2）。

表 1-2　风险发生的可能性和影响程度原理

	走路	开汽车	坐飞机
风险发生的可能性	小	较大	很小
影响程度	小	很大	极大
采取措施	自我接受	购买保险	小心管理

保险行业相关数据就是综合了风险发生的可能性和影响程度精算出来的。

企业在进行价格风险管理的时候也需要考虑风险发生的可能性和影响程度这两个方面，大宗商品的价格行情分析更多的是考虑风险发生的概率，而实货敞口的限额大小需要更多地考虑风险影响程度。

风险是一个双向（边）的概念，既有损失的可能性，也有收益的可能性。[一]所以风险不仅包括损失的可能，也包括盈利的可能。风险管理本身并不是保守、什么都不做，而是通过研究未来结果和概率，从而进行积极地应对，在风险的环境里把损失降到最低，同时最大化盈利。

一个好的交易员、投资者或者企业经营者同时也是一个好的风险管理师。他们拥有可能完全不同的策略和性格，但共同点就是，他们都是好的风险管理师，具备能够长期在市场中生存的必要条件：风险管理能力。企业经营者在做出从短期到长期的各项经营管理决策时，也必须考虑风险与回报的关系。风险管理可以作为一种思考方法来帮助进行决策。

示例

"麻省理工学院 21 点"

一个著名的例子就是"麻省理工学院 21 点"的故事。麻省理工学院学生通过对"21 点"游戏规则进行研究，计算和分析各种情况的概率，从而决胜赌场。

21 点这个游戏严格来说就是个风险事件。首先可能结果已知，然后概率分布也已知。21 点规则是：K、Q、J、10、9、8、7、6、5、4、3、2、A，KQJ 都算 10 点，首先庄家发一张牌，然后玩家要一张牌。在这个过程中，谁手中的牌点数达到 21 点，谁就输了；21 点以下点数大的一方胜。玩家手上的牌比如已经达到 15 点了，那么再发一张牌就很可能爆掉了。

麻省理工学院的学生用一个简单的办法记牌，只要出来一张比 8 大的牌，他就加 1，如果小于 8，就减 1。每张牌出来，只要记加 1 减 1，根据累计数字

〇　周玮，苏妍. 企业风险管理：从资本到获取利润［M］. 北京：机械工业出版社，2020.

的大小，就可以判断对玩家的有利程度的概率。如果概率对玩家有利，就加注。同时分工合作，记牌的人和下注的人是分开的。因为如果玩家每次同时记牌又下注，一直赢的话，赌场就可能发现有异，不会允许他上台玩这个游戏了。正因为有了这个著名事件，赌场把游戏规则改了，原来是固定牌一直玩，直到牌最后发完，才结束这一局。现在改成多副牌，始终是重新开局。

1.1.2　管理风险的出发点：生存

假设你是一个投资者，要面对两个不同的基金管理人。第一个基金经理你给他 1 元钱，他有 99% 的可能翻倍，1% 的可能赔光。如果你投资这个基金，让他一直交易下去，你觉得最终的结果会怎样，是否值得投资（见图 1−1）？

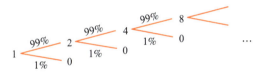

图 1−1　第一个基金经理的投资方案

理性投资者的答案是不会。因为最重要的就是生存下去。如果全部输光，基金资产余额到了 0 的话，就永远是 0 了，所以关键的是要有持续生存下去的能力。有一个赌博策略：到赌场，我先投 1 元钱，输了我就投 2 元钱，再输我投 4 元钱，再输我投 8 元钱，只要我赢一次就全回来了。这个策略是对还是错呢？错的。因为有可能还没有赢回来的时候就全部输光了。输光以后，再翻多少倍都是 0。

第二个基金经理，盈利的时候赢 60%，亏损的时候亏 50%，输赢的概率各占 50%，这个基金值不值得投资（见图 1−2）？

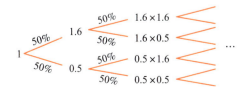

图 1−2　第二个基金经理的投资方案

　　这里的关键就是反复交易，1.6×0.5×1.6×0.5……一直乘下去，发现最后结果还是0。为什么会出现这样的情况？巴菲特说"投资最重要的是风险管理，第二重要的是风险管理，第三重要的还是风险管理"。在这个基金经理的事例中，当亏损了50%之后，要盈利100%才会赢回来，盈利和亏损是不对称的。什么时候才值得投资？损失这边是亏损50%，盈利方面获利100%以上，才可以长期盈利。

　　在金融市场中，一是要生存，要有持续生存下去的能力；二是要能控制向下的风险。千万要避免完全输光的风险，然后才是考虑盈利。

　　在金融市场中，不同的投资风格有着相同的期望收益。

　　在图1-3中，我们可以看到两种截然不同的投资风格。第一幅图中，我们可以观察到，在大部分情况下，该投资者都获得收益，而小概率事件下，投资者会遭受较大的损失，使得期望收益总体下降；第二种投资在大多数情况下投资者承受负收益，但是在小概率事件下，投资者收获较大的收益，使得期望收益总体上升。综合比较，两种截然不同的投资风格有着相同的期望收益，但是其结果是不同的。尽管第一种投资风格在大多数时间会带来收益，但是小概率事件下带来的损失是巨大的，可能会导致公司破产；第二种投资风格尽管长时间带来负收入，但是公司仍然能长久地存活下去，从而赢取在

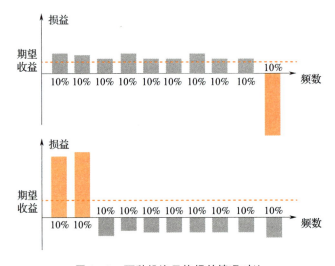

图1-3　两种投资风格损益情况对比

未来获得盈利的机会。这也是我们谈论风险管理一直所强调的——"风险管理是为了让公司在合理预期下的最坏情况中存活，只有公司能够在小概率事件中存活下去才有未来盈利的可能"。

如今，我们可以看到很多顶尖的投资银行，但是很多人不知道，有很多曾经名噪一时的传奇银行并没有存活到今天。比如当年盛名超过高盛的所罗门兄弟公司，因为没有管理好操作风险而导致公司倒闭。所谓"剩者为王"，只有能够存活下来的人才有未来盈利的可能性。著有《股票作手回忆录》的传奇交易员杰西·利弗莫尔（Jesse Livermore）直到今天依旧对很多交易员有着深远的影响。在经历四次破产之后，他最终没能再重新站起来，而是选择了结束生命。破产无论是对于公司还是个人投资者都有着极其深远且消极的影响。所以风险管理强调一定要充分考虑可预期的不利情况。但要注意的是，这并不是说只考虑风险而忽视回报，我们要做的是同时看到风险和回报，并在二者中间找到很好的平衡。

风险和回报一定是成正比的。在这个市场上，除非有垄断的力量，或者有内部信息，或者具备别人所没有的优势，否则，世界上有很多人和你同样努力在拼命寻找这些机会，凭什么只有你能得到？金融机构面临各种各样的问题，其本质在于小概率事件。风险和收益是平衡的，为了表面上好看，就把风险隐藏在内里，而这些风险往往由客户或者社会去承担。为什么做金融的人有额外的收益？因为他们知道风险在哪里，并且有能力去管理，这才有收益。任何投资都有风险，但是管理的能力是不一样的，有能力管理风险的人才会有更大的收益。任何时候的风险管理，最需要小心的是小概率事件，它关系着我们的生死存亡。首先要确保自己活下来，然后依靠强大的风险管理能力，才可以创造超额收益。

1.1.3　风险管理的意义

风险管理是指导和控制组织风险的协调活动，是将风险控制在可接受程度的管理过程。一方面，风险管理可以降低利润波动性，减少极端事件对公司持续经营产生的影响，保障公司持续稳定经营。另一方面，风险管理也是捕捉市场机会、进行企业经营和市场交易的保值措施。

　　风险本身是双向的，收益是承受事件结果和概率发生不利波动结果的补偿。在各种投资选择中，减少损失的同时也面临着牺牲部分利润。比如说相对于投资股票市场，将资金存入银行发生不利结果的概率很低，因此收益也不高。

　　风险管理的目的是创造和保护价值。它提升了绩效，鼓励创新并支持目标实现。风险管理着眼于如何在风险中获得更加平稳的收益，通过管理风险，可以让公司更好地生存下去，可以让公司度过寒冬，当春天来的时候享有交易的机会。此外风险管理也可以给公司提供扩大规模的机会，可以为其他经营模式创造更好的条件，比如大宗商品贸易过程中的点价贸易、含权贸易、供应链金融等创新交易方式。

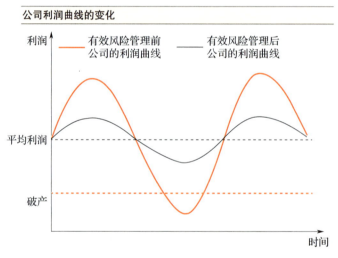

图1-4　风险管理前后利润曲线对比

　　图1-4中，粗实线代表公司在没有进行有效风险管理情况下的利润曲线，细实线代表公司进行有效风险管理后的利润曲线。可以观察到，通过有效的风险管理，公司的利润曲线波动降低，也就是波动的标准差减少。在进行有效风险管理之前，企业损失较大时可能面临破产（粗虚线代表导致公司破产的最低损失），一旦企业面临破产，也就失去了未来可能的盈利机会。我们要从生存的角度理解风险管理。企业只有生存下来，才能在经济周期开始反转的时候，抓住机会创造巨大的盈利空间。同时也为企业从企业目标、资

源、能力和外部环境相结合的角度出发，获取比平均效益更好的利润水平创造了条件。风险管理，是为了实现有边界的自由。

1.1.4　风险管理评价

企业风险管理工作的评价，一般涉及具体交易、项目、部门和企业组织等不同层面。一些标准化的评价指标简单介绍如下。

1. 夏普比率

对绩效进行客观的评定时要充分认识到，一方面不是从收益的绝对值来看，而是要看承担多少风险；另一方面要确保自己可以生存下去。即使在极端情况下，也要确保生存下去。

在风险管理中，收益和风险就如同硬币的两面，永远结合在一起。在专业的金融机构中，对绩效的评价标准化指标之一是夏普比率。

$$夏普比率 = (回报率 - 无风险收益率)/回报率标准差$$

夏普比率的分子是回报率，同时也是超额收益，要把无风险部分的收益扣除掉。分母是标准差，标准差是风险的度量。当我们衡量投资和回报的收益的时候，不能单纯只考虑回报，而要把回报和风险结合在一起看。

中国股市在 2016 年曾经历巨大波动，假设基金回报率为 3.6%，而银行存款的回报率为 3.5%。如果将回报率作为衡量投资效果的标准，那么股票难道是更好的选择吗？由于股票的价格波动较大导致其标准差较大，夏普比率因而会比较低。而银行存款的标准差通常接近 0（当然银行存款也存在信用风险，但目前在中国该信用风险可基本忽略不计）。风险管理就是研究如何减少回报率标准差，从而提高夏普比率。

2. 风险调整资本回报率（RAROC）

在计算内部收益率和评估项目的时候，国际上通行的做法不是简单地用收益和资本评估，而是要进行风险调整。评估收益要把风险考虑进去，就是要在收益中减去预期损失。考察项目的时候不仅仅是考虑预期回报率，假设两个项目预期回报率是一样的，一个是定存，一个是股票，还要考虑风险情况。股票的波动很大，要减去预期损失。这是帮助金融机构理性地承担风险。

风险调整资本回报率（Risk Adjusted Return on Capital），英文缩写为RAROC，是目前国际上先进的金融机构广泛接受和普遍使用的指标。RAROC的使用需要一个强大的风险衡量系统进行支持。RAROC 的计算是把收益进行风险调整，分母是风险资本，即在合理预期的最坏情况下企业能够渡过危机所需要的资本，而非一般资本，其资本量比一般资本（比如账面资本）要多，因为要考虑合理预期的最坏情况下所需要的资本额度。

$$RAROC = \frac{风险调整后的收益}{风险资本}$$

$$风险调整后的收益 = 收益 - 预期损失$$

RAROC 计算公式的分子项中，将风险带来的预期损失量化成为当期成本；分母项中，以风险资本代替传统股本收益率（ROE）指标中的所有者权益，应为风险准备的合理资本。

RAROC 的意义和作用主要有以下几点：

（1）RAROC 使收益和所承担的风险直接挂钩，为机构各个层面经营管理提供统一的依据，帮助机构理性地承担风险；

（2）在单笔业务和项目层面上，衡量一笔业务和项目的风险和收益是否匹配，帮助业务和项目决策；

（3）在资产组合层面上，衡量资产组合的风险和收益是否匹配，为效益更好的业务配置更多的资源；

（4）在机构整体层面，RAROC 可以用于目标设定、业务决策、资本配置和绩效考核，深刻地影响机构的风险导向。

1.1.5　示例

示例 1

风险性决策时的心理陷阱

2002 年诺贝尔经济学奖获得者丹尼尔·卡尼曼是一位心理学家，他的主要研究成果是认为人对风险存在各种天然的认知偏差。人的本能判断是在原始自然环境当中逐渐形成的，但是这个本能的直觉判断如果放到金融市场当中，有时会产生偏差。这是人感觉上的一种扭曲。他举了一个例子，为什么雨天的车祸非常多？一般人认为是因为路滑，但根本的原因是人对于汽车远近是从看清楚、看不清楚来判断的，下雨天看不清楚，人就会觉得车离他很远，再加上道路湿滑，就导致车祸增加。还有一个例子，为什么开车的时候有些人的脾气会变得很坏？因为人在速度很快的时候，会觉得自己很有力量，汽车开得越快，就越觉得自己很有力量，很有底气，就喜欢发脾气。

人性对未来的预期天生有过分乐观的倾向，所以造成人们往往对不利情况发生的准备不足，然后出现措手不及的生存危机。风险管理就是通过系统性的方法帮我们克服人性的弱点，在动荡的环境中得以生存和繁荣。

康奈尔大学的两个教授以丹尼尔·卡尼曼的研究为基础，写了《决策的陷阱》一书。书中举了一些例子，1895 年，英国皇家科学院院长加尔文爵士说比空气重的飞行器是不可能实现的；1929 年在大萧条即将爆发之际，哈佛经济学会申明，一场像 1921 年那样的衰退是绝对不可能再次发生的；1964 年，电影公司经理拒绝里根出演电影《最好的人》中总统角色的理由是"里根没有总统相"。他们对一些顶级商学院的 MBA 学生做了一个心理学实验，问一些生活中的常识问题，被试认为的把握程度是 98%，即 50 道题只会错 1 道，但实际正确率是 54%。测试眼科医生的问题是病人是否患青光眼，被试表示把握程度是 80%，而实际上正确率只有 18%。物理学家很有意思，当他们被问及一些科学常识，比如说光速，被试表示自己的把握程度只有 68%，实际上正确率有 59%。对化工厂经理的测试问题是化工行业和工厂的一些情况，被试表示把握程度是 90%，而实际上正确率只有 50%。人天性对不知道的事情有过分自信的倾向。

美联储前主席格林斯潘闻名华尔街的特点是讲话大家听不懂，当时华尔街研究员的最热点话题就是揣测格林斯潘在说什么。2008 年金融风暴之后美国参议院邀请卸任后的格林斯潘参加听证会，当时有个参议员对他说"格林斯潘先生，你现在讲的话我能听懂了"。格林斯潘不是没有能力把话讲清楚，而是任上时，虽然位高权重，掌握大量信息，又有最一流的智库，他仍然对未来会怎么样完全没有把握，只能含糊其辞罢了。

我们一定要考虑到我们可能判断错误的情况，不能过分自信，认为明天会涨就忘了跌的可能，不是说我们不去判断，而是我们无论如何都要想到，我们判断出错的可能非常大，我们得想好出错了怎么办，一条路走到底，是非常可怕的。

古希腊哲学家芝诺说过"一个人的知识就像一个圆，你的知识越多，知道自己不懂的东西越多"。你问4岁的孩子，他什么都知道。但是一个敬老院里的耄耋老者，他知道的东西都可能觉得自己不知道。

示例2

中远 FFA 巨亏事件

FFA 是"Forward Freight Agreements"的缩写，即"远期运费协议"。通俗来讲，FFA 是买卖双方达成的一种远期运费协议，协议规定了具体的航线、价格、数量等，且双方约定在未来某一时点，收取或支付依据波罗的海航交所规定的官方运费指数价格与合同约定价格的运费差额。从本质上看，它是一种运费风险管理工具。船东或货主通过 FFA 市场为运营环节购买了运费保险，保证其稳定运营的可持续发展。航运公司通过 FFA 指数来减少运费易变性对公司的影响，从而降低风险。[一]

对于进行了风险管理的航运企业，利润通常分为两部分。第一部分是来自主营业务的利润。第二部分是来自风险管理部分的收益，通常将 FFA 指数作为参考。企业为了在运费下降时减少亏损，通常会做空 FFA 指数，从而抵消运费价格下降对公司的影响，以此降低风险。

FFA 的目的应是套期保值，对冲风险，锁定利润。但在中国远洋的实际操作中，并非如此。

在 2007 年市场情况较好时，中国远洋在签下 200 多条高租金船的同时，在 BDI10000 点（波罗的海指数）看多市场，购入大量 FFA 合同，与企业的天然波罗的海指数多头是同向操作。2008 年金融危机爆发后，BDI 指数一路

　　⊖　MBA 智库百科。

暴跌，FFA 市场遭遇抛售狂潮。中远三季报显示，截至 2008 年 9 月 30 日，FFA 公允价值变动损失为 23.05 亿元，扣除期内已交割部分收益 18.74 亿元后，仍亏损 4.31 亿元。而在 9 月 30 日到 12 月 12 日期间，亏损的金额足足扩大了 6 倍多，高达 30.7 亿元。深陷泥潭的高盛、摩根士丹利等大投行和金融机构纷纷撤离 FFA 市场，加深了人们对 FFA 的抛售恐慌。2008 年，FFA 给中国远洋酿下 41.2 亿元巨亏。原本应该作为套期保值的 FFA 反而成为投机的手段，这给中国远洋带来了致命的打击。

示例 3

2008 年次贷危机——CDS

信用违约互换（Credit Default Swap，CDS）是国外债券市场中最常见的信用衍生品。在信用违约互换交易中，违约互换购买者将定期向违约互换出售者支付一定费用（称为信用违约互换点差），而一旦出现信用类事件（主要指债券主体无法偿付），违约互换购买者将获得债券违约的保险赔付，从而有效进行信用风险管理。自 20 世纪 90 年代以来，该金融产品在国外发达金融市场得到了迅速发展。[注]

从 2007 年下半年开始，源于美国房产市场的次贷危机成为席卷全球的金融危机。为了摆脱此次危机，美国政府投入的救市资金超过万亿美元，其他国家政府也投入重金以求缓解金融市场的流动性不足。据不完全统计，次贷危机本身坏账仅为几千亿美元，但是为何次贷危机仍会愈演愈烈？最重要的原因还是出在 CDS 上。投资银行为了赚取暴利往往采用 20～30 倍杠杆操作，为了规避风险于是为自己的投资买了份"保险"，也就是签订了 CDS 合约。CDS 作为独立证券可以流入市场进行交易，经过反复翻炒，2007 年底达到了 62 万亿美元。而当时美国国内 GDP 仅约为 14 万亿美元。在本案例中，CDS 由风险管理的工具演变成为豪赌投机的工具。

　㊀　MBA 智库百科。

1.2 风险的种类

从不同的角度来看，风险可以进行不同的分类：按原因的性质，可以分为可控风险与不可控风险；从决策的角度，可以分为可接受风险与不可接受风险；从风险管理的角度，可以分为固有风险与剩余风险；从风险事件影响的对象考虑，可以分为人身安全风险与财产安全风险；从风险的主体来看，可以分为个人风险与企业风险；按不确定性的性质，可以分为系统性风险和非系统性风险；按发生的领域，可以分为宏观经济风险、市场风险和政策风险，或内部风险和外部风险；按管理的领域，可以分为法律风险和人力资源风险；按结果的性质，可以分为纯粹风险和机会风险；按结果的严重程度，可以分为重大风险和一般风险；按发生频率，可以分为高频风险、中频风险和低频风险，等等，本书不再一一赘述。

根据风险产生的原因类别可以将风险分成五类，分别是自然风险、政治风险、社会风险、技术风险和经济风险。

1.2.1 自然风险

指因自然力的原因导致损失的风险，如地震、火灾、水灾、瘟疫等自然界造成的风险。

比如，智利是世界铜资源的集中供应地，但智利也是地震多发国家，一旦发生强烈地震，世界铜价即发生剧烈波动。

1.2.2 政治风险

指因政治原因导致损失的风险，如战争、内乱、外汇管制等。

世界政治和经济是密不可分的，而且政治风险不像一些金融市场的风险，金融市场的风险往往是较为连续的、波动的，政治风险一旦发生，就可能导致颠覆性的变化。特朗普时期采取的关税提升、贸易管制等政策，直接导致了金融市场的动荡。

1.2.3　社会风险

由于个人或团体的作为或不作为导致社会生产以及人们生活遭受损失的风险，如诈骗、盗窃、抢劫等。

1.2.4　技术风险

指伴随着科学技术的发展、生产方式的改变而产生的威胁人们生产与生活的风险。如核辐射、空气污染和噪声等。生活中的例子有日本核辐射问题、国内的雾霾污染以及噪声问题等。

技术风险是现代金融市场的重要风险，比如"9·11"事件发生的时候，摩根士丹利在被撞的楼里办公，其间有整套 IT 系统遭到损毁。事件发生后，摩根士丹利迅速启用在新泽西的备用系统，将对全世界的金融系统造成的冲击降到最低。

1.2.5　经济风险

人们为了生存而经由劳动过程或支付适当代价以取得及利用各种生活资料的活动中面临的风险。

1.3　经济风险中关于金融市场的风险

金融风险是经济风险的一部分，根据风险管理的主体不同可以将风险管理分为两类，也就是金融机构的风险管理和实体企业的风险管理。

对于金融机构来讲，风险管理是核心能力，在大的波动中能够存活下来至关重要。金融机构中像高盛和摩根士丹利这样的百年企业寥寥无几，像所罗门兄弟、雷曼、长期资本管理公司等暴得大名的企业，都在历史的长河中随风而逝了。对金融机构而言，看家本领就是风险管理。另外是实体企业风险管理，实体企业的主要收益来源一般不是金融市场，而是其主营业务。实体企业与金融企业的风险管理的考虑因素有诸多不同。

金融机构的巨大利润建立在各种风险之上，因而，金融机构都会在风险管理方面倾注巨大的人力、财力资源，风险管理能力相对完备。比较而言，实体企业这方面的核心能力不足，且一般并不依靠金融产品赚取利润，因而在风险管理方面花费的资源和投入的力量是有限的，并且，投入的资源也只集中针对某些特定市场的问题。跨国大公司全球经营，外汇风险管理是其不可避免的重要事项。而大宗商品相关的企业则主要通过金融期货及衍生品来进行对冲。企业风险管理和金融机构风险管理的侧重点是不同的。本书侧重实体企业的风险管理，同时也会提供很多与中国市场情况密切相关的探索和案例，可以供企业的财务及业务部门进行参考。

本书主要研究经济风险中关于金融风险的实体企业的风险管理。

1.4　企业面临的主要风险

本节围绕企业面临的主要风险：市场风险、信用风险、操作风险、现金流风险、流动性风险、国别风险、声誉风险、战略风险展开。

1.4.1　市场风险

市场风险是指由于国际、国内市场金融产品的市场价格波动变化而导致企业资产和预期收益的不确定性。[一]包括股票价格的波动、汇率的波动、利率的波动、大宗商品价格的波动等造成的风险，是我们日常最常接触的风险。

大宗商品价格波动对中国影响非常大，中国是世界工厂，生产所需的原材料的价格变化和大宗商品价格波动直接挂钩。

中航油事件中的主要风险也是市场风险。2004 年一季度开始，中国航油（新加坡）股份有限公司（以下简称中航油）开始做空石油，但是国际油价开始飙升，账面亏损共计 580 万美元。2004 年二季度，中航油加大投资，加大石油做空量，直至 10 月共做空 5200 万桶石油。与此同时，国际油价达到历史高点，中航油面临巨额亏损约 1.8 亿美元。2004 年 10 月 10 日中航油首

　　[一]　周玮，苏妍. 企业风险管理：从资本到获取利润 [M]. 北京：机械工业出版社，2020.

次向母公司中航油集团呈交报告，说明公司面对 1.8 亿美元的账面损失，并已缴付了期货交易的 8000 万美元补仓资金，公司同时面临严重的现金流问题，已接近用罄 2600 万美元的营运资金、1.2 亿美元的银团贷款及 6800 万美元的应收账款。2004 年 12 月 1 日，在亏损 5.5 亿美元后，中航油宣布向新加坡法院申请破产保护。关于这个案例，本书下文有详细的分析。

1.4.2　信用风险

信用风险是指由于交易对手的违约行为而导致企业资产与预期收益的不确定性。[一]信用风险可以再细分为两类，一部分是欠账逾期或者拒还，而另一部分是信用质量发生变化而造成的风险。如果企业或金融机构持有债券或是其他债务资产、债权类资产，评估过程需要考虑债券发行公司的信用。如果信用级别下降，即使这家企业没有违约，持有债券也会受到损失，这也是信用风险。因为信用利差（credit spread）的变化会造成资产价格的变化。

示例

雷曼兄弟破产事件

雷曼兄弟原本是美国第四大投资银行，却在 2008 年申请破产，其中一个主要原因就是没有对信用风险进行充分的管理。2008 年次贷危机中，由于次级抵押贷款的违约率上升，导致了次级债的金融产品信用评级下降。雷曼兄弟在危机爆发前大量增持次级贷款金融产品（例如 CDO 等产品），信用评级下降，违约率上升，使得信用风险增大，最终导致破产。

1.4.3　操作风险

操作风险是指由于人的主观认识的局限性导致其行为的结果偏离预期目标的不确定性，具体引发的因素很多，比如人员、内部流程、IT 系统和外部事件等。[二]

〇　周玮，苏妍. 企业风险管理：从资本到获取利润 [M]. 北京：机械工业出版社，2020.
〇　周玮，苏妍. 企业风险管理：从资本到获取利润 [M]. 北京：机械工业出版社，2020.

《左传》有云"人非圣贤，孰能无过"，人都会犯错，交易时也会犯错误，尤其是大量操作的时候。

操作风险最大的风险点是员工道德风险。特别是利用交易系统漏洞或者前中后台岗位职责没有完全分离等内部管理欠缺的机会，大肆违规交易，造成公司损失。比如1995年巴林银行事件是由于在新加坡的分支机构交易员尼克·里森既做交易，又负责清算、汇报、风控。当时交易所给巴林银行发送风险提示，最后报告却都回到交易员自己手上，以致交易失控，产生巨亏，银行破产。

示例

2013年光大证券的乌龙指事件

2013年8月16日11点5分31秒，中国石化股票突现异动，一秒内出现五笔跳价成交，合计49035手！股价瞬间从4.48元跳升至4.58元，升幅为2.232%。随后一秒，大单不断涌现，股价跳升至4.90元，盘面上股价涨幅为7.78%。中国石化瞬间飙涨"激起市场千层浪"，资金开始涌入其他蓝筹股。11点5分54秒，工商银行一秒内七次跳价成交，至5分56秒，工商银行股价已跳升至4.35元，两市第一大市值股工商银行触及涨停位，震惊市场。从11点5分31秒到56秒的短短26秒内，中国石化和工商银行两大权重龙头股先后涨停。随后的三分钟内，上证指数暴涨超过5%。

光大证券称，其策略投资部使用的套利策略系统出现了问题，该系统包含订单生成系统和订单执行系统两个部分。核查中发现，订单执行系统针对高频交易在市价委托时，对可用资金额度未能进行有效校验控制，而订单生成系统存在的缺陷，会导致特定情况下生成预期外的订单。11点5分8秒之后的2秒内，瞬间重复生成26082笔预期外的市价委托订单；由于订单执行系统存在的缺陷，上述预期外的巨量市价委托订单被直接发送至交易所。

光大证券乌龙指事件是中国A股市场的一次交易失误事件，导致了多只权重股瞬间出现大量买单，带动上证综指大幅上升超过5%，最高涨幅5.62%，造成光大证券公司1.94亿元的损失。

1.4.4 现金流风险

现金流风险是指无法及时以合理成本筹措资金，用以偿付各种支付义务、满足资产增长或其他业务发展需要的风险，简而言之就是资金链断裂。

现金流风险导致的实体企业破产，并非全部是资不抵债造成的，很多是因为现金流跟不上债务支付要求，从而出现了很大的危机。现金流风险在金融风险管理中和实体经济中是一样的。生活中一个最直观的例子就是按揭买房。如果贷款不能按时偿付，房子就会被拍卖，这就是现金流风险，因为短期内没办法满足现金需要。2008 年次贷危机的时候，大量美国家庭就是因为手上的现金太少，房贷无法偿还而破产。金融衍生品市场中的例子是期货保证金。期货保证金如果不能按时交纳，那么就会被强行平仓。

示 例

个人杠杆购房

在次贷危机前，很多美国人在加州买房，买房装修之后再卖掉以赚取差价。但是 2008 年次贷危机以后，因为现金流问题，无法按时支付按揭，最后就只能停止还贷，房子被银行没收。但是如果购房者当时手上有现金，只要能把按揭付上，之后价格回涨，还能挣钱。这就是现金流风险。

1.4.5 流动性风险

流动性风险是指市场容量不足导致无法成交或无法按市场价格成交的风险，即"有价无市"，不能以比较合理的价格即时成交。作为买家需要支付额外的钱，作为卖家要降低价格，或是无法满足较大的需求量。

以房产销售为例，豪宅与小户型房子相比不容易卖出，豪宅可能要等一两年甚至更久才能卖出去，而小户型房子则相对容易得多。而与房地产相比，股票的流动性更好，再好卖的房子可能也要几天甚至几个星期才能卖出去，但是流动性好的股票可以随时以较低的成本进行交易。

不凋之花基金天然气亏损事件

不凋之花基金天然气交易是十大金融衍生品损失事件之一。2006 年该公司看好天然气价格上涨，大量买入，做高市场价格。想抛售的时候却无人接手，最后因为没有对家和抛售的时候造成的价格下跌，导致这家基金破产。做金融衍生品一定要严格考虑流动性。如果是流动性不够的品种就需要考虑成交量，跟市场的交易量做比较，确保能够做得进去并且可以以合理成本全身而退。关于本案例，本书后面还有更详细的介绍。

1.4.6　国别风险

国别风险是指某一外国政治、经济、社会变化及突发事件造成损失的风险。这其实是一种特殊的信用风险，但是在巴塞尔协议中专门列出了该风险。在投资一个国家的时候，需要特别关注该国的国别风险。一旦国家政权更替或者动荡，就会给投资造成风险。

1998 年俄罗斯债务危机

1998 年 8 月 17 日，俄罗斯爆发金融危机，俄罗斯政府宣布将延期偿还所欠的全部债务。俄罗斯政府做出了一个非常简单的决定，他们将优先支付工人的工资，而将偿还给西方债权人的钱延期支付，并不在海外市场上支撑卢布汇价。简而言之，俄罗斯政府决定放任卢布贬值。至少对相当一部分到期债务来说，俄罗斯政府违约了。而此前他们曾经一再保证，这两种情况都绝对不会发生。经过一段时间的沉默以后，俄罗斯政府再度宣布延期偿还相当于 135 亿卢布的到期债务。俄罗斯政府的这一举措，不仅使国际金融界的"游戏"规则变得荡然无存，更糟糕的是，致使俄罗斯金融危机的程度甚至比拉丁美洲债务危机达到最高峰时还要严重。更何况，即使在危机最为严重的时候，拉丁美洲各国政府也没有完全抛弃自己的本币。

1998 年 8 月 20 日，俄罗斯金融危机发生后的第三天，全球市场一片狼藉。东欧和土耳其股市极度低迷；加拉加斯股票市场大跌 9.5%，致使委内瑞拉陷入恐慌，纷纷抢购美元；在巴西，股指跌去了 6%；即便在德国，由于俄罗斯的动荡可能危及其东部边境，股市也因此应声下跌了 2%。同时，作为俄罗斯最大的债权国，德国产生了大量银行坏账。

投资者纷纷撤回投资，互换利差——信用市场最基本的风向标就好像脱了缰的野马一样，失去了控制。在英国，巴克莱银行要求其所有交易员将现有的互换利差抛空合约一律予以平仓，即使这些交易员和长期资本管理公司的合伙人看法一样，认为互换利差已经高到顶了。巴克莱银行放弃互换利差抛空合约这一举动，令原本已经高高在上的互换利差，进一步雪上加霜。但是，巴克莱银行管理层根本就不在乎他们此举会给市场带来什么样的后果，他们只有一个念头，就是尽一切可能，迅速远离充满风险的是非之地。⊖

1.4.7　声誉风险

指因为经营管理行为或外部事件招致负面评价的风险。这个风险对于金融机构来讲是致命的，因为所有的金融交易，包括债券、股票、金融衍生品等都建立在契约之上。同时声誉风险不是独立存在的，也会受到其他风险的影响。如果出现丑闻会很大程度上影响到金融机构的声誉。

本质上所有的金融协议都是一张纸。股票是一张纸，它表明持有者在未来有分红的权利；债券是一张纸，表明未来债权人会归还债务人利息和本金；期货的仓单也是一张纸，表示未来有提货或者卖货的权利。如果没有声誉的话，所有的金融机构都将没有立锥之地。

1.4.8　战略风险

指因不适当的发展规划和战略决策造成损失的风险。

⊖　洛温斯坦. 赌金者：长期资本管理公司的升腾与陨落 [M]. 崇毅，译. 北京：机械工业出版社，2017.

1.5　企业风险管理概论

COSO（发起组织委员会）框架对企业风险管理的定义是：组织在创造、保护和实现价值的过程中，结合战略制定和执行，赖以进行管理风险的文化、能力和实践。

企业风险管理是一个过程，它由一个主体的董事会、管理层和其他人员实施，应用于战略制定并贯穿于企业之中，旨在识别可能会影响企业的潜在事件，并通过管理风险使不利因素控制在该企业的可承受范围之内，为企业目标的达成提供合理保证。

如果把获取收益比作进攻，那么管理风险就是防守。美式橄榄球比赛有一句话，"打赢常规赛靠进攻，打赢季后赛靠防守，到超级碗靠临门一脚"。风险管理的意义，其一是帮助企业在极端不利的情况下生存下去，减少极端事件对自身经营的影响。其二是使企业能够利用风险管理来扩大规模，从而获得更高收益。风险管理本身并不直接产出收益，而是通过降低整个资产组合或者企业盈利的利润波动性，减少极端事件对持续经营产生的影响，保障企业在极端情况之下能够生存下去，能够持续稳定地经营下去。

1.5.1　企业风险管理文化

企业文化就好像是个人的潜意识，决定了企业的行为和盛衰。著名的冰山比喻指出，人的行为是由海平面下的潜意识决定的，而企业一样，由海平面下的文化决定。风险管理文化是企业风险管理工作的基础，"不存在意外"的态度，对传统判断提出质疑；风险管理需要有效的沟通；风险管理需要主动和谨慎；风险管理需要对信息进行综合分析；风险管理需要深刻理解公司的业务、产品，采用的风险管理方法及其局限性。

企业的风险管理文化体现在多个方面，COSO认为企业需要明确自身的风险文化及哪些行为属于理想行为；指导员工如何更好地使用判断力来加强企业风险管理；判断文化对一家企业评估风险过程的影响；设置顶层基调，保持组织的核心价值观和决策、全员的行为标准相一致；并根据环境和情况的变化，适时推动文化转型以适应发展的需要。

企业风险管理最终的成功，其最核心的因素还是人和组织。最重要的一点是要格外提防小概率事件可能带来的重大损失。

1.5.2　风险偏好和风险承受力

风险管理具体实践的两个要素是公司的风险偏好和风险承受能力（即风险容忍度）。风险偏好也就是公司愿意承担多少风险。不同公司对风险的偏好不同。对冲基金和传统的航运公司相比较而言，前者愿意承担较大的金融风险，而后者愿意承担的风险较小。风险偏好不同，相应的原则和风险控制策略自然不同。同时，公司也要根据财务情况考虑自身的风险承受能力，也就是能够承担多少风险。如果企业拥有丰富的资金储备，那么可以考虑较高层面的风险管理，而如果企业本身现金流很紧张，那么风险管理的实施自然会受到限制。这是因为一方面风险管理的交易本身需要足够的资金支持，而另一方面风险管理也需要很多资源。所以风险管理要同时考虑到公司对于风险的偏好和公司的风险承受能力（根据公司财务情况决定）。

1. 风险偏好

风险偏好就是指为了获得盈利而愿意承担多少风险。[1]COSO 框架解释为主体在追求战略和业务目标过程中愿意承受的风险量。

风险偏好的定义说明了风险和回报存在着正相关的关系。低风险低回报，高风险高回报。

我们通过在金融市场中的经历可以发现这一理论的普适性。没有清楚意识到风险的存在而只重视高回报率的投资是非常危险的。大家一定要清楚地认识到，高回报的背后往往是高风险。现实生活中面对高回报时，很多人都认为自己是少数发现机遇的人。但现实是，在金融市场中能够长久存活下来的人往往都是拥有大量信息的聪明人，一旦高回报低风险的机遇发生，大家

---

[1] 风控叔《企业风险管理》第二部分第二章。

都会尝试抓住机遇，获得高于市场的收益，市场不断调整纠正，最终使得回报和风险回归同一水平。

生活中有很多例子。街边树上长了很多李子却没有人去摘，这很有可能是因为李子很酸。高回报的投资没有人去做，很有可能是因为后面隐藏着高风险。金融市场中的投资者未必都掌握非常多的金融知识，但是要始终记得，如果存在高回报的机会，它的后面极有可能隐藏着高风险。是不是有额外的信息其他人都不知道，或者是不是这个领域因为某些关系偏偏对你开放，如果都不是，那么其他聪明人不做一定是有原因的，那就是很可能蕴藏着的风险。

所以大家在进行投资和交易的时候，一定要记得天上不会掉馅饼。市场中到处是聪明人，能够根据理性的思考而进行判断。我们可以承担风险，但是一定要明白风险在哪里。风险与回报往往是正相关的，当我们无法了解风险到底在哪里时，一定要避免不合理的高回报投资。

风险偏好对个人和企业是不一样的。有的人喜欢高风险，有的人喜欢低风险。作为金融机构而言，商业银行愿意承受的风险很小，而投行则愿意承担较大的风险。这不存在对错，要根据自己的情况去做相应的决策。

比如扔硬币对赌，庄家赌注是 100 元人民币，如果扔到正面，对赌的人拿走 100 元钱，如果扔到另外一面，对赌的人就输掉他押注的钱。如果就扔一次，那么你愿意花多少钱跟庄家对赌？公正价格应该是 50 元钱，这是一个期望值。这和个人风险偏好有关。如果出价 50 元，其风险偏好是中性的，如果出价小于 50 元则属于风险厌恶型，而出价大于 50 元则属于风险爱好型。风险偏好没有高低之分，不存在风险厌恶型优于风险爱好型，反之亦然。这里有一个因素，如果赌的是 100 万，有人愿意出 50 万吗？如果赌的是 1 个亿，有人愿意出 5000 万吗？肯定不愿意。所以这里所谓的风险偏好类型都是相对的。当赌注较小时，一个人可能属于风险爱好型，愿意承担这个风险。但是当面临较大的赌注时，他很可能不愿意承受这样的风险，比如赌注为 1 个亿时，他很可能不愿意拿 5000 万元赌一注，此时他就成为风险厌恶型。

此外，不同的性别、年龄或者不同的交易策略等因素，也都可能对风险偏好的类型产生影响。比如，有些基金经理大多数情况下属于风险爱好型，愿意承担较大的风险以获取更高的收益，但当其应用某些特定的交易策略时，也可能成为风险厌恶型。

对不同的企业、个人，不同的生命周期风险偏好都是不一样的。一家企业刚刚起步的时候，愿意面对风险，到成熟阶段，则更倾向于规避风险。作为个体，年轻的时候愿意承担风险，到年老的时候肯定是想办法守成的。风险偏好和风险承受能力没有好坏之分，因为风险和收益是一体的。想要收益，就要承担风险。

2. 风险承受能力

风险承受能力（又叫风险承受度、风险容忍度）是指出现不利情况下所能承受的最大损失，即风险偏好的边界。

2017 年新版 COSO 框架重新定义了风险承受能力的概念。风险承受能力不再理解为风险偏好的细化或具体化，而是用绩效的语言来表达。通过重新定义风险承受能力，可以更加明确地表明在给定的绩效目标下应该承担多少风险，组织可以清晰地看出当前绩效下的可接受风险的边界。这些边界可以让组织评估绩效的变化是否在可接受的范围内，让我们不再孤立地看风险和绩效，而需要关注两者之间的相互关联和互相影响。

分析风险承受能力可以将其作为企业采取行动的预警指标，企业可以设置若干承受能力指标，以显示不同的承受能力级别。风险管理的核心目的是在合理预期的最坏情况下，有足够的资本能活下去。对于风险管理来说，我们关注的核心是合理预期的最坏情况，万一它发生了，我们还能生存下去，保持经营，等到情况变好的时候还有机会。

世界的本质是一个随机过程。对未来做预测的方法是分布分析，比如预期中等的情况、最坏的情况或者最好的情况，以及这些情况发生的可能性。在预期的同时，考虑好对策。

假设股票市场当前的股票指数是 2700 点，在实体经济不乐观的情况下，政府肯定会释放流动性，因此股票指数可能涨到 2800 点，这是较好的情况。但也有人判断，经济下行空间比想象的大，最坏是到 2400 点，当然最好的情况可能是一飞冲天，直接涨到了 3500 点。这三种预期到时候都有可能成为现实，我们要避开思维的误区，同时考虑好应对这三种预期的对策。

比如最坏的情况是 2400 点，那么在 2400 点的时候就要持有足额的风险资本数额。我们算资本的时候，不要依据我们预期最好的情况计算，而是要从最坏的情况出发。计算在最坏的情况下需要多少资本，这样的算法才是客观的计算。

企业和个人需要选择适合自己的风险和收益，并且进行有效的管理。因此企业需要根据自身战略和经营目标制定风险预算和风险限额。可以设置年度最大亏损总额（价格波动的亏损总额，不是期货）、品种敞口绝对值的数量、VaR 值等指标，然后把这些指标向各个品种、各个主体、各个业务模式、各个团队分配，这样企业就有了一个风险管理的边界。

1.5.3 风险管理方案

风险管理的方案可以分为四个部分，分别是风险资本配置和资本充足率的控制、组织和流程建设、风险管理策略的设计和实施、信息沟通和监控反馈改进。下面介绍的是针对金融机构的完整风险管理体系，一般企业不必做到这么完备，但是可以作为参考了解完整的体系是什么样的，企业可以根据自身的实际情况选择体系中适用的部分，把其他部分简化。

1. 风险资本配置和资本充足率的控制

资本是承担风险和吸收损失的第一资金来源，需要合理地配备资本这个缓冲器。

对于出资方来讲，最好的控制风险的方法就是让资产管理者和出资方共同承担风险，共担损益。另一种控制风险的方式就是对资产管理者制定投资要求，让资产管理者先行承担损失。这是因为现实环境下损失的可能情况很多，我们无法随时进行监控，而一旦制定了固定的监控模式，资产管理者有可能从中找到漏洞并进行回避。通过上面两种控制风险的方法可以减少信息不对称因素的影响。

比如对银行来讲，银行总是对于贷款方进行资金投入要求，银行和贷款方共同承担风险。所以我们说，资本是承担风险和吸收损失的第一资金来源，是控制风险的最根本的方法。风险资本配置和资本充足率必须满足监管资本的要求。巴塞尔协议（后面会提到）的一个核心就是提高对资本的配置和资本充足率的控制，确保投资中银行或者被监管的机构有足够的自有资金，而不是利用投资者的资金去投机，将风险全部转移到投资者身上。资本充足率是指资本总额对其风险加权资产的比率。资本充足率反映了银行或金融机构能以自有资金承担损失的程度。

资本充足率是监管机构对于金融机构监管的重要指标内容。金融机构应当根据风险程度来评估资本充足率，将资本保持在适当水平。承担的风险程度不同，资本充足率的要求也不同。银行存款和股票投资的风险程度不同，投资者在不利环境下所需要准备的生存资本也不同。

2. 组织和流程建设

风险管理需要董事会、高级管理层和业务部门的全面参与。董事会是企业最高的决策部门，其对风险管理的深度参与是非常重要的。风险管理是一个战略性业务，对企业的生存至关重要。采用衍生品作为对冲工具，具有很大的风险，董事会必须参与其中。

董事会参与风险管理的机构主要包括审计委员会和风险管理委员会。高级管理层则负责执行董事会审核通过的重大风险管理事项，在董事会授权范围内就风险管理事项进行决策和组织实施，向董事会就风险管理和风险承担水平进行报告。业务部门有四个，包括：内部审计部、财务部、法律/合规部和风险管理部。这是整个风险管理的组织架构。

（1）组织建设

风险管理需要在组织的各个层面设立风险管理组织架构，并在现有职业职能体系当中有机加入风险控制相关的职能，同时要建立风险管理流程，特别是重大风险的应急流程。

但是，所有的风险管理最终都要靠人来执行，人是最重要的因素。即使风控体系是非常完整的，但是如果没有真正理解和执行，制度就形同虚设，比如中航油新加坡公司衍生品投机事件就是如此。

风险管理要深入每一个层面，而不是仅限于外界监控。此外，风险管理需要较完善的相关责任和报告体系。考核风险管理的绩效，是必备的组织建设之一。我们需要明确，风险管理的核心出发点不是利润，而是间接为利润服务。风险管理的根本考核是针对有效降低利润波动性的考核。风险管理的考核一定要同时考虑到风险和收益两个部分。常见的误区在于公司着重强调对于利润的考核而忽视对于降低波动性的有效性考核。对于套期保值部门而言，该部门应该着重降低企业利润的波动性，而不是简单地争取利润。

【金融机构三道防线模型】

金融机构中的标准设置需要有三道防线，在 2020 年国际内部审计师协会（IIA）三线模型升级版中，对三道防线模型的描述做了更新（见图 1 - 5）。

第一道防线和第二道防线被统称为管理层，在组织治理机构的领导下，开展风险管理活动，采取行动（包括风险管理），达到组织目标。

第一道防线是业务部门，职责是为客户提供产品或者服务，并直接管理风险。

第二道防线是支持部门，职责是为风险管理相关的事务提供专业知识、支持、监督并提出合理质疑，各部门分工如下：

财务部：确保资本配置和风险偏好、风险限额的一致，提供各种数据；

法律/合规部：识别、评估和检测潜在的法律/合规风险，并进行日常管理；

风险管理部：将机构承担的各类主要风险进行统一管理。风险管理部的真正作用并不是决策什么可以做、什么不能做，而是把一切有关风险的事情如实、及时地汇报给更高层的决策部门。风险管理有一个原则叫"可测可控可承受"。第一点就是可测，风险管理部在这方面起着很大的作用。

第三道防线是审计部门，职责是提供独立的确认服务。对所有与达到目标相关的事务提供独立和客观的确认和建议。主要部门是内部审计部。内部审计部审核风险管理能力和效果，发现潜在的风险，提出应对方案。

业务部门和审计部门一起合作，对风险管理的问题进行持续监控和监督整改。风险管理系统建立后，不能不去管它，而是需要持续改进。审计部门可以对其进行持续的监控和监督整改。

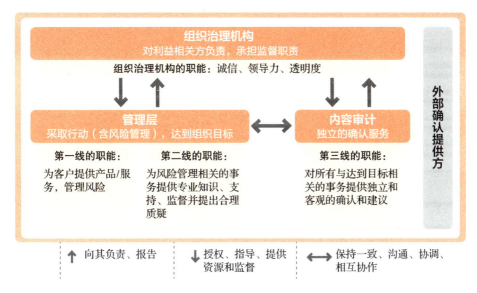

图 1-5　金融机构标准三线模型

【实体企业组织建设】

一家实体企业，不可能像银行一样每个部门都招很多的人，有非常庞大的体系。不一定都需要那么多的业务部门如内部审计部、财务部等，但对应的工作还是需要有指定的人员负责。另外特别重要的一点是，风险管理部门必须是独立的。完整的风险管理体系，一般分为前中后台，前台是直接交易进行风险管理的决策部门，中台是风险管理部，后台是财务部做交易清算和资金划拨。一个重要原则是前中后台都要各自分开独立。例如，前台的交易人员无法左右中后台。中后台的人员配置、工作安排都需要更高级别的管理层人员直接负责，与前台人员完全隔离。历史上有很多惨痛的教训，比如巴林银行事件，前中后台没有分开，导致前台权力过大，不受监控。

（2）风险管理流程

风险管理的职责作用体现在企业经营的各个环节，主要有四个方面：

业务管理部门需要持续、主动管理所有风险敞口和确保风险、回报平衡；

财务管理和运营需要确保所有交易、仓位被完整、准确记录和为业务管理提供支持；

风险控制需要独立、客观地核查带有风险的经营活动，确保所有风险因

素都在业务规划和业绩评估中体现;

内部审计需要对风险管理、内部控制原则和相关部门职能履行的独立性进行评价。

风险管理具体流程需注意以下几个方面。

1)风险识别

首先要知道有哪些风险。根据企业的情况发现存在的风险并进行分析,找到其中最主要的。我们在这个世界上面临着无数的、各种各样的风险,我们能管理的、有精力管理的就只能集中在一些最主要的风险上,所以要对这些风险进行感知、分析,找到主要因素进行主要管理。

感知和分析是影响战略目标实施和经营活动的潜在因素,常用的方法有:

- 制作风险清单:将风险列出来;
- 资产财务状况分析:看看哪里有风险;
- 失误树分析:通过图解的方式来识别和分析风险事件发生前存在的各种风险因素;
- 分解分析法:将复杂的风险分解为多个相对简单的风险因素。

通过感知和分析,我们要知道潜在风险是在哪个角度,这是第一步。

2)风险计量和评估

对通过风险感知和分析找到的风险,进行计量评估。尽可能采用计量方法准确计算可以量化的风险。对于难以量化的风险采用定性的评估方法。一个重要原则是抓大放小,要抓最重要的。

这里要注意模型的人为操控性。风险监控的模型选择和调整,是为了检测真实的风险水平,而不是为了将检测到的风险水平人为地符合标准。另外一个是风险监测/报告,要监测各种风险水平的变化和发展趋势,在风险进一步恶化之前提交相关部门密切关注,并采取适当的措施。报告风险的定量定性评估结果,随时关注所采取的管理和控制措施的实施质量和效果,建立功能强大、动态、交互式的风险监测和报告系统对于提高风险管理的水平非常重要。

对于风险计量方法，要充分认识到不同的计量方法各自的局限性，采用敏感性分析（变量即将改变，评估对于整个企业的收益的影响）、压力测试（在非常糟糕的情况下测试企业的情况，需要应急方案）、情景分析（对各种不同的情况——最坏的情况、期望的情况、最好的情况进行分析）等方法更全面地看待问题。这些都是常用的风险管理工具，需要根据实际情况选择采用。风险管理是非常重要的业务，要根据自己机构的实际情况，相应地做一些调整。但是不管怎样，风险感知和分析都是非常重要的，要知道企业的主要风险在哪里。

同时在计量模型的灵活性和人为操纵可能性之间要取得平衡。计量模型是很有用处的，但模型本身有很多的局限性，所以离不开使用者对它充分的理解。因为模型有很多小的参数容易受到人为的操纵，所以意识到模型的局限性和模型本身的风险是非常重要的。使用者一定要有常识、有理解它的动力和能力，才能去设计模型。如果纯粹为了模型而做模型，风险是非常大的，很多显而易见的问题都无法看到。

3）风险监测——VaR 值

现在业界较为普遍地使用 VaR 模型计算风险资本。

VaR：称为受险价值、风险价值或在险价值，指在一定概率水平（置信度）下，某一资产或资产组合价值在未来特定时期内的最大可能损失。受险价值就是告诉我们合理预期的最坏情况。

VaR 的计算过程是首先识别出对某一金融资产或资产组合的风险因素，之后通过各种方法对风险因素进行模拟，进一步得到收益（损失）的概率分布。常用的计算方法有方差—协方差法、蒙特卡洛法和历史法，各有利弊。现实中，目前较为倾向使用历史法。蒙特卡洛法需要假设风险因素的统计特性，与现实分布往往有出入；历史法需要有完备可信的历史数据。两种方法有各自不同的局限，需要根据实际情况酌情选用。蒙特卡洛法也有其自身的优点，可以根据历史的不同情况，加入一些新的假设进行分析。尽管 VaR 模型有着较为显著的优点，但在具体应用时应注意模型的局限性，模型有前提假设（特别是假定未来和过去相同）、对纷繁复杂的现实做了简化抽象、要求数据来源可靠……

一家企业往往面临着很多不同的风险，比如利率风险、汇率风险和大宗商品价格风险等。每个风险都是不一样的，不同的风险之间具有相关性。股票涨了，汇率可能也会上涨，而利率可能会下跌。我们通过把所有的相关性放在一起计算，最终获得一个单一的 VaR 值。大型机构，包括银行、对冲基金和像嘉吉这样的大型贸易公司最终都要看 VaR 值，了解自身的水平能够抵抗多少年一遇的风险情况。

5% 的 VaR 就是在 5% 的概率水平下的损失。直观理解，5% 的 VaR 可以看成 20 年一遇的情况的最大损失。10% 的 VaR 对应的就是 10 年一遇的风险的损失。对我们合理预期来说，到底是 20 年一遇还是 10 年一遇，是基于企业自身的风险偏好和资产水平来决定的。

通过 VaR 值，就有办法获得合理预期最坏情况下的损失的估计，有效地帮助企业去分配风险资本和做其他决策。

示例

期权 VaR 分析

期权产品发行方的风险在概率分布上是连续的，如果发生小概率极端情况，损失会非常大，需要有一个合理的预期，采用 VaR 来计算产品的预期风险。

某三个月期期权产品在支付资金成本前的收益模拟（蒙特卡洛法）

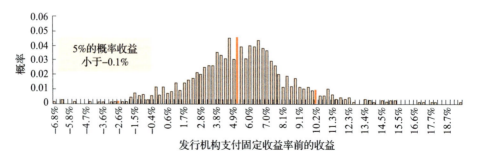

图 1-6　发行机构支付资金成本前的收益模拟

该期权产品在三个月期间，由于标的资产市场价格变化而带来的最大损失超过0.1%的概率为5%，或者说有95%的把握判断该期权产品在三个月内的损失不超过0.1%。

某三个月期期权资产在支付资金成本后的收益模拟（蒙特卡洛法）

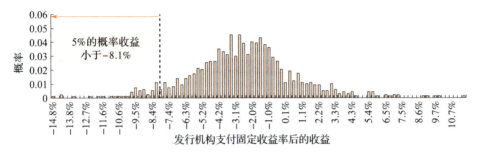

图1-7 发行机构支付资金成本后的收益模拟

该期权产品在三个月期间，由于标的资产市场价格变化而带来的最大损失超过8.1%的概率为5%，或者说有95%的把握判断该期权产品在三个月内的损失不超过8.1%。

如图1-6、图1-7所示，根据蒙特卡洛模型，我们做了1000次模拟测试，从而求解发行机构发行某期权产品的收益分布，并进而得出VaR。

某三个月期期权资产在支付资金成本后的收益模拟（历史法）

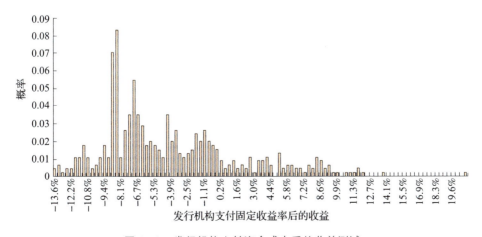

图1-8 发行机构支付资金成本后的收益测试

图 1-8 用历史法对同一产品计算 VaR：假设发行机构在历史上发行该产品，并随后每天做 Delta 对冲，从而得出在所有历史情况下发行机构支付资金成本后的收益分布，并得出相应的 VaR。与图 1-8 不同之处在于图 1-7 所用股票价格为蒙特卡洛模拟所得，而图 1-8 所用股票价格为历史数据。

【风险监测报告】

监测各种风险水平的变化和发展趋势，在风险进一步恶化之前提交相关部门密切关注，采取适当措施。报告风险的定量定性评估结果，随时关注所采取的管理和控制措施的实施质量和效果，建立功能强大、动态、交互式的风险监测和报告系统对于提高风险管理的水平有非常重要的意义。要做到风险可测控、可承受，首先我们要知道风险在哪里，才能做出下一步的行动。发现潜在风险是关键。

4）风险控制与缓释

风险控制与缓释是指对于感知、分析、计量或者评估的风险，采用对冲、分散、规避、补偿和转移等策略，有效管理和控制风险的过程。风险控制与缓释分为事前控制和事后控制。

事前控制采用的手段包括限额管理、针对不同的客户进行不同的风险定价、对大客户和小客户收取差别利息、制定应急预案等。在国内最主要的就是国企和民企，国企通常能做到刚性兑付。

事后控制包括风险转移（比如抵质押担保的处置）以及风险资本重新分配。有些业务出现问题以后就应当尽量避免操作，同时提高风险资本水平。当市场风险较大的时候，包括遭遇一些突发事件的时候，最好的方法也许不是乱中取胜而是判断形势和发展，谋定而后动，提高风险资本水平，缩小业务规模。

5）信息沟通和监管反馈改进

风险管理流程的核心是沟通和交流，其次才是控制，最好的控制是有边界的自由。最后才是改进，改进也非常重要。世界永远是新的，每一刻都是新的。

整个流程是一个沟通、交流、控制和改进的过程，各个流程之间互相反馈、持续提升并根据情况的变化做出相应的调整。

6）应急流程建设

建立风险管理的流程应当特别注意对于重大风险的应急流程。应急方案应该在平时就做好，因为在真正的紧急情况下，人会受到情绪的干扰，从而影响风险管理的效果。在风险管理中，真正让人措手不及的往往都是小概率事件。企业和金融机构应当在平时就建立好完备的风险管理流程，尤其是针对重大风险的应急流程。

所有的应急流程都必须事先制定，避免事件发生后的情绪干扰和判断失误。

示例

国内外跨市套利风险应急流程

有色金属 A 企业，在 2008 年 9 月，利用伦敦铜期货价格低于上海铜期货价格的机会，买入三个月后交割的伦敦铜期货，在上海铜期货抛售三个月后交割的上海铜，建立跨市套利操作。

该策略后期可能面临两种情况，第一种情况是国内外的价差减小，要么是伦敦铜上涨、要么是上海铜下跌，或者是伦敦铜比上海铜涨得快或者是上海铜比伦敦铜跌得快。第二种情况就是期货盘面价差没有减小，上海铜涨得更快或者是伦敦铜跌得更快。但由于 A 企业是现货企业，所以在出现这种情况时，可以把伦敦铜交割后运到中国做现货交割，这样就可以抵消期货上的损失。整个策略在通常情况下，风险可控。

2008 年 9 月 30 日雷曼兄弟破产，中国时间是星期六，而且正值国内国庆长假。破产消息一出来，国外金融市场各资产的价格像瀑布一样飞流直下，但是国内没有开盘交易，一直等到国庆长假结束。由于伦敦铜暴跌，加上期货保证金杠杆，A 企业在伦敦市场上的头寸亏了很多钱。但因为上海铜期货是做空头，长假后开市上海铜价也会下跌，国内期货空头头寸会挣回来。根据上海期货交易所规则，连续三天跌停板要强制平仓。因此国内开盘以后，空头头寸立即就被强平掉了。且因为国外市场跌幅太大，国内市场补跌连续三天跌停，被强行平仓以后，无法继续卖出补仓成交。所以虽然是两边套利头寸，但因为期货交易所制度规定，导致国内空头头寸被平掉且无法补仓，而伦敦铜多头就是完全裸露的头寸，并在继续下跌当中。

由于 A 企业事先没有制定应急流程，包括止损额度、决策机制、策略方法、损失承担等，面对快速下跌的市场又心存侥幸，期望市场能触底快速反弹，导致迟迟无法做出应对决策，最终蒙受巨大损失。

这件事情的教训是，首先要做好应急机制的准备程序，尤其对于机构来说，要确定决策和公平分担责任的机制；其次是在执行的时候可以采用程序化的交易，避免人的情绪干扰；最后是应急手段，需要事先明确应对方法，包括止损或者买入看空期权等。

3. 风险管理策略的设计和实施

意思是设计具体风险管理的策略，并进行策略实施。风险管理的策略包括风险承受、风险对冲、风险分散、风险转移、风险规避和风险补偿等。在设计和实施过程中，要充分考虑小概率事件。

（1）风险承受

风险承受是指对于风险不采取任何行动，将风险保持在现有水平，承担风险的结果和发生可能性的不确定。通常是在风险可能性极小或者风险负面影响可承受的情况下采取的策略。

（2）风险对冲

风险对冲是指通过投资或购买与标的资产收益波动负相关的某种资产或者衍生品来抵消标的资产潜在损失的方法。套期保值是实体企业利用衍生品工具对冲实货价格或者汇率等市场风险的风险管理策略，同时风险对冲对于管理市场风险也非常有效，近年来信用衍生品市场繁荣发展，信用风险也能够通过风险对冲得到有效的管理。

（3）风险分散

风险分散是指通过多样化的投资来分散和降低风险的方法。通俗来讲，就是"不要把所有的鸡蛋放到一个篮子里"。分散风险往往是商业银行用来管理风险的常用手段。银行往往贷款给不同客户、行业，并对每笔贷款进行限额，而不把所有的贷款集中在一个客户或一个类别的客户上。这是为了避免由于某个客户或某类客户出现信用违约而造成极端的重大损失。分散风险对于信用风险的管理有重大的操作意义。风险分散也同样适用于个人投资。个人投资可以对不同产品类别进行投资，比如股票、银行存款、房地产、黄金、艺术品等。个人投资应当对不同的投资类别进行合理的组合和分配，从而确保极端情况下不会承受过大的损失。当其中一类投资出现危机时，其他类投资可能仍然表现良好，从而降低组合的风险。

（4）风险转移

风险转移是指通过购买保险和要求第三方担保等方式，将风险转移给其他经济主体的方式。比如企业在经营过程中，对海外的投资满足一定的条件，就可以通过中国出口信用保险公司购买出口收汇保险。

（5）风险规避

风险规避是指拒绝或退出某一业务或市场，以避免承担相应风险的方法。进行投资时，投资者可以在极端情况下避开某些行业。如果房地产进入熊市，投资者可以避开对房地产的投资。著名的不良资产投资基金——橡树基金，是世界上最成功的不良资产储蓄基金之一（主要对房地产行业进行投资），在2008 年金融危机以前很长一段时间没有投资活动。因为基金要承受投资者的压力，这对基金来讲是很难做到的。橡树基金通过避开对房地产产业的投资，来确保规避相应的风险。但需要注意的是，风险规避是一种消极的风险管理策略，只能在整体盈利的条件下运用于局部的业务和市场。这必须区分于什么也不做的消极被动。风险规避只适用于短期内的局部业务。

（6）风险补偿

风险补偿是对于无法通过风险对冲、风险分散、风险转移或风险规避管理的风险，在交易价格上附加更高的风险溢价，通过提高风险回报的方式获得承担风险的补偿。风险补偿常常体现在风险溢价上。对比国有企业的贷款利率（举例：5%）和个人贷款利率（25%），我们可以发现个人贷款的利率往往高于国有企业的贷款成本。这是因为国有企业基本没有信用风险。个人贷款20%的风险溢价正是基于大数据研究，预期20%的客户会出现违约。如果每五个人中有一个人出现信用违约，银行并不会承受损失。银行通过其他客户的风险溢价来抵消自己的损失。风险补偿也常常应用于对债券和期权的定价。在场外期权市场，去投资银行购买期权，客户拿到的期权报价往往是其实际报价和风险报价的总和。

4. 信息沟通和监控反馈改进

有效的风险管理中，信息沟通和监控反馈是非常关键的工作，及时的沟通能够让各个职能部门更好地合作，明确高中低各层级的信息沟通内容和重点，统一风险管理信息披露的渠道、频率、格式等并切实执行。

早年中国企业在套期保值上有过很多重大的损失（具体案例会在后面进行详细分析）。很多企业的初衷是进行风险管理，但是由于没有对交易记录进行有条理的备份和保存，当出现衍生品单边亏损时，企业没有办法拿出相应的记录，来对衍生品的交易过程复盘，以及对风险管理的整体效果进行综合评价，结果造成非常被动的局面。

企业内部进行部门的沟通协作，信息沟通至关重要。同时对风险管理的具体实践应当进行及时的反馈、报告以及调整。沟通和监控反馈系统必须要随着时间的推移而不断完善和改进，因为任何理论都要随着时间的改变和环境的变化而不断完善。我们要根据实际发生的情况进行反馈，通过反馈对风险管理的策略进行调整。市场随时在变化，风险管理部门应当对新出现的情况进行实时监控，根据形势的变化随时调整风险管理策略。所有的风险管理都是根据市场的发展而变化的，对风险管理策略的及时监控调整是风险管理中必不可少的一个环节。

1.5.4　小概率事件

风险管理的出发点就是考虑极端情况下如何生存下去。极端情况是指发生概率较小且发生时点难以预测的事件。风险管理是关于如何在困难的情况下生存下去的，而对于生存影响最大的是小概率事件，真正的威胁是极少发生但是致命的事件。极端情况一旦发生，将可能造成巨大损失（如国际原油价格的快速下跌给国内航空公司原油对冲交易造成的巨大损失），必须充分考虑合理预期的小概率事件。很多小概率事件是无法避免的，过分保守的话会失去业务，而且风险管理需要成本。但是不进行风险管理的话，可能导致公司破产。我们需要在风险管理和考虑极端事件中找到一个平衡。VaR（Value at Risk）指标的核心意义就是考虑到合理预期下的最坏情况。我们会在后面更加详细地阐述。

示例

美国长期资本管理公司案例

美国长期资本管理公司案例是历史上著名的小概率事件导致重大损失的案例，同时也是有史以来美联储唯一救助的对冲基金。

美国长期资本管理公司（Long-Term Capital Management，简称 LTCM）是一家成立于 1994 年，主要从事定息债务工具套利活动的对冲基金，该公司聚集了包括诺贝尔经济学奖获得者、美国财政部前副部长及美联储前副主席等在内的一批华尔街证券交易精英，被称为华尔街的"梦幻组合"。在 1994—1997 年间，LTCM 业绩辉煌骄人。成立之初，资产净值为 12.5 亿美元，到 1997 年末，上升为 48 亿美元，净增长 2.84 倍。每年的投资回报率分别为：1994 年 28.5%、1995 年 42.8%、1996 年 40.8%、1997 年 17%。

该公司的投资策略建立在大量历史数据的统计结果上，却忽略了一些小概率事件。

1998 年，由于德国和意大利国债都是 AAA 债券，LTCM 认为两者估价应该相同，但是在市场上，前者价格始终高于后者价格。美国长期资本管理公司因此做空德国国债，做多意大利国债，同时通过杠杆来扩大收益；但是 LTCM 过分低估了德国国债继续上涨和意大利国债继续下跌的风险。

1998 年俄罗斯金融风暴引发了全球的金融动荡，俄罗斯政府宣布延期偿还所有债务，全球市场一片狼藉。德国由于俄罗斯的动荡可能危及其东部边境，因此股市也应声下跌了 2%。同时，德国作为俄罗斯最大的债权国也因此产生了大量银行坏账。LTCM 所卖空的德国债券价格上涨，做多的意大利债券价格下跌，所期望的正相关变为负相关，结果两头亏损。电脑自动投资系统面对这种原本被认为可忽略不计的小概率事件，错误地不断放大金融衍生品的运作规模，LTCM 利用从投资者那儿筹来的 22 亿美元作为资本抵押，买入价值为 3250 亿美元的债券，杠杆比例高达 60 倍，造成公司巨额亏损。从 5 月俄罗斯金融风暴到 9 月全面溃败，短短的 150 天，其资产净值下降 90%，出现 43 亿美元的巨额亏损，仅余 5 亿美元。

最终在美联储出面组织下，以美林、高盛等为首的十几家大银行组成银团，注资 37.25 亿美元购买了长期资本管理公司 90% 的股权，共同接管了该公司。[○]

近年来，人类在人工智能和深度学习等领域有了很大发展。AlphaGo 在围棋比赛中胜利的消息也让很多人对于人工智能抱有了更大的信心。AlphaGo 的成功归功于对历史数据的学习和研究分析。一旦围棋的规则改变，则过往数据的参考意义就不大了。目前金融市场的量化都基于过去的数据，但是未来未必会重复历史。金融市场的规则在未来是会变化的，市场的变化可能会超过人们的预期。即使技术不断更新，也不能低估小概率事件。曾经的 LTCM 模型认为发生这个灾难性情况的概率只有 10^{-20}，不管这个估计是否正确，这个灾难性的事件发生了就是发生了。只有敬畏市场才能长期生存。我们一定要充分考虑小概率事件，其中一个方法就是降低杠杆率。如果 LTCM 没有使用很高的杠杆，它可能最后不至于此。在金融市场中，不管拥有多么强大的武器和多么高的智慧，如果我们对市场失去敬畏之心，都是非常危险的，我们是自然和市场的一部分。

美国长期资本管理公司给了我们两点启示：

（1）公司应避免参与存在极端情况的非必要业务。虽然将风险管理中使用的衍生品用于投机可能给公司带来额外收入，但是一旦判断失误也将令公司蒙受巨大损失，因此公司应避免参与投机交易或严格控制投机交易的规模。

○　MBA 智库百科。

（2）公司应采取有效措施降低极端情况造成的影响。公司应建立有效的风险管理操作的持续管理机制，谨慎选择头寸规模与止损点。市场随时在变化，公司应该随时根据情况进行调整。通过对历史案例的分析，我们可以总结出过度杠杆是产生危机的一个重要原因。因此在我们决定交易规模和止损点时应该注意杠杆的应用，无论有多大把握都不能过度贪婪。

此外，公司应不断调整风险管理方案，保证现行方案与市场现状基本保持一致。公司应充分研究各种可能发生的极端情况，事先做好应急预案，在极端情况发生后立即启动应对措施，在最大程度上减少损失。人在极端压力下会在一定程度上丧失思考和应变能力，无法有效阻止大量损失的产生。因此提前做好应急预案是十分必要的。

虽然我们有这些方法，但是最根本的问题还是不能过分应用杠杆。在风暴来临的时候，以上的策略可能都会失效。因此合理选择杠杆规模，合理预期小概率事件，才能规避极端小概率事件，公司才能长期生存下去。

1.5.5　风险管理原则

在 ISO 31000：2018《风险管理指南》中，对风险管理原则做了总结：

（1）整合的：风险管理是所有组织活动的组成部分。

（2）结构化和全面性：风险管理的结构化和综合性方法有助于获得一致的和可比较的结果。

（3）定制化：风险管理框架和流程是根据组织与其目标相关的外部和内部环境来制定的，并与其密切相关。

（4）包容的：需要考虑利益相关方的适当和及时的参与，融入他们的知识、观点和看法。这可以提高风险意识并明智地管理风险。

（5）动态的：随着组织内部和外部环境的变化，风险可能会出现、变化或消失。风险管理会以适当和及时的方式预测、监督、掌握和响应这些变化和事件。

（6）最佳可用信息：风险管理的输入基于历史和当前的信息以及对未来的预期。风险管理应明确考虑到与这些信息和期望相关的任何限制和不确定性。信息应及时、清晰地提供给各利益相关方。

（7）人员及文化因素：人员行为和文化明显影响着各级和各阶段风险管理的各个方面。

（8）持续改进：通过学习和经验积累，不断提高风险管理水平。

在实践过程中，风险管理原则还应该包括以下内容。

1. 风险与收益的平衡

投机和风险管理两者尽管有本质的区别，但是最后都是在风险和收益之间的取舍。对于投机来讲，高额的收益基于高风险；对于风险管理来讲，理论上如果公司完全不承担风险，那么也无法获得相应的收益。所以风险管理通常会设置承担风险的上限，在上限风险的限制下最大化收益。我们在看到收益的同时也一定要看到风险，风险和收益是硬币的两面，两者同时存在。我们需要做的就是在规避风险和提高收益率之间取得最佳平衡点。

2. 完整与综合的方案

在进行风险管理时，我们要一体化考虑所有主要的影响因素（如果多个风险并存，通过相关性的管理，可以获得更好的效果）。举例来讲，汇率风险和利率风险两者之间往往存在很大的相关性。一些大宗商品企业例如原材料为有色金属的大宗商品企业往往同时面对汇率风险和利率风险。有色金属的价格对美元汇率十分敏感，往往在美元计价上呈现负相关关系，当美元升值时，商品折合的美元价格往往会降低。这是因为大宗商品实际价格通常以当地货币进行议价，当美元升值时，当地货币的相对价值走低。同时，美元汇率受到利率变化的影响。正因为很多风险可以彼此抵消，企业和机构应该整体考虑多种风险。多国运转的跨国企业往往会有不同币种的收入，货币种类可能包括英镑、欧元、日元等。货币之间存在相关性，有效运用不同货币之间此消彼长的关系可以帮助我们降低风险管理的成本。因此风险管理一定要具备完整、综合、系统三个要素。

3. 动态与及时的管理

企业应当对金融市场的变化及自身经营状况随时跟踪，根据需要对方案进行及时调整。风险管理中很重要的一点就是风险管理并不是一次性的工作，而是不断调整、完善、更新的长期过程。金融市场和企业自身的经营情况都是瞬息万变的，所以企业应该紧跟市场变化，进行有效及时的动态管理，不断调整风险管理方案。

1.6　风险管理案例分析

1.6.1　中信泰富外汇套保风险事件

中信泰富是大型国企中信集团在香港的六家上市公司之一，其前身泰富发展有限公司成立于 1985 年，次年通过新景丰公司获得香港联合交易所上市地位。1987 年以北京为基地的中国国际信托投资公司（今中信集团）在香港创办全资附属公司——中信（香港）集团有限公司。90 年代初，中信香港购入泰富发展 49% 股份。自此，泰富成为中信子公司，并于 1991 年正式更名为中信泰富有限公司。

1. 外汇需求

中信泰富在澳大利亚有一个名为 SINO – IRON 的磁铁矿项目，该项目是西澳最大的磁铁矿项目，总投资约 42 亿美元，很多设备和投入都必须以澳元来支付。中信泰富直至 2010 年对澳元的需求都很大。整个投资项目的资本投入，除初始的 16 亿澳元之外，在项目进行的 25 年期内，还将在全面营运的每年度投入至少 10 亿澳元。

2. 外汇对冲

为了规避公司所面临的汇率风险，从 2007 年到 2008 年的短短两年间，中信泰富分别与花旗银行香港分行、渣打银行、Rabobank、NATIXIS、瑞信国际、美国银行、巴克莱银行、法国巴黎银行香港分行、摩根士丹利资本服务、汇丰银行、东方汇理银行（Calyon）、德意志银行等 13 家银行共签下 24 款外汇累计期权合约。

这些外汇合约主要有四类：澳元累计目标可赎回远期合约、澳元日累计合约、双货币累计目标可赎回远期合约以及人民币累计目标可赎回远期合约。

3. 外汇合约简介

外汇杠杆合约被普遍认为投机性很强，属于高风险产品。

累计期权，Accumulator，全名是 Knock-Out Discount Accumulator（KODA），是一种期权产品，发行商锁定股价的上下限，并规定在一个时期内（通常为一年）以低于目前股价水平为客户提供股票。

举例来说，假设中移动现价为 100 港元/股，KODA 合约规定 10% 折让行使价，3% 合约终止价，两倍杠杆，一年有效。也就是说，尽管中移动目前股价为 100 港元/股，但 KODA 投资者有权在今后一年中，以 90 港元/股行使价逐月买入中移动股份。如果中移动股价升过 103 港元/股，合约就自动终止。但是如果中移动股价跌破 90 港元/股，投资者必须继续以 90 港元双倍吸纳股份，直至合约到期。累计期权因其杠杆效应，在牛市中可以放大收益，熊市中可以放大损失，被香港投行界以谐音戏谑为 "I kill you later"（我迟些杀你）。累计期权结构可以用到汇率上，中信泰富主要做的产品就是澳元美元累计期权结构。

在中信泰富所签订的四类外汇合约中，澳元累计目标可赎回远期合约是亏损最严重的，而这种合约就属于外汇杠杆合同，是 Accumulator 的一种形式。

中信泰富在 2008 年 7 月密集签署了 16 份每月累计外汇远期合约。举例来说，合约规定交易标的为澳元兑美元汇率，签署时间为 2008 年 7 月 16 日，合约开始结算时间为 2008 年 10 月 15 日，到期时间为 2010 年 9 月（24 个月），价格有利时买进 1000 万澳元，价格不利时买入 2500 万澳元，加权行权价为 0.89 美元，按月支付。

这种 "累计目标可赎回远期合约" 的原理可近似看作中信泰富向对手方购买 1 个澳元兑美元的看涨期权以及卖出 2.5 个看跌期权，行权价格都是 0.89 美元，期初没有现金支付。当澳元兑美元汇率高于 0.89 时，中信泰富以低于市场价的 0.89 美元每月买入 1 个单位外汇而获利，但当汇率下降到 0.89 以下时，则中信泰富必须每月仍以 0.89 美元的高价买入 2.5 个单位外汇。这意味着，中信泰富的头寸完全是看多。

在合约签署的 7 月初，澳元兑美元价格持续稳定在 0.90 以上，澳元一度还被外界认为可能冲击到"平价美元"的地位。但到了 8 月上旬，国际金融市场风云突变，澳元兑美元接连走低，特别是 10 月初澳元出现暴跌，亏损由此形成。

4. 合约巨亏

2008 年 10 月 20 日，中信泰富发布公告称，公司为降低西澳磁铁矿项目面对的货币风险，签订若干杠杆式外汇买卖合约而引致巨亏 155 亿港元。其中包括 8.07 亿港元的已实现亏损和 147 亿港元的估计亏损，而且亏损有可能继续扩大。10 月 21 日，中信泰富的股价暴跌 55%，这家颇具声誉的公司在两个交易日中市值蒸发掉了 2/3，成为在全球金融危机中首批出现亏损的中国企业。

5. 巨亏的内在原因

（1）对冲目标错位

中信泰富所签订的这些外汇合约，除了向下亏损要加倍以外，一旦每月利润超过一定额度，则合约将自动解除，因此中信泰富获得的向上收益是有限的。

（2）对冲量价错位

量上错位：合约规定当澳元兑美元的价格走势对其有利时，最多需买 36 亿澳元，当价格大幅下跌时则需要购入最多 90 亿澳元，而中信泰富的真实澳元需求只有 30 亿。

价上错位：2008 年 7 月，美国次贷危机发展成金融危机，并逐渐转化为经济危机。澳大利亚作为主要的资源出口国，其经济必将深受打击，中信泰富对于澳元走弱估计不足。

（3）对冲工具错位

Accumulator 不是用来对冲风险的，而是一个投机产品。在很多情况下，通过对远期、期货、掉期、期权等进行组合，可以达到企业特定的对冲需求，而不必通过 Accumulator。

（4）国际投行不当营销

国际银行利用其定价优势，以及客户不了解金融衍生品复杂性这些事实，制定不公平条款，进行不当营销。在最理想的情况下，中信泰富最大盈利5150万美元，但是因为定价能力不对等，签订合约时，中信泰富合约的公允价值就已经亏损1亿美元。

1.6.2　中航油事件

中国航油（新加坡）股份有限公司（以下简称中航油）成立于1993年，由中央直属大型国企中国航空油料控股公司控股，总部和注册地在新加坡。成立之初，公司经营十分困难。1997年，公司总资产仅20万美元，而且没有航油的进出口权，只是运营。后在中航油总裁的带领下扭亏为盈，从之前的单一业务也扩展到了石油的国际贸易业务。于是中航油母公司把所有的航油采购权交给中航油，由其负责相关业务。中航油于2001年在新加坡交易所主板上市，成为中国首家利用海外自有资产在国外上市的中资企业。短短几年间，中航油净资产增长了700多倍，股价也是一路上扬，市值增长了4倍，一时成为资本市场的明星。2003年，《求是》杂志曾发表调查报告，盛赞中航油是中国企业"走出去"战略棋盘上的过河尖兵。

1. 投机过程

然而，2003年下半年，中航油开始了巨额亏损路程。国际大宗商品贸易中定价模式的选择不会是固定价格，都是和某一个金融衍生品价格挂钩的。比如，一般铜的定价模式是三个月的伦敦铜期货＋升贴水。在石油行业和粮食行业也都是如此。因为从进货到交付在轮船上有一段运输时间，大宗商品的价格波动非常大。理论上的完全套保策略是进货当天立即在期货盘面等价值做空，这样现货有一个多头，期货有一个空头，两边就抵消掉了。如此就可以不受价格波动的影响，最后货到当天在期货盘面平仓。中航油开始想投机，问题也随之而来。一方面，中航油完全依靠对市场的判断进行大量单向期货炒作。2003年伊拉克战争爆发，中航油判断油价会下跌，这个时候就开始做空。当时正是委内瑞拉罢工，尼日利亚的物资冲突造成了油价猛涨，此后仍然继续做空。另一方面，中航油作为新加坡纸货市场上航空煤油期权产品的做市商，所进行的期权交易应只是"背对背"类型，但从 2003 年开始中航油的澳大利亚籍交易员 Gerard Rigby 开始进行投机性的期权交易。对此，中航油声称自己并不知情，"直到 2004 年 3 月出现大亏损之前，这些投机交易既没有取得领导层批准也没有报告给管理层"。

2003 年 7 月，国际原油价格为每桶 40 美元，从 5 月的 25 美元/桶上升幅度达 60%，航煤价格则上涨接近 350 美元/吨。此时，中航油判断石油价格不会继续升高而要开始下跌，于是大量抛空原油期货。随后原油价格由 40 美元/桶飙升到 10 月 26 日的 56 美元/桶附近，空头仓位损失惨重。原油价格到达 50 美元/桶以上后，中航油的判断再次出现严重错误，入市建立多头仓位。然而此后油价从 56 美元/桶大幅下跌至 42 美元/桶，两次判断失误导致期货投机损失共达 1 亿美元。然而在中航油 2004 年 12 月申请破产保护时亏损的 5.5 亿美元中，更大的部分来自期权投机的损失。

2003 年下半年开始，依赖对市场下跌的判断，中航油开始卖出看涨期权，价格约在 22 美元/吨，执行价格均在 400 美元/吨以下，但到 10 月中下旬航煤价格已达到 450 美元/吨，期权产生大量账面亏损。2004 年一季度油价继续攀升致公司浮亏 580 万美元，中航油决定对期权展期，望油价能回跌。2004 年二季度油价持续升高，浮亏增至 3000 万美元，公司决定再展期到 2005 年和 2006 年交割。2004 年 10 月开始中航油因现金枯竭无法补交保证金向集团求助，最后集团转让 15% 的股份救急，但终究赶不上亏损进一步恶化，接连遭对手逼仓而造成 5.5 亿美元实际亏损，宣告破产。交易员隐瞒违规操作，出现亏损后没有及时止损却通过展期越陷越深，这反映其风险控制措施不到位，缺乏有效的制衡机制。

2. 巨亏的原因

（1）投机而非对冲

中航油作为油品贸易商本应利用期货、期权工具进行对冲，却违反监管规定，以获利为目的进行大量投机交易，这是亏损的根本原因。对冲，是指买入或卖出和天然敞口方向相反的头寸。投机和对冲有一个重要的区别，投机的出发点是基于对未来市场的预判。中航油作为新加坡航空煤油纸货市场的做市商本应进行"背对背"交易收取价差，不承担市场风险，却违规入市，进行完全依赖市场判断的单向投机交易，终酿大祸。

（2）风险控制措施不到位

交易员隐瞒违规操作，出现亏损后没有及时止损却通过展期越陷越深，这反映风险控制措施不到位，缺乏有效的制衡机制。

（3）盲目自信、过分依赖对市场的判断

投机与对冲的根本区别在于前者依赖市场预判以获利为目的，后者从自身经营状况出发以降低风险为目的。此案例中，中航油盲目自信，完全依赖对市场方向的主观判断，从期初决定做空到出现亏损时没有及时斩仓而决定展期，都是赌博的侥幸心理在作怪，终越陷越深，不可自拔。教训就是一定要对市场臣服，要对市场抱有敬畏之心。

（4）内部治理失效

普华永道事后的调查报告显示，中航油虽制定了《风险管理手册》，且规定了止损限额，但在2004年10月中航油因严重资金周转问题向集团求救前，中航油的董事会、审计委员会对投机交易情况竟一概不知，中航油也从未向市场披露相关信息。中航油内部治理机制完全失效，从管理层到交易员营造了一种"隐瞒文化"。谁都不愿意把真相告诉上级，不愿意面对真相。

1.6.3　美国西南航空成功套保案例

前面两个都是金融衍生工具使用不当造成巨额亏损的案例，但也不乏风险管理成功案例，却并不为大家所知。这里给大家介绍一个经典的成功套保案例，美国西南航空公司。

美国西南航空公司非常成功，成功到了什么程度？21世纪第一个十年，运力过剩和史无前例的燃油价格让美国整个民用航空业面临巨大困难。2005年美国整个民航业共亏损100亿美元，许多苦苦挣扎的航空公司被卷入生存之战，不得不进行大规模精简和重组。比如达美航空和美西北航空都是同年申请破产保护。相比之下，美国西南航空公司已连续33年保持了赢利。美国西南航空公司一家的市值超过美国其他所有航空公司市值的总和。西南航空公司的秘诀之一就是对油料价格的有效对冲。

航空煤油是航空运输不可缺少的原料，作为航空公司的主要运营支出项目，航油支出使航空企业在原油价格波动过程中面临着不确定的经营风险。特别是 2000 年以来，航油的价格随着原油价格呈现大幅波动的走势，使航空运输业面临更加严峻的考验，也加大了航空业的重组与联合。

根据美国运输部的数据显示，2015 年第一季度达美航空在航空煤油上的总支出约为 7.7 亿美元，而同比美国西南航空的支出则为 6.2 亿美元，这其中 1 亿多美元的差额有两家航空公司的飞行距离因素存在，但是同时也反映出风险对冲在航运业的重要性。

关于美国西南航空成功套保的更多细节，本书后面在相应章节有详细描述。

1.7　风险管理理论进阶

风险作为一个古老的概念，诚如彼得·伯恩斯坦在其著作《与天为敌》一书中提到的：人类认识风险的历史几乎与人类文明一样久远，中国古人的思想里渗透出的风险理念随处可见。[一]早在 19 世纪，西方古典经济学派就提出了风险的概念，认为风险是经营活动的副产品，经营者收入是经营活动中承担风险的报酬。20 世纪是风险管理的探索发展期，从 1914 年全球第一个风险管理协会成立，到 1921 年芝加哥大学教授弗兰克·奈特著成《利润、风险和不确定性》，再到 1955 年沃顿商学院的施耐德教授提出"风险管理者"的概念。

1953 年 8 月 3 日，美国通用汽车公司的自动变速装置失火，造成 5000 万美元的巨额损失，这场灾难震动了美国的企业界和学术界，成为风险管理科学进一步发展的契机。一方面，美国各研究机构加强了对风险管理理论的研究，学术活动十分活跃；另一方面，美国的大中企业纷纷设立风险管理部门及风险管理负责人岗位。到了 20 世纪 60 年代，风险管理作为管理科学一个

㊀　风控叔《企业风险管理》第一部分第四篇。

全新的分支，首先在美国正式形成。

1.7.1　现代风险管理流派

当今在风险管理领域具有较大影响力的主要有三大流派[⊖]：

其一是美国的 COSO（Committee of Sponsoring Organization，发起组织委员会），它是美国反虚假财务报告委员会下属的发起人委员会。反虚假财务报告委员会由美国注册会计师协会（American Institute of Certified Public Accountants，AICPA）、美国会计协会（American Accounting Association，AAA）、财务经理人协会（Financial Executives International，FEI）、内部审计师协会（Institute of Internal Auditors，IIA）、管理会计师协会（The Institute of Management Accountants，IMA）联合创建，成立于 1985 年。该组织于 1992 年提出《内部控制整合框架》，2004 年又提出了《企业全面风险管理整合框架》，并于 2013 年对《内部控制整合框架》提出了修订版。目前国际资本市场对所有上市公司进行监管都是遵从该组织的风险管理理念体系。我国财政部、证监会、审计署、银监会和保监会五部门于 2008 年颁布的《企业内部控制基本规范》也是依照这一体系制定的。2017 年 9 月 COSO 又发布了新版《企业风险管理与战略和业绩整合框架》，对原有的风险管理框架进行了全面的更新。

其二是国际标准化组织（International Organization for Standardization，ISO），它成立于 1947 年，总部设在瑞士日内瓦。ISO 一词来源于希腊语"ISOS"，即"Equal"——平等之意。国际标准化组织是一个全球性的非政府组织，是国际标准化领域中一个十分重要的组织，是由各国标准化团体组成的世界性联合会，是目前世界上最大、最具权威性的国际标准化专门机构。ISO 的宗旨是"在世界范围内促进标准化工作及其相关活动的发展，以便于商品和服务的国际交换，在智力、科学、技术和经济领域开展合作"。其主要任务是：制定国际标准，协调世界范围内的标准化工作，与其他国际性组织合作研究有关标准化问题。国际标准由该组织下属技术委员会（TC）和分技术委员会（SC）

　　⊖　周玮，苏妍. 企业风险管理：从资本到获取利润 [M]. 北京：机械工业出版社，2020.

负责制定，由于 ISO 不是联合国机构，因此，它所制定的标准实质上不具有法律地位。ISO 标准不是强制性的，但因其权威性、指导性和通用性而在世界范围内得到广泛应用。中国于 1978 年加入 ISO 成为正式成员，在 2008 年 10 月的第 31 届国际标准化组织大会上，中国成为 ISO 的常任理事国，代表中国参加 ISO 的国家机构是中国国家技术监督局（CSBTS）。截至 2020 年 8 月，ISO 共有 165 个成员方。

国际标准化组织（ISO）于 2009 年 11 月 15 日正式发布了 ISO31000：2009 标准《风险管理——原则与指南》（Risk Management-Principles and Guidelines），明确指出"风险"是"不确定性对目标的影响"，其中的"影响"有好有坏，有机会也有威胁。风险管理就是要管理"不确定性"，减少威胁，放大机会。

其三是巴塞尔银行监管委员会（Basel Committee on Banking Supervision，BCBS），简称巴塞尔委员会。巴塞尔银行监管委员会原称银行法规与监管事务委员会，是由美国、英国、法国、德国、意大利、日本、荷兰、加拿大、比利时、瑞典十大工业国集团的中央银行行长于 1974 年底共同倡议成立的，其成员包括十国集团中央银行和银行监管部门的代表。作为国际清算银行的一个正式机构，巴塞尔委员会以各国中央银行官员和银行监管当局为代表，总部设在瑞士的巴塞尔。每年定期举办 4 次集会，并拥有近 30 个技术机构，执行每年集会所定目标或计划。自成立以来，巴塞尔委员会制定了一系列重要的银行监管规定，如 1983 年的银行国外机构的监管原则（又称巴塞尔协定，Basel Concordat）和 1988 年的巴塞尔资本协议（Basel Accord）。这些规定虽不具有法律约束力，但十国集团监管部门一致同意在规定时间内在十国集团实施。经过一段时间的检验，鉴于其合理性、科学性和可操作性，十国集团以外国家的监管部门也自愿遵守巴塞尔协定和巴塞尔资本协议，特别是那些国际金融参与度较高的国家。巴塞尔委员会制定了一些协议、监管标准与指导原则，如《关于统一国际银行资本衡量和资本标准的协议》《有效银行监管核心原则》等。这些协议、监管标准与指导原则统称为巴塞尔协议。这些协议的实质是完善与补充单个国家商业银行监管体制的不足，减轻银行倒闭的风险与代价，是对国际商业银行联合监管的最主要形式。这些文件的制定与推广，对稳定国际金融秩序起到了积极作用。

1.7.2　风险管理理论进阶

2017 年 COSO 出版了正式版《企业风险管理框架》，2018 年国际标准化组织 ISO 发布了 ISO 31000《风险管理指南》，两个组织文件的修订，都更加突出了风险管理对企业价值的提高。

2017 年 COSO 正式版《企业风险管理框架》[○]对风险管理的意义体现在以下几个方面：

1. 简化了企业风险管理的定义

2004 年版框架对企业风险管理的定义为：企业风险管理是一个过程，它由主体的董事会、管理层和其他人员实施，应用于战略制定并贯穿于企业之中，旨在识别可能会影响主体的潜在事项，在风险容量的范围内管理风险，为主体目标的达成提供合理保证。

新版框架对企业风险管理的定义为：组织在创造、保护和实现价值的过程中，结合战略制定和执行，赖以进行风险管理的文化、能力和实践。旧定义被完全抛弃，重新将企业风险管理和企业价值紧密关联，作为一种文化、能力和实践提了出来。

2. 强调了风险和价值之间的关联性

新的风险定义提升了风险和战略及绩效之间关联性的讨论，更新后的框架强调企业风险管理在创造、保持和实现价值中的角色。企业风险管理不再侧重于防止对企业价值的侵蚀事件和降低风险到可接受的水平。相反，它被视为不可或缺的战略设定，也是抓住机遇来创造和保持价值的一部分，而不再简单地专注于降低风险的目标。企业风险管理成为一个动态的、管理主体整个价值链的部分。

创造价值是一个主体存在的主要目的，价值可以分为财务价值和非财务价值。风险和价值之间的紧密关联有利于风险管理帮助企业目标的达成，定

　　○　出自风控叔《企业风险管理》第一部分第一篇。

位更明确。

3. 重新审视了企业风险管理整合框架所关注的焦点

新版框架中强调了企业风险管理工作要融入企业的所有业务流程。从战略目标的设定、到商业目标的形成、再到执行过程中完成绩效的情况，企业风险管理工作不再是额外的和独立的工作。企业风险管理的角色要参与组织运营，管理绩效完成过程中的风险并最终实现组织对价值的追求。例如，框架中没有单独提到风险报告，而是要求对影响战略和商业目标达成以及绩效实现的潜在或现存的风险表现进行报告。

4. 检验了关于文化在风险管理工作中的定位

新框架中最突出的变化是强调了文化在整个企业风险管理工作中的重要性及其如何影响到框架的所有其他要素。

5. 加强了对战略相关议题的研讨

新的框架分析得出在过去这些年发生的最明显的一些组织上的失败，是由于战略的选择有悖于主体使命、愿景和核心价值观。即便是建立了战略与风险之间的协同性，很多组织仍然不明白战略选择之后对应的风险概况是什么样的。结果就是很多组织把一些看上去微不足道的运营上的小失误，最后演变升级成威胁主体长期生存能力的大事件。

6. 增强了绩效和企业风险管理工作的协同效应

就像新框架的标题所表达的那样，它强调了风险和绩效之间的关系，使风险管理成为设定商业目标、实现绩效的一部分。新框架探索了企业风险管理工作如何识别和评估影响绩效实现的风险；通过设定可接受的绩效波动范围，新框架中表述了由绩效的变化而导致的商业目标下的风险概况的变化，反之亦然；新框架中也强调了风险评估和风险报告不是用来生成一堆潜在风险清单的，而是要明白这些风险如何影响战略和商业目标实现。新框架非常清晰地表述了不同绩效目标下承担的风险量，通过对比主体承担的风险量和风险偏好的差距，还可以协助组织更好地识别和发现主体的发展机遇。

7. 体现了企业风险管理有助于提升决策水平

所有主体核心价值链上的每一个阶段都会面临大量的决策，因为所有的主体都追求创造、保持和实现价值，这些决策通常都是围绕着战略目标选择、商业和绩效目标设定以及资源分配进行。整合融入企业全寿命周期各个环节的企业风险管理工作支持这些具有风险意识的决策。

新框架按步骤分析了如何将组织的风险概况信息用于提升整体决策水平。这些信息包括对风险类型和严重程度以及如何影响商业环境进行分析，理解识别和评估风险的基础假设、主体的风险文化和风险偏好等。

8. 明确了企业风险管理和内部控制的关系

COSO 表示新框架不是要取代或接替 2013 年发布的 COSO 内部控制框架，两个框架各不相同但互相补充，虽然两个框架都采用了要素加原则的写法，但内容大不相同。

9. 优化了风险偏好和风险承受能力的概念

新框架重新定义风险偏好和风险承受能力的概念，风险偏好大致保留了原来的定义，即主体在追求战略和业务目标的过程中愿意承受的风险量。而风险承受能力不再理解为风险偏好的细化或具体化，而是用绩效的语言来表达。

通过重新定义风险承受能力，可以更加明确地表明在给定的绩效目标下应该承担多少风险，组织可以清晰地看出当前绩效下的可接受风险的边界。这些边界可以让组织评估绩效的变化是否在可接受的范围。让我们不再孤立地看待风险和绩效，而需要关注两者之间的相互关联和互相影响。

2018 年国际标准化组织 ISO 31000《风险管理指南》新标准和老标准的异同主要体现在四个方面：

（1）重新审阅了所有的风险管理原则，这是风险管理是否能够取得成功的关键标准；

（2）重点强调了高级管理层的职责以及与各项管理活动的整合，着眼于组织的治理；

（3）更加强化了风险管理工作的迭代性质，提示了在每一个流程环节，随着新的实践、知识和分析能力的发展变化对流程要素、方案和控制进行修正；

（4）为了满足多样化的需求，保持一个更加开放和包容的系统，精简了一部分内容。

第2章　市场风险管理

▲

市场风险是指由于市场价格波动而导致企业资产和预期收益的不确定性。[一]市场风险是最常见的一种风险，主要分为大宗商品价格风险、汇率风险、利率风险和股票风险。

2.1　大宗商品价格风险管理

大宗商品价格风险是指由于企业的重要原材料价格上升或下降，从而推高其生产成本，或者使得企业产出的大宗商品价格下降，进而影响企业的收入和利润的风险。

2.1.1　大宗商品价格风险的产生

1. 大宗商品的特征

大宗商品（Commodities）是指可进入流通领域，但非零售环节，具有商品属性并用于工农业生产与消费使用的大批量买卖的物资。

交易（Trade），是买卖双方对物品及服务进行互通有无的行为，可以是现货贸易，也可以是衍生品交易。大宗商品交易，即买卖双方对大宗商品进

⊖ 周玮，苏妍. 企业风险管理：从资本到获取利润［M］. 北京：机械工业出版社，2020.

行互通有无的行为。

　　大宗商品具有空间、时间、形态和规模上的特征（见图2-1），结合大宗商品交易的要素，决定了大宗商品贸易商的核心能力与需求。

- 空间：大宗商品品类繁多，出产于世界各地，分布极不均衡。从产地到消费地，需要在较大范围内，甚至全球范围内运输，运输方式复杂多样；
- 时间：大宗商品从生产到仓储再到消费，由于需要在大范围内配送，因此交易运作时间较长。伦敦金属交易所（LME市场）合约三个月远期交割的时间跨度，正是当年从智利向英国运输所需时间；
- 形态：大宗商品一般是自然界产物形态的初级商品，或者对初级商品进行粗加工的中间商品，而不是最终消费品。具有相同物理特征的商品之间可以互换。大宗商品的同质化特征，相对于终端消费品更为明显。
- 规模：由于运输空间范围较大和时间跨度较长，提升交易规模，对于降低单位成本、提升效益具有显著作用。大宗商品的交易具有规模效应，因此大宗商品交易具有大批量的特点。而由此带来的结果，是交易批量货物的总价值较高。

图2-1　大宗商品的四大特征

　　从趋势角度来看，大宗商品的价格依赖于供求关系变化。但从商品交易角度来看，则取决于大宗商品的空间、时间、形态和规模，而对于品牌等商品要素溢价有限。下游用户购买实体商品须满足其基本需求，这些需求包括了定价的四个支撑点：交付地点、交付时间、产品的质量或级别、产品的规模或者数量。

大宗商品公司以这四个支撑点为基础，通过空间、时间和形态的转换，在生产商和消费者之间架起一座桥梁，同时，以规模化交易来降低内部成本，并拓展出新的增值模式，提升效益。

- 空间：运输商品，转换地点；
- 时间：储存商品以改变交付的时间；
- 形态：混合商品以影响其质量或级别；
- 规模：交付数量。

2. 大宗商品交易的价值变迁与货款价分离模型

（1）交易的价值变迁

交易是使用价值和交换价值的互换行为，这种行为演变至今，从交换价值形式的角度考量，可以分为三个阶段（见图 2-2）。

以物易物的交易：在交易发生前确定交换价值
使用价值（货）和交换价值（货）合一

一般等价物产生后的交易：在交易发生前确定交换价值
使用价值（货）和交换价值（款）分离
单位货物的价格（价）和款项（款）合一

浮动价格的交易：在交易发生后确定交换价值，交换价值波动
使用价值（货）与交换价值（款）分离
单位货物（货）的价格（价）和款项支付（款）分离

图 2-2　商品交易中货款价三者关系的变迁

1）以物易物的交易

在一般等价物出现之前，交易双方中一方以自己所有的具有使用价值的货物作为交换价值，与对方的货物进行交换。

任何一方的货物，既有使用价值，又表达了交换价值，使用价值和交换价值的载体是合一的。在双方的交易过程中，因为没有所谓的价格，所以也没有价格的不确定性。

2）一般等价物产生后的交易

在一般等价物（以下简化为货币）出现以后，交易双方一方以自己所有的具有使用价值的货物作为交换价值，与对方的货币进行交换。

这个时候交换价值不再用货物直接表示，而用一般等价物的数量，或者可以称之为货款来表示，使用价值和交换价值的载体发生了分离。

但是交换价值（货款），是在交易之前就确定的，即单位货物价格和款项是合一的，货款的支付，能够直接指定到一定数量的货物上，不会发生变动。在双方的交易过程中，也是不存在单位货物货款（价格）的不确定性的。

3）浮动价格的交易

随着交易的发展，交易双方在商品交易过程中，一方以自己所有的具有使用价值的货物作为交换价值与对方的货币进行交换。但是交换价值（货款），是在交易之后一段时间才能确定的。这个时候在双方的交易过程中，交换价值（货款）存在不确定性。

大宗商品的交易往往是浮动交换价值的交易，是货物实体、标的价格和款项支付的三分离。

（2）货款价三分离模型

所谓三分离模型，是指大宗商品的交易货物实体的交付、款项的支付、价格的确认环节，三者之间没有必然的先后顺序（见图2-3）。

图2-3 大宗商品交易货款价三分离模型

（3）货款价三分离模型的意义

第一，它可以让企业主动把控风险和利润。原来由于货物都带着价格，所以对于价格波动，企业都是被动承受。不管价格有多高，企业都得按照这个价格来进货。企业生产出来以后由于需要现金，不管价格有多低，都得按照这个价格卖出去。所以企业是被动的。那么如果把价格剥离出来，价格高的时候可以把货拿过来，但是不定价。销售的时候，如果价格比较低，那么也不定价。采购的货物，等市场价格比较低的时候，再来定价，销售的货物，等价格比较高的时候，再来定价。这样就可以主动控制风险和放大利润。

第二，由于大宗商品的批量较大且较为标准，那么把价和货分离出来，有利于建立长期的合作关系，跟客户之间的贸易可以一年谈一次价格。跟客户不需要谈基准的价格，只需要谈升贴水。

第三，可以减少沟通成本。

灵活的定价模式对企业的信用要求比较高，对贸易双方的信用要求也比较高。比如说今天客户把货拿走了，没有定价。过几天价格涨了，客户不和我定价了怎么办？或者说先定了一个价格，到时候价格下跌，客户又不拿货了怎么办？所以对买卖双方的信用要求比较高。因此往往需要付保证金，但是保证金付到哪里，又是一个比较难的问题。

第四，灵活定价模式需要企业进行风险管理。

灵活的定价模式使大宗商品企业的风险敞口的识别变得非常复杂，对价格风险管理的要求比较高。随着时间的推移，单位货物的交换价值会发生波动，会导致敞口价值的不确定性。在大宗商品敞口上表现为资产负债类敞口公允价值的变动、确定承诺类敞口的结算价格变动以及预计交易类敞口购销计划现金流量变动，最终表现为企业损益变动。企业需要通过金融衍生品工具，包括期货、期权、互换和远期等手段，予以对冲，规避企业不愿承担或者无法承担的风险，保持企业盈利稳定。

3. 灵活定价模式

由于货款价三分离模型，企业采用了灵活的定价模式。现在大宗商品企业灵活定价模式已经发展到点价、均价、远期固定价和含权复杂定价等方式。

（1）点价模式分析

点价就是先找一个锚定的基准价格，比如说，上海有色网的有色现货报价、上海钢联的螺纹钢报价、期货价格等都可以成为基准价格，再在基准价上，双方协商一个固定升贴水，通过这个基准价格加升贴水来定价格。

第一，点价要先找到一个基准。这个基准可能是第三方的一个指数，可能是期货的一个价格，也可能是某指数跟某几个交易所价格的平均值，需要有一个计算公式。这些都可以成为定价基准。

第二，点价要有一个选择的时间点。比如说定价，是有点价权的一方选择的一个时间点的价格加上升贴水。所以它要有时间点。

第三，升贴水。因为点价的基准价格，是标准品在最主要的核心区域的价格，并不是在贸易过程中实际买卖的价格。所以成交价格就会有升贴水。那么升贴水受哪些因素影响呢？比如说基准价格是上海的，但是货在重庆，那就要加上运费、区域的价差、厂家品牌规格的价差、质量的价差等。这些因素都会对升贴水产生影响。

第四，选择权。点价的时候有点价权，可能是买方有选择权，也可能是卖方有选择权，或者双方都有选择权，一半是买方点一半是卖方点。这就是选择权的问题。

第五，定价。定价是有时间的。比如说约定在三个月内的某一天有定价权，但如果过了三个月还没有定价，那么是按最后一天的价格算呢？还是按最后一个星期的价格算呢？还是说允许递延到下个月？这里就涉及定价逾期以及逾期之后递延费的支付。当然还有点价权期限，点价权什么时候开始，什么时候结束。还有点价的数量，能点多少量，每次量不能超过多少。比如说有10万吨货，想一次性就把价格点掉，这是不现实的。而且即使点了也没用。因为价格的被动接受方，需要进行风险管理。但是10万吨货在期货市场上无法进行套期保值，也无法点给别人。所以这里就存在一个点价的数量问题。

以上这些都是点价的要素。

（2）均价模式分析

均价就是按照现货市场一定期限的平均价格来确定价格的定价模式。

那么均价有哪些要素呢？跟点价一样，它也有定价基准。但是不一样的是，点价点的是一个时间点，而月均价或者其他均价，定的是某个时间段，是这个时间段的平均价格。比如把 M 月定为装船月，M＋1 是下月，M＋2 是再下个月。把 D 日定为发货日，则发货的前几天或者后几天，称为 D − 1，D − 2或者 D + 1，D + 2……

这些都是均价的要素，它有约定时间。但是约定时间以哪个时间为准呢？签合同的时候不会当时就约定具体日期，它有一个锚定，从什么时候开始算。比如说 M 月是装船月，D 日是发货或者交货的那一天。D 和 M，都称为锚定日。除了约定时间，也可以约定数量，比如不管对方有没有发货，约定 2 月定价数量 1 万吨。

月均价也有升贴水，受区域、质量、资金成本等要素影响。定价的数量也会影响升贴水。定价的时间和定价的数量，在一般的合同里，在定价时间段内，定价数量和发货数量通常是一样的。也有时候，定价数量和发货数量不一致。

（3）远期固定价

远期固定价，又叫纸货，是指交易双方约定在未来的某一确定时间，以确定的价格买卖一定数量的某种货物或资产。比如当前卖方手上没有货物，但可以先按照双方约定的固定价格卖出三个月以后的货物，三个月后，再将货物交付给买方。

（4）其他复杂定价模式

还有更复杂的定价模式，比如嵌入到现货合同当中的含权定价、保底定价、保收益定价等各种各样的灵活的定价模式，合同中还可能跟汇率、利率等要素叠加到一起。这些定价模式，根据不同的行业、不同的企业，采用的定价模式和使用程度各不相同。

4. 定价权分析

定价模式按照主动性来分，可以分为主动定价和被动定价。下游向上游企业采购合同的固定价格就很有可能是被动定价，或者合同已经明确约定的月均价也是一种被动定价模式。而我方点价、远期固定价，则是主动的定价。合同双方对于定价的主动权和双方在合作中的地位强弱相关，往往强势的一方掌握主动的定价模式和定价权。

2.1.2　敞口定义与特征

敞口是大宗商品企业风险管理的核心概念之一。敞口的识别、归集和计量，是大宗商品企业进行风险管理的日常工作。应对敞口风险，是企业开展金融衍生品业务的主要目的。

国资委在 2020 年下发的《关于切实加强金融衍生业务管理有关事项的通知》（国资发财评规〔2020〕8 号，以下简称 8 号文）中，明确要求企业开展金融衍生品业务的目的，是"降低实货风险敞口"，这个要求可以作为鉴定企业金融衍生品实务操作性质的依据。即中央企业开展金融衍生品业务，不是投机性质，也不是金融衍生品单边盈利，更不是放大企业风险敞口。这也可以为其他企业开展金融衍生品交易提供管理依据。

但在实际业务中，业界并没有一个一致规范的定义。不同企业对于敞口的定义不一，内涵不同。即使是对于同一风险管理对象，不同的企业也有不同的称呼，诸如头寸、库存、资源、资产等。界定敞口定义，有助于统一认识、清晰核算，方便沟通和管理。

1. 敞口相关名词释义

（1）头寸（Position）

头寸，是指个人或组织持有的物品（包括现金、商品、合同、证券等）数量。

企业的某一头寸可能受到多种因素的影响，从而导致头寸价值的波动。比如以美元计价的中国进口销售铜精矿中，可能含有铜、金等多种金属成分，那么该铜精矿价值可能由于铜、金等商品的市场价格波动而产生变化；同时如果进口该铜矿的企业以美元进口，同时需要以人民币购汇付款，那么美元兑人民币的汇率变化，也将直接影响该批货物进入国内市场的价值。比如美元升值，会提升该批货物的人民币换汇成本，相应提高国内市场的销售价格；另外，如果企业是以借款方式筹措进口货物的货款资金，那么借款利率的波动，也可能影响该批货物的贸易成本，进而影响企业的业务利润。

因此企业头寸，包括库存、资源或者资产等，会受到多种因素的影响，进而导致货物价值的波动。对于企业来说，需要进一步细分影响波动的因素，针对不同的因素，采取不同的应对措施。

（2）风险成分（Risk factor）

风险成分是指受到基础资产市场的价格不确定性影响的成分。在大宗商品中，风险成分指受到价格波动影响导致公允价值变动的因素，比如铜精矿中的铜、金等；在金融业务中，风险成分可以是一项现金流量，例如美元兑人民币汇率变化产生的现金流、三个月伦敦同业拆借利率变化产生的现金流等（见图 2-4）。

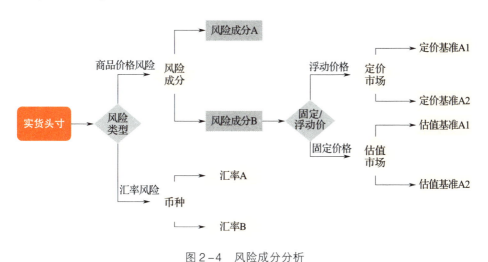

图 2-4　风险成分分析

（3）敞口（Exposure）

敞口是指头寸中裸露出来的使未来产生不确定性的部分。这部分是受到基础资产市场价格不确定性影响的风险成分的集合。比如 1000 吨铜精矿，铜含量为 50%，即 1000 吨铜精矿头寸，有铜敞口 500 吨。

2. 敞口的特征

敞口具有图 2-5 中五个特征。

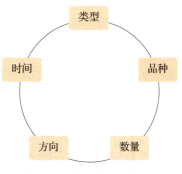

图 2-5　敞口的五个特征

（1）敞口类型

对于敞口的类型，不同的企业，有不同的划分标准。根据如何定价进行区分，可以将敞口划分为固定价敞口和浮动价敞口；根据在合同签订后是否纳入企业货权管理划分，可以将敞口分为物理敞口和现金敞口；根据我国24号套期会计准则，可以将敞口划分为预期交易、确定承诺和资产负债三类。业界主流操作方式是结合会计准则，按照定价与否来进行划分，管理在购销存环节下已定价头寸的敞口。

我国24号套期会计准则，将敞口分为以下三类。

第一类，预期交易。预期交易是指很有可能发生的但没有法律义务的交易。比如签了一个意向协议，或者是一个生产记录，那么它们都有可能是风险敞口。举个例子，电厂供电的价格是基本不变的，但上游动力煤的价格是在变动的，电厂计划每月购买一定数量的动力煤，但跟上游客户还没有签订采购协议。发电厂的生产不能停，是连续生产的，那么电厂下个月用煤虽然只是个计划，或者说是个预期，但它仍是个风险敞口。

第二类，确定承诺。确定承诺是指在未来某个特定日期或期间，以约定价格交换特定数量资源、具有法律约束力的协议。即合同已经约定了价格，但还没有发货，这个敞口就叫确定承诺。

第三类，资产和负债。也就是说货已经入库了，成为资产负债表的一部分，它所带来的敞口就叫资产负债敞口。

（2）敞口品种

敞口品种是指在头寸中影响现金流变动的因素，包括某一大宗商品、汇率、利率等。比如美元计价的进口铜精矿的头寸中，还有铜、金、汇率等品种的敞口。

现阶段业界对品种之间的在时间、空间和形态上的价差是否可以作为一种敞口，存在争议。比如同一品种的现货和期货间的基差、原材料和产成品之间的利润、不同地域的升贴水和某一品种远近月的曲线变化，这些价差也存在变动，会引起企业现金流的流入或者流出，造成企业利润的变化，是否可以作为敞口品种。比如原油裂解生产成成品油，在WTI上有裂解利润期权可以帮助企业进行利润管理。比如生产企业认为当期的成品油裂解利润满足企业要求，想对冲利润下跌的风险，但是同时又不想放弃利润进一步扩大的空间，可以购买看跌裂解利润期权。

存在相对应的衍生品的时候，可以将价差变动作为一种广义的敞口处理，但是对该价差应用衍生品工具进行套期保值的时候，对于组成价差组合的任一品种的敞口，不宜再作为敞口进行管理。比如原油裂解成品油的过程中，在将某一批次的裂解利润作为敞口管理的同时，不能再把该批次的原油和成品油作为单独的敞口进行风险管理。

（3）敞口数量

敞口数量，是指企业持有风险敞口的数量，这个数量可以是某一敞口类型、品种、方向或者持有时间单一或者组合维度下的数量归集。不同公司，由于风险文化或者偏好的区别，对于敞口的数量会有不同的统计方法。比如连续生产工艺下的化工生产或者金属冶炼企业，对于在生产线上的在产品，或者仓库中的半成品，是否纳入数量统计，会根据企业的风险管理政策，作不同的处理。一般来说，如果是在产品或者半成品等铺底货物，常年保持稳定，或者占公司总敞口比例较小，可以不纳入敞口数量统计；但如果数量波动较大，或者占据公司总敞口比例较大，对于企业经营利润有明显影响，那么就需要纳入敞口统计之中。同时企业可以约定一个铺底货的固定数量，固定数量部分可以采取不一样的风险管理政策。

（4）敞口方向

敞口方向是指随着敞口价格的上涨或者下跌，给企业的敞口带来潜在现金流流入或者流出。一般随着敞口价格的上涨可能带来现金流流入的，称为正向敞口，反之，称为反向敞口。比如采购的定价原油，由于原油价格上涨，在企业销售原油或者原油裂解制成品的时候，增加销售利润，因此持有正向敞口。企业在实际经营过程中，不仅要关注单一头寸下敞口方向，更要关注企业整体敞口方向。只有把握企业某一品种的整体敞口方向，才能判断行情涨跌可能给企业带来的损益。

（5）敞口时间

敞口时间是指持有敞口从开始到结束的期间。企业持有敞口的时间，决定了企业承受风险的时间段。不同类型的敞口，持有期间的计算方式是不一样的。以定价为标准，一般从敞口在采购端的定价日开始，到该敞口的资产被销售或者最终产品完成定价销售结束。

2.1.3　实货敞口归集

国资委8号文使用了"实货风险敞口"的新提法，以下探讨如何理解实货敞口、区分实货敞口和现货敞口、计算实货敞口的规模等问题。

1. 如何理解实货敞口

首先，在业界经常采用"现货敞口"的说法，它强调的是现在、当下时刻属于企业所有或者归属企业支配使用的货物敞口数量。它的对照物是远期交割货物。但实际上，企业持有的货物敞口风险并不能完全以货物归属或者支配使用的状态划定界限。这个说法易产生三个问题：

一是企业认为所有在库货物都需要纳入风险管理范围，而没有去甄别货物定价和执行状态，包括是否已经定价，是否已经销售等；

二是企业关注在库的所谓"现实存在"的货物敞口，而缺少对在途货物的关注；

三是企业关注经过会计确认入账的库存商品，包括原料、中间品、产品，而没有关注企业虽然尚未入账，但是已经签订的待执行合同或订单。

因此以上统计的现货敞口规模，与企业实际受到价格风险影响的货物敞口差异悬殊，操作的合规性和风险管理的效果也大打折扣。

"实货敞口"可以理解为强调的是存在客观物理性质的货物敞口，它的对照面是不存在客观物理性质的金融衍生品，该金融衍生品是为了对冲实货的价格、利率和汇率波动影响。因此可以借鉴财政部发布的《企业会计准则第24号——套期会计》（财会〔2017〕9号）相关规定。实货敞口是指企业某一时点下持有的受到大宗商品价格和利率汇率波动影响的风险成分数量。这些风险成分数量面临公允价值或现金流量变动影响，需要通过金融衍生品作为套保工具进行套期保值、风险对冲。

因此"实货敞口"的新提法可以顺利对接套期会计准则，该通知可以在企业开展套期保值业务后，为采用套期会计准则降低难度。

2. 实货敞口归集计算

那么在企业实际操作中，如何计算实货敞口规模才能符合 8 号文的规定？按照套期会计准则，可以将实货分为预期交易、确定承诺和资产负债三大类。而在实务中，需要将我们常见的计划、合同、订单和库存现货等数量，根据定价与否、入账与否等，按照以上三个分类进行对照和转化，如图 2 – 6 所示。

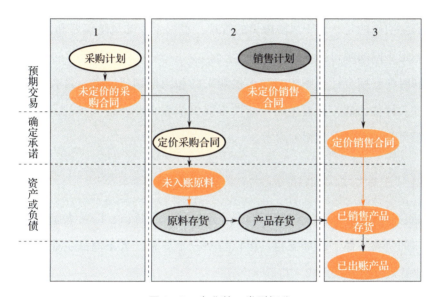

图 2–6　企业敞口类型细分

可以看到，企业所需要管理的实货敞口是第 1 大类和第 2 大类，第 3 大类不在公司所需要管理的实货敞口范围内。同时我们注意到，8 号文要求，金融衍生品"持仓时间一般不得超过 12 个月或实货合同规定的时间，不得盲目从事长期业务或展期"，同时对于金融衍生品和实货敞口的匹配规模做了限定，那么预期交易中的采购计划或者销售计划，由于尚无实货合同，所谓的规定时间更无从谈起，因此一般不适合作为敞口来进行风险对冲，只有在签订合同以后，才纳入敞口管理的范围。

在采用金融衍生品进行对冲以后，其中未定价的采购合同和销售合同，采用现金流量法进行套期保值；而未入账的定价采购合同、原料和已入账的库存原料及产成品，采用公允价值法进行套期保值。关于现金流量法和公允价值法，本书后面有详细介绍。

　　企业需要逐笔核算以上各种类型合同、订单、库存的实时敞口，以便于调节金融衍生品规模，使得金融衍生品和实货敞口的匹配符合 8 号文要求。

　　在此提供一种已定价实货敞口计算方式：

已定价实货敞口 = 在库现货 + 已定价未入库采购合同 – 已定价未出库销售合同 + 未定价已出库销售合同 – 未定价已入库采购合同 + 预期采购 – 预期销售

　　需要明确的是，对于风险敞口的管理，根据企业的风险偏好和承受能力，可以划定不同的敞口归集层次。

　　同时在套期会计准则中，对于预期采购和预期销售行为，具有严格的判定标准。评估预期交易发生的可能性不能仅依靠企业管理人员的意图，而应当基于可观察的事实和相关因素。

2.1.4　大宗商品企业运营能力要求

　　结合大宗商品空间、时间、形态、规模的四个特征，以及大宗商品交易中敞口的货物实体、款项支付、单位价格三个要素，大宗商品企业的核心能力需求呼之欲出（见图 2 – 7）。

图 2 – 7　大宗商品企业核心能力需求

1. 供应链管理能力

　　大宗商品的空间特征和货物的要素要求企业具备很强的供应链管理能力。大宗商品从产地到消费地，需要在全球范围内运输，运输方式复杂多样，因此，大宗商品企业需要有强大的供应链管理能力，以保证大宗商品能够及时安全送达目的地。

构建和维护一个有效的供应链运作模型是大宗商品企业创收的核心。各公司的运营团队在制定并优化策略以帮助公司最小化风险和降低成本中扮演着重要的角色。

2. 风险管理能力

大宗商品的时间特征和价格的要素要求企业具备很强的风险管理能力。大宗商品从生产到仓储到消费，运作时间长，期间各种因素会影响供求关系的变化，进而导致大宗商品敞口价格变化，或者随着监管政策变动、客户信用变化等，而产生其他风险。因此大宗商品企业需要有出色的风险管理能力，通过风险对冲、限制、规避和承受等一系列策略来应对各种风险。

风险管理能力是大宗商品企业的核心竞争力之一。在全球范围内存储并运输实物资产，在高价值大容量交易中获取利润，需要运用精细的风险管理技术连接收入与成本，并在波动的市场中有效运营。

3. 机会策略能力

大宗商品的形态特征和敞口（价格要素形成）要求企业具备很强的机会策略能力。在大宗商品的同质化特征下，大宗商品交易商在大宗产品的差异化经营上成效有限，需要超越产品本身，通过敞口的交易机会的把握来获取盈利。这种交易机会的把握，来自于时间、空间和形态的转化。而同时，大宗商品交易中货、款、价三分离的特征，也为大宗商品交易把握机会、制定策略创造了条件。

大宗商品企业对于市场波动的敏感程度不一样。大型大宗商品贸易商在很大程度上并不在意市场波动，因为成功对冲在很大程度上消除了绝对价格变化的风险和回报。他们真正关心的是买卖价格之间的差额，当且仅当该差额大于进行该业务的单位成本时此交易才会盈利。但随着竞争愈来愈激烈和透明化，这种机会窗口期往往较短。因此交易机会的识别、策略的制定和执行能力，是大宗商品交易商的必备条件。

4. 贸易融资能力

大宗商品的规模特征和资金要素（资金密集型）要求企业具备很强的贸易融资能力。大宗商品的运输和交易具有规模效应，而大批量的运输和交易，需要大量的运营资金，相对于大宗商品贸易商自身的注册资金来说，金额巨大。这就需要大宗商品交易商具有很强的贸易融资能力，并有效降低资金成本。

大宗商品企业的购销商品和投资供应链的各个环节等活动需要大量的资本资源，依靠大量且源源不断的资金支撑业务的持续与发展。公司需要能帮助其在任何市场环境下有效经营的融资模式。大型贸易公司，如托克，通常具有多样化的融资来源与结构，并在不同的地区筹集一系列还款进度的资金。

2.1.5　大宗商品企业的盈利模式

大宗商品企业的盈利模式，是企业拥有的能力和资源组合在现实业务条件下的变现方式。按照利润确定性程度的不同，可以分为确定利润和风险利润（见图 2-8）。

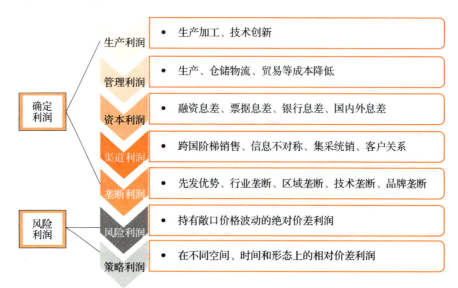

图 2-8　大宗商品企业的利润确定性程度分类

不同的利润类型，需要大宗商品企业的不同核心能力进行资源匹配，予以获取（见图 2-9）。

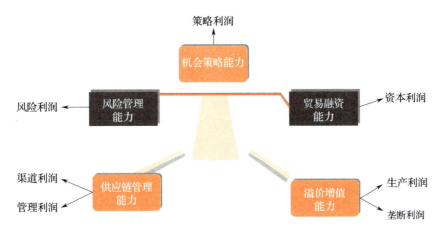

图 2-9　获取利润的核心能力

1. 确定利润

所谓确定利润，就是指在交易过程中，不会因为价格的波动而产生损益变化的盈利，是脱离价格因素而存在的。包括生产利润、管理利润、资本利润、渠道利润、垄断利润。

- 通过供应链管理能力，降低生产、仓储物流和贸易等成本，获取管理利润，利用跨国阶梯销售、信息不对称、集采统销和客户关系，获取渠道利润；

- 通过贸易融资能力，借助银行贸易融资、抵押、回扣、预收款、债券和证券化等方式，获得低成本资金，并采用供应链金融的方式，获取资本利润，包括融资息差、票据息差、银行息差、国内外息差等；

- 通过溢价增值服务能力，获取溢价增值的利润，包括生产加工和技术创新，获取生产利润，以及行业、技术、区域、品牌等垄断，获取垄断利润。

2. 风险利润

所谓风险利润，就是指在交易过程中，可能会因为价格波动而产生损益变化的盈利，跟价格因素息息相关。其中又可以分为绝对价差利润和相对价差利润。

- 运用风险管理能力，通过分析判断行情，持有敞口在价格波动情况下，获得敞口价值变动的风险利润。
- 运用机会策略能力，是企业根据价格信号利用市场在空间、时间、形态和规模上的错配实现盈利。企业专注于捕捉市场中的缺口、价格错配或地理错配。监控不同等级商品的相对价格（质量差价）、交付地点不同的同种商品的相应价格（地理差价），以及不同的交付日期的相应价格（远期差价）。发现错配后，可以通过在廉价市场买入并在昂贵市场卖出来锁定利润。利润机会出现在转换的价值即未经转换和已转换商品之间的价差大于转换商品的成本时。例如，在期货升水时远期价格高于现货价格，可以立即买入并储存商品，并在未来日期以更高的价格卖出。但是随着竞争的加剧，这种相对价差利润的机会和时间窗口期越来越小。

2.2　汇率风险管理

不同机构的汇率风险来源项目是不一样的。企业的汇率风险通常分为两类，即贸易企业的进出口风险和资本项目中的融资与结算风险；政府机构的汇率风险包括外汇债务风险和外汇储备风险；而境内金融机构由于业务复杂，其汇率风险的类型更多。

汇率的波动直接影响进出口企业的成本和利润。因此经常性项目下的进出口业务、未来的结汇预期和未来的售汇预期是贸易企业的主要外汇风险来源项目。

企业在国际经济、贸易、金融活动中，会产生以外币计价的收付款项，因此汇率变动可能给以本币记账的企业带来意外损失。

2.2.1　影响企业经营的汇率风险分类

企业经营中遇到的主要汇率风险可以分成以下三类：

交易风险：指以外币计价的交易，由于该币种与本国货币的比值发生变化即汇率变动而引起的损益的不确定性，主要针对具体的合同和项目。具体来说，企业与贸易伙伴或金融机构签订各种合约，不论签订的是哪一种合约，只要以外币作为计价单位，产生外币计价的合约现金流，就会面临汇率变动引致的交易风险。比如对外并购，某企业在澳大利亚购买一座矿山，澳元波动会造成交易风险。

折算风险：又称换算风险，根据会计制度的规定，在公司全球性的经营活动中，为适应财务报告时需要转换记账本位币而出现的风险，即因汇率的变化引起资产负债表上某些项目价值的变化。每个会计年度结算时，企业需编制合并财务报表，如果一家企业有境外子公司，就会承受折算风险。具体来说，企业需先将子公司以外币编制的财务报表转换成以母公司记账本位币编制的财务报表，再进行合并。由于涉及汇率换算，因此合并报表上的利润会因为汇率变动而产生变化。比如公司在日本、德国、美国都有经营，最后各项外币计价的资产负债项目要进行折算，合并成本币报表，因此形成了价值变化。

经济风险：又称经营风险，是指汇率波动对企业的产品竞争力、盈利能力、偿债能力、跨境并购战略决策等造成的中长期影响。同时也因为汇率波动会引起企业经营、业务、产品等决策的改变，例如产品数量、市场定位等，由此而带来的收益的变化被称为经济风险。对中国企业而言，人民币贬值对出口型企业是增加竞争力，但是人民币升值对于出口型企业是不利的。

2.2.2　企业的外汇交易风险

企业外汇交易风险指以外币计价的交易，由于该币与本国货币的比值发生变化即汇率变动而引起的损益的不确定性，主要有以下三种情况。

进出口业务收入和成本：以人民币计算的出口业务收入是不确定的，以人民币计算的进口业务成本也是不确定的，以人民币计算的进出口加工业务的收入和成本都是不确定的。

外币融资成本：外币贷款换算为人民币的还款额是不确定的，外币融资换算为人民币的融资额也是不确定的。

兼并收购的成本：兼并收购中换算为人民币的收购成本是不确定的，兼并收购中投标价的竞争力是不确定的。

汇率风险对不同企业的影响存在明显差别，这与企业的生产经营模式、在涉外业务中的竞争力、是否采取有效的汇率避险措施等因素相关。主要表现有以下三种情况。

严重影响。研究发现，受汇率波动影响较为严重的企业主要有三个特点：一是依赖外币作为单一结算币种；二是多数为纯出口型企业；三是未使用包括外汇衍生品在内的金融工具规避汇率波动风险。如，某企业主要从事出口型业务并使用美元结算，2018—2019 年人民币兑美元汇率贬值，至 2020 年上半年仍总体偏弱，企业陷入了人民币将持续贬值的惯性思维，将几千万美元资金留存在账上，未及时结汇，也未锁定远期汇率，之后人民币升值，企业利润被严重侵蚀。

两头被动。部分企业尽管出口量大，生产稳定，但其境外进口采购商议价能力较强，企业从签订订单到完成生产发货周期较长，收款账期也较长。若企业未锁定远期汇率风险，当人民币升值时，企业面临汇兑损失；当人民币贬值时，境外客户则会要求企业调低订单价格。

影响较小。主要有两个特点：一是企业规模大，进出口业务均衡，即使结算币种均为外币，对企业影响也较小。二是采取远期锁汇避险措施。如，某企业有大量进口支付外币需求，期限和现金流均较为稳定，企业严格按照内部财务管理要求开展汇率套期保值交易，每月按照付汇量的 50%—80% 采用远期购汇或者买入外汇看涨期权进行锁定，有效控制了财务成本，防范了汇率风险。

2.2.3　不同类型货币汇率的影响因素

通过对影响货币走势主要因素的分析，可以把外汇分成如下三类。

G7 国家货币：包括美元、欧元（法国、德国、意大利）、日元、英镑和加元，汇率变动的主导因素是相对利率变化。本币利率上升，汇率走强；本币利率下降，汇率走弱。

大宗商品货币：指资源、矿业出口发达的国家货币，主要包括新西兰元、澳元、巴西里尔等。大宗商品价格及全球对大宗商品的需求对该类货币有重要影响。比如澳元的走势与铁矿石价格的波动密切相关。

新兴市场的货币：主要包括韩元、台币、印度卢比等。汇率变动的主导因素为国际资本的流动，外汇流入本币升值，外汇流出本币贬值。比如一般情况下，韩国股市上涨，国际资本进入韩国，韩币就会走强。

2.2.4　远期汇率的形成机制

人们一般认为远期汇率是市场对未来汇率的预期，但实际并非如此。远期汇率实质上是通过借贷操作将换汇时间调整到即期，锁定汇率风险。远期汇率与当前汇率的差异，主要是由于不同币种的利率不同，而远期汇率是在当前汇率基础上考虑了不同货币的利率差异。根据利率平价理论，远期汇率和即期汇率差价是由两国利率差异决定的，如下面公式：

$$fx_{d/f}^t = fx_{d/f}^0 \times \frac{(1 + i_d)^t}{(1 + i_f)^t}$$

$fx_{d/f}^t$ 代表货币 d 和货币 f 在时间 t 的汇率，f 是汇率标价中的基准货币，两国利率分别为：i_d，i_f。

远期汇率交易举例（见图 2 – 10）。

假定有企业客户今天购买远期汇率，把 3 个月后收入的 100 美元兑换成欧元，锁定远期汇率。作为企业客户交易对家的银行，可以执行如下操作：

今天，银行借入美元并且将借入的美元兑换成为欧元，存下欧元。

未来，银行取回欧元存款本息，支付给企业远期交割，企业支付银行美元，银行归还美元借款本息。

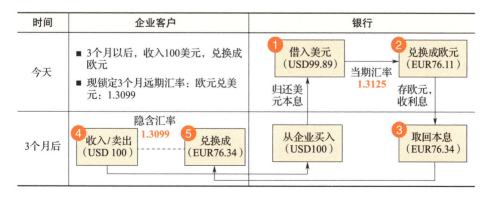

图 2 – 10　远期汇率交易举例

假设：当前欧元兑美元汇率为 1.3125；3 个月远期欧元兑美元汇率为 1.3099；美元利率：3 个月 LIBOR 为 0.4572%；欧元利率：3 个月 EURIBOR 为 1.248%。

银行在今天借入 99.89 美元（根据当时利率，3 个月后本息正好 100 美元），并按照即期汇率兑换成 76.11 欧元存下。

3 个月以后，银行取回 76.34 欧元存款本息，向企业支付 76.34 欧元，银行从企业得到 100 美元，本息归还美元借款。

今天的这一系列操作即可锁定 3 个月远期汇率，欧元兑美元 1.3099（100 美元/76.34 欧元），不再有不确定因素。实际操作中，银行可酌情加上利润向企业报价。

2.2.5　汇率风险的管理方法

1. 商业方法

一是选择有利的合同货币。尽量使用本币，出口贷款用硬币（会升值的币种），进口借款使用软币（会贬值的币种）。

二是加列合同条款，加列货币保值条款、均摊损益条款、价格和汇率调整条款，这要看谈判地位。

三是提前或者延期结汇。根据汇率的走势判断选择提前或者是延期结汇，出口或者是外币贷款的企业，选择在人民币贬值时延期结汇，人民币升值时则提前结汇；进口企业，则选择在人民币贬值时提前换汇，人民币升值时延期换汇。

四是企业外汇池的管理。统一管理企业内部外汇收支，将方向相反的币种收支匹配，实现外汇池统一管理。

2. 金融方法

一是利用外汇金融工具套期保值，进行对冲，比如说远期结售汇、货币掉期、期权、期权组合等。以某国际工程为例：成本以人民币计算，收入以美元计算，工程利润以人民币计算。可应用的对冲策略有：

- 锁定未来汇率。可以远期结售汇锁定未来汇率，锁定工程利润。锁定汇率后，不分享人民币贬值空间但可以消除人民币升值风险。
- 购买"保险"。购买外汇期权类产品，即购买工程利润"保险"。这样可以留存人民币贬值美元升值空间，也可以锁定汇率、消除人民币升值风险。但增添了购买"保险"的成本。

二是投资法，未来外汇支出的企业在签订合同后，用本币资金兑换成外汇，并将这笔外汇投资于货币市场，到期时以投资所得外汇进行支付，就可以避免外汇的波动。

三是借款法，未来外汇收入的企业在签订合同之后，从银行借入外汇贷款，将这笔外汇按市场汇率兑换成本币，用于货币市场的投资。到期时，用外汇收入偿还贷款。注意前面提到的远期汇率形成机制中的银行操作方式，借款法其实是一样的，企业可以不通过银行购买远期，而是自己执行银行对冲远期交易的一套操作。

四是贸易融资法，可以利用外汇票据融资，买方信贷由银行向国外进口商提供外汇贷款，卖方信贷由银行向出口商提供外汇贷款。

3. 人民币兑 G7 货币和发展中国家货币的金融管理工具

人民币兑 G7 货币的金融工具市场发展迅速，流通性日趋良好，可直接对冲人民币兑 G7 货币的汇率风险。工具为前面所述的外汇金融工具。

直接对冲人民币兑发展中国家货币的汇率风险比较困难，可以利用发展中国家货币兑美元的汇率工具，结合美元兑人民币汇率工具进行对冲，或利用其他与发展中国家货币汇率相关性较好的金融市场工具。实际操作中更多的是采用商业运作方法管理汇率风险。

在对外签订合同时积极和有意识地考虑汇率风险，争取签订有利于规避企业汇率风险的条款：合同币种的选择——支付弱币、收入强币；人民币升值预期——利用信用证、贸易融资方式延后美元的支付；保障性条款——当汇率变动超过某约定汇率时，拥有重新定价权；价格汇率联动条款——签署项目/货物价格与汇率联动的条款；加入金融衍生交易的保值结构。

在企业进行外币相关的项目管理时，考虑外币融资、当地采购、企业内部协调外币现金流等策略。

如图2-11所示，中国的一家企业到哈萨克斯坦去投资，但市场并没有人民币兑坚戈的金融衍生品。这时候可以考虑保值哈萨克斯坦主权信用违约掉期（CDS）。当坚戈出现问题的时候，很有可能CDS也同时受到冲击，通过购买CDS，可以对汇率上的损失进行补偿（见图2-12）。

数据来源：Bloomberg 2010年6月28日参考价

图2-11　哈萨克斯坦坚戈兑美元、美元兑人民币汇率历史变化

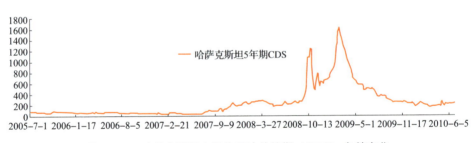

图2-12　哈萨克斯坦主权信用违约掉期（CDS）息差变化

2.2.6　示例：企业经营中的汇率风险管理

1. 出口企业外汇风险举例：投标报价风险（见图2-13）

案例项目背景：企业参加某项业务竞标，出口核心欧洲机电设备，用欧元支付成本，该机电设备是企业竞标承揽的项目主要成本，项目收入以人民币计算。

在三个月之后，如果中标就履行投标作价；如果不中标就投标作废、无后续义务。由于投标结果三个月之后才会公布，是否中标属未知。假设在投标时购买了欧元远期汇率进行套期保值，如果没有中标，那么欧元贬值就是风险；如果中标，但又没购买欧元远期，那么欧元升值就是风险。

在保值当中，实际的做法要考虑三个因素，第一要去估计投标的成功率是多少。如果成功率是10%，那么保10%的头寸，是各种可能情况下预期最好的解，成功率加高再去增加保值的头寸即可。随着投标成功率的信息越来越多，可以逐步调整对冲比例。但是，任何对投标成功率的估计可能都非常主观，估计的准确度无法达到作为决策依据的要求。

出口企业外汇风险举例：币种选择风险

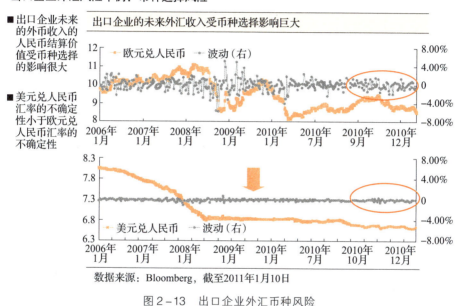

■ 出口企业未来的外币收入的人民币结算价值受币种选择的影响很大

■ 美元兑人民币汇率的不确定性小于欧元兑人民币汇率的不确定性

数据来源：Bloomberg，截至2011年1月10日

图 2-13　出口企业外汇币种风险

第二是标的物，人民币兑欧元的汇率来自人民币兑美元的汇率和美元兑欧元的汇率相乘的积。人民币兑美元汇率相对稳定，其中牵涉到的决定因素对中国企业而言，更容易预判。对于中国企业而言，美元兑欧元就很难预判。保值可以只保欧元兑美元汇率，人民币兑美元汇率根据情况考虑保值。如果人民币兑美元是升值，这块风险就不需要保；如果人民币贬值，可以适当保一下，但主要保值的还是欧元兑美元汇率（见图 2-14）。

第三是保值用的工具，可以是人民币兑欧元的远期汇率，同时也可以买欧元兑人民币的看涨期权。如果买看涨期权，即使不中标，欧元贬值也不会有其他损失。我们可以把期权费含在投标的报价里面。投标价格的精确计算十分重要，价格太低不会中标，价格太高就会面临很大的成本压力。此外还要考虑工具的流动性，不建议买人民币兑欧元期权，因为流动性相当有限。我们可以只买欧元兑美元期权，这种期权市场成熟而且流动性高。

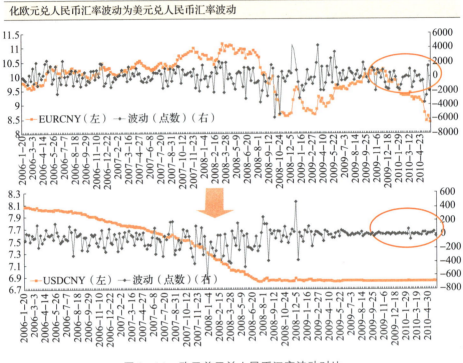

图 2-14　欧元美元兑人民币汇率波动对比

综上所述，如果投标的成功率很难预测的话，从风险管理的角度，综合稳妥性和成本，一个可以考虑的方案是购买欧元兑美元的看涨期权。

2. 兼并收购中的汇率风险举例：兼并收购成本（见图 2-15）

某企业收购一座澳大利亚的矿山需 20 亿澳元，2008 年 10 月 24 日折合人民币约 85 亿元。如果在 2010 年 4 月 9 日收购的话，则需要支付人民币约 127 亿元。前后仅相差一年多，其收购成本的价差就高达数十亿元人民币。汇率波动带来的影响不容小觑。如果企业融资是人民币或美元贷款，在并购交易的各种监管审批通过后，融资款就绪时，需要迅速通过远期汇率锁定外汇，以免后期出现意外。

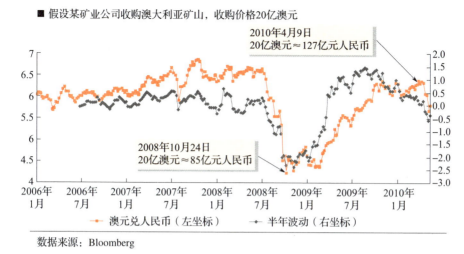

■ 假设某矿业公司收购澳大利亚矿山，收购价格20亿澳元

数据来源：Bloomberg

图 2-15　兼并收购中的汇率风险举例

2.3　利率风险管理

在中国的长期外债中，政府部门、中资金融机构、中资企业占了绝大部分。长期以来，外汇债务和外汇资产在期限、利率等方面的不匹配直接造成企业外债风险。政府、境内金融机构和企业规避利率风险的需求强烈。

境内外金融机构面临人民币利率的存贷利率水平和期限的匹配风险，以及外币利率的存贷利率水平和期限的匹配风险。

境内其他企业在经营过程中，可能会向金融机构、企业甚至个人借债融资，之后就需要偿还利息，这就会面临利率波动的风险。企业债务的利率风险，是指由于市场利率波动造成企业财务成本增加的风险。利率风险分成两种，浮动利率风险和固定利率风险。如果企业借的是浮动利息债务，当市场利率增加，企业财务成本就会增加。如果企业借的是固定利息债务，当市场利率下降，企业机会成本就会上升。比如美联储降息，企业如果借的是固定利息债务，相比市场水平就需要支付更多的利息。

如果企业持有浮动利率债务，利率上升就会增加其财务成本。假设一家企业持有美元债务，就可以通过银行做一个掉期协议，把浮动利率锁在固定利率上。企业还可以通过利率互换把利率变成固定利率，不随短期利率的变化而变化。

人民币的利率市场化还在成长中，成熟到一定程度，能使用相关工具进行大规模有效对冲后，就可以采用类似的手段和方法。

2.3.1　债务利率风险管理的目标

1. 债务成本管理

企业债务成本管理的主要目的是根据本企业的债务构成、企业经营情况及对未来现金流的预测，对债务的结构进行优化，防范国内外经济环境及汇率、利率变化带来的偿债风险，合理控制债务资金成本，避免加重企业的债务负担。其中值得专门指出的一点是如何管理企业的摊销。摊销是指借了钱以后，每一次都还一部分本金。通过对现金流的管理就可以避免出现还不上钱的问题。债务的结构主要考虑：利息的构成（浮息或者固息）及其分布、期限及期限分布、本金偿还的安排等。企业可能不只借了一次债，企业每一次借债的金额和成本都不一样，需要汇总考虑。

2. 资产负债匹配

资产负债匹配主要应用于商业银行、保险公司等金融机构，是商业银行资产负债管理的核心内容之一。金融机构为了维持其净利息收入的稳定增长，通过调整资产和负债之间的久期等利率风险参数的差异，对资产和负债的利率结构采取积极的管理方式。

久期是债券对利率的敏感性，久期越大，利率波动对债券价值影响就越大；久期越小，利率波动对债券价值的影响就越小。久期是债券平均有效期的一个测度，它被定义为每一债券距离到期时间的加权平均值，其权重与支付的现值成比例。久期是考虑了债券现金流现值的因素后测算的债券实际到期日。价格与收益率之间是一个非线性关系。

久期跟债务的期限有关。我们可以比较 10 年期的债务和 2 年期的债务，10 年期债务的利率要敏感很多。10 年期债务利率变动 1 的话，10 年都变动 1；2 年期的债务利率变动 1 的话，只有 2 年变动 1。当然其中也涉及贴现因素，但一般债务时间越长，久期越大。比如说保险公司一般会持有超长期限的负债，可能是 30 年或 50 年。但保险公司持有的债券可能只有 5 年，而且流动性好的债券是很短期的，这时候资产和债务两边就不匹配。一旦利率发生变化，负债端因为时间长受利率影响就特别大，价值损失也特别大。但短期的资产受利率影响不是特别大，利率的波动造成两者很大的错配。利率一上升，保险公司长期债务利息就会增加比较多，持有的短期债券利息增加就比较少。这时候采取办法增加久期是非常重要的。摩根士丹利很多时候发行零息的债券（没有票息的债券）给保险公司，保险公司以此来管理它的资产端和负债端的久期，达到两端的匹配。负债端是以后保险的偿付，资产端是保险公司持有债券的资产。

另外很重要的一点是浮动利息和固定利息的匹配，这是利率掉期出现的最初的动力。利率掉期本质上就是浮动利息换成固定利息。为什么利率掉期会出现呢？银行吸收的存款一般都是短期的，也就是浮动利息。只要利息变了，新的存款利息也随之变化。但银行借出去的贷款有可能是固定利息，这时候就出现很大的不匹配。如果浮动利息迅速上涨，固定利息不一定上去，这时候就面临很大的问题。这时可以通过利率互换，让两边重新匹配，匹配银行的固定利息和浮动利息。

3. 现金流匹配

现金流匹配主要指企业或金融机构收入现金流和债务在利息结构或期限结构等方面的匹配。这在金融机构的利率风险管理中尤为重要。如果企业或金融机构的收入与利率水平成正比，浮息负债的利率风险就相对较小；如果企业或金融机构的收入与利率水平基本无关，则浮息负债的利率风险就相对较大。有些企业的收益跟利率关系不大，选用固定利率比较好。如果企业的收益和利率关系很大，选用浮动利率比较好。尤其是大的项目（矿产、公路和电网等）一定要考虑现金流匹配。因为大的项目一开始要投入很多钱，之后才能有收益，这些收益是一点点地增加的。比如商业地产项目，建一个大的商场，可能花了很多时间去建，然后一点点培育、一点点成形。其债务的还款现金流一定要和未来预期的商业现金流匹配，不然就会出现流动性危机。

风险管理的一个重要方面是现金流风险管理。现金流涉及币种、数量、时间点和不确定性（利率/汇率/大宗商品价格、时间）等因素。所有衍生品/

生意都可以看成是现金流，横轴是时间，纵轴是现金流的流入（见图2-16）。通过有效地匹配衍生品和现货之间的现金流，我们可以进行有效的风险管理。

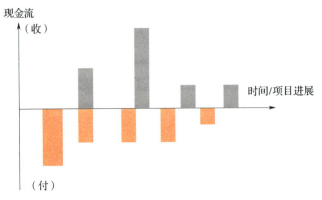

图2-16　现金流风险管理

2.3.2　利率风险管理要点

考虑贷款/负债的利率风险，主要参数为本金、期限、利率和计划用来支付利息现金流的收入来源（见图2-17）。一般企业的贷款和债券融资不是单一的，而是一个组合，需要统一综合考虑。

债务本金总额 （平均，百万元人民币）	小于3年	3年到6年	6年到10年	10年以上
浮动利息本金	3780	3390	800	—
固定利息本金	494	188	—	—
重点风险管理点	*	**	**	

图2-17　企业债务本金、利率、期限分布举例

关于统一管理利率风险，我们需要考虑几个因素。首先是债务的构成，是浮动利息还是固定利息；其次是期限的结构，是长期、中期还是短期。很多大企业的债务可能是长期的，有些企业的债务可能是短期的；然后是对未来现金流的预期，比如企业要投资一些大项目，必须明确什么时候要开始投入、什么时候开始有收入，这些都是对未来现金流的预测；还有一点就是企业的债务是美元还是人民币。通过对公司总体的债务结构进行优化，利用利率衍生品工具进行套期保值，降低公司总体财务成本的波动。

2.3.3　使用利率掉期进行对冲

从目前市场发展情况来看，我国利率调整还没有市场化，人民币相应的衍生工具比较少，比较难以进行套保。美元债务比较容易保值，因为金融市场上对于利率的衍生品对冲工具较多。

美元债券市场 1 到 5 年期利率是短中期利率，5 到 10 年是中期利率，10 到 15 年是中长期利率，15 年以上是长期利率。15 年以上的利率也是有流动性的，可以对冲。

2006 年，中国人民银行发布《中国人民银行关于开展人民币利率掉期交易试点有关事宜的通知》，人民币利率掉期市场随即诞生。利率掉期已成为中国目前最主要的衍生品之一。持有衍生品交易资格的商业银行之间可以进行人民币利率掉期交易或为银行客户提供以对冲为目的的人民币利率掉期交易。

利率掉期的对冲效果来源于利率掉期中收取浮动利息和贷款支付浮动利息相抵消。利率掉期中支付的固定利息成为最终的财务成本（见图 2 - 18）。

上图示例是一个美元贷款（10 亿美元本金，贷款期限为 10 年，贷款利息为 3m Libor）。企业负有浮动利息债务，但担心未来利息会上升，故企业通过利率掉期将浮动利息换成固定利息，最后固定利息成为财务成本。蓝线（黑白打印中等深度阴影）为利率掉期固定利息支付（左轴）；黄线（黑白打印浅色阴影）为利率掉期浮动利息收取（左轴）；绿线（黑白打印深色阴影）为带框利息支出（左轴）；红线为利率掉期现金流（右轴）。利率掉期的现金流为浮动利息收取减去固定利息支付。利率掉期期初现金流是负的，这是因为企业原来的短期浮动利率非常低，把浮动利率换成固定利率后，实际期初需要多付钱但预计以后能挣回利息。这样造成企业一开始的现金流压力比较大，期初要付钱出去，以后才能挣钱。所以企业一开始就要考虑自身的现金流能不能支撑这个财务成本。

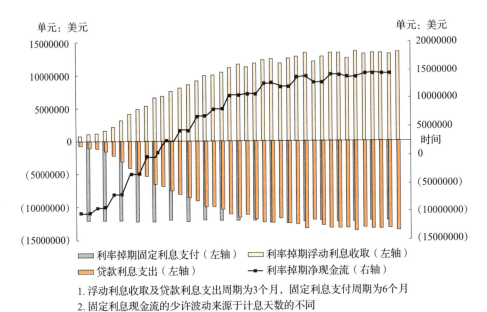

图 2-18　利率掉期和贷款利息现金流示意图

1. 利用利率掉期管理利率风险的决策点

做利率掉期的时候，主要的决策第一是关于期限，选择做多少年的期限；第二是本金，假设有 10 个亿的贷款，是保值 5 个亿还是 2 个亿；第三是固定利率还是浮动利率；还有一个重要因素是对手银行，选择找哪家银行做，要考虑对方的信用和交易能力。

（1）利率掉期期限和利率的选择

期限选择考虑要素为被对冲贷款的期限、企业财务成本目标水平、对未来利率上升节奏的预期、对未来经济周期的预期（直接影响企业未来现金流的预期，企业未来怎么样挣钱来还利息）和对企业未来现金流的规划。

不同期限的利率掉期的利率水平不同，短期限的利率掉期的利率比较低，期限越长的利率掉期的利率就越高。

短期限的利率掉期被对冲的贷款相应为短期贷款，若用于更长期限贷款对冲，掉期期限以后的风险仍然敞口。它的利率掉期利率锁定较低。期初负向现金流较少，对企业现金流压力较小。其利率掉期公允价值市场敏感度最小。

中长期的利率掉期相应使用于中长期贷款，若用于对长期限贷款对冲，掉期期限以后风险仍敞口。它的利率掉期利率锁定较高。期初负向现金流较大，对企业现金流规划有一定压力。其利率掉期公允价值市场敏感度较大。

长期限的利率掉期相应使用于长期贷款，利率锁定最高。期初负向现金流最大，需要慎重考虑。其利率掉期公允价值市场敏感度最大。

综合考虑要点：期限选择考虑要素为被对冲贷款的期限、企业财务成本目标水平、对未来利率上升节奏的预期、对未来经济周期的预期和对企业未来现金流的规划（最大能够承受的流出现金流）。

（2）利率掉期本金：对冲比例选择和未来现金流规划

对冲比例的选择取决于以下要素：公司管理层对利率波动的容忍程度（完全不能容忍任何波动，就要 100% 套保；管理层能接受一部分风险，就保一定比例）、企业财务成本目标（目标比较低只能用短期限；能够承受比较高的财务成本可以用长期限）和对企业未来现金流的规划，即可承受的利率掉期初期的最大现金流流出（因为利率掉期交易，期初是现金流流出，后期才是现金流流入，企业需要规划是否有能力承担额外的支出压力）。

对于本金规模较大、期限较长的利率掉期，利率掉期的现金流流出会相对较大，因此企业需要有充分的准备做好现金流的规划。这一点跟期权有相似之处，套保得越大，一开始付出的期权费就越多。利率掉期锁定的时间越长，财务成本就越高。

图 2 - 19、图 2 - 20 示例为美元贷款。10 亿美元本金贷款期限为 10 年，贷款利息为 3m Libor。利率掉期的掉期期限为 10 年，收取浮息为 3m Libor，支付固息为 3.22%。

图2-19　不同对冲比例下的财务成本

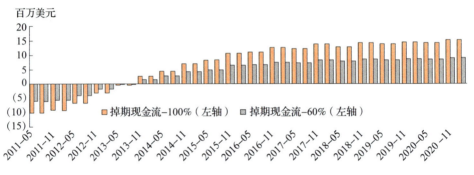

图2-20　不同对冲比例下的掉期现金流

不同对冲比例下的财务成本：红色线（黑白打印最陡的线）为无套保的财务成本；蓝色线（黑白打印最平的线）为100%套保的财务成本；紫色线（黑白打印三条线居中的那条）为60%套保的财务成本。

不同对冲比例下的掉期现金流：蓝色图（黑白打印较高的柱子）为100%套保的掉期现金流；黄色图（黑白打印较低的柱子）为60%套保的掉期现金流。100%套保的利率掉期一开始支出较多，但未来的预期收益较大。

（3）交易对手选择：信用、业务能力和与公司的合作关系

利率掉期本身是场外交易，场外交易的信用风险相当之大，所以要认真选择交易对手。在选择利率掉期的交易对手时，要综合考察如下因素：

信用及与信用相关的考虑因素：

- 对手方信用，是不是一家比较可靠的银行，小银行如果倒闭的话，后面的整个交易就无法保证；

- 对手方能够给公司提供的信用额度及抵押品要求情况，所有的衍生品都牵涉到保证金和抵押品的问题。场外交易往往涉及授信额度。比如

企业本来需要交保证金，但如果对方认为企业资质比较好，在一定额度内可以不用交保证金。这一点很重要。因为有授信额度，企业的资金要求就比较低；

- 对手方能够接受的其他增信方式，交保证金或抵押品等；
- 公司现有的仓位中，该交易对手的信用风险敞口的集中度（太集中就要小心，需要分散）。企业尽量要和不同的银行做交易，做到分散风险，万一出事损失不会那么大。

业务能力的考虑因素：报价能力；交易执行能力（能不能顺利执行交易）；交易前中后台及相关业务支持能力。

与公司的合作关系的考虑因素：合作历史和其他方面的优惠。

2. 利率掉期的公允价值评估

公允价值指市场参与者在计量日的有序交易中，假设将一项资产出售可收到或将一项负债转让应支付的价格。利率掉期公允价值评估是将未来现金流贴现，根据现在市场条件来计算这个协议值多少钱。比如说有一个利率掉期是付4%的利息，结果市场利率降到3%，多付了1%，价值下降。再举一个例子，假设买100元的债券，票息是4%，后来市场利率跌到3%，一开始100元买的债券就升值，价值超过100元。对债券价值评估就是债券公允价值评估。此外，期权和掉期交易，随着时间的推移其公允价值是变化的。公允价值评估在衍生品当中非常重要。

和风险管理相关的金融衍生品的重要特点之一是产品设计复杂，有时与多种标的挂钩，估值需要借助数学模型。这些模型，企业难以复制，公允价值只能凭借交易对手的报价。国内缺乏金融衍生品业务的其他中介机构——第三方评估机构、金融衍生品律师和会计师等。

公允价值评估在衍生品业务中的用途主要有以下几个方面：方案设计与选择时的产品交易价格或成本的预算（衍生品刚交易时，期初价值等于公允价值）；交易时确定交易对手给出的交易价格是否合理；交易后，对交易公允价值的评定、套保会计或其他会计处理的实施；如果在交易到期之前结束交易，确定交易对手给出的退出价格是否合理。

场外金融衍生品的公允价值通常不透明，需要采用一定的数学模型进行评估。公允价值评估的要素有：公开市场信息，在利率掉期评估中主要是利率市场的利率曲线；评估假设，一般为交易市场中普遍采用的一般假设；评估模型，一般为交易市场中比较通用的模型。在利率市场，模型很重要，尤其是利率期权，因为利率期权很复杂。

评定金融衍生品的公允价值可以通过如下途径：

自建模型自我评定，需要较强的公司实力和较大的投入（一般的企业不具备这样的能力，这对金融工程的专业要求比较高）；

交易对手报价，交易发生的交易对手报价和寻求多家其他交易对手报价；

独立第三方报价，聘用有实力有经验的独立第三方对服务价格进行评估；

交易对手报价和独立第三方报价综合，采用平均报价等。

场内交易的期货，其估值是非常透明的，但场外交易比如复杂的利率掉期的估值不能简单地计算或得到，所以如何有效地获取其公允价值就很重要。

利率掉期的公允价值报告样本如图 2－21 所示。

市场信息

评估日期	2013/4/30
利率曲线	2013-4-30，北京时间下午3:00

2Y	0.3471
3Y	0.4500
4Y	0.6153
5Y	0.8305
6Y	1.0625
7Y	1.2887
8Y	1.4954
9Y	1.6755
10Y	1.8397
11Y	1.9857
12Y	2.1126
15Y	2.3863
20Y	2.6210
25Y	2.7385
30Y	2.8060
40Y	2.8414
50Y	2.8113

附件　1. 利率掉期及XX贷款现金流
2. 美国利率市场数据
3. 利率掉期本金摊销表

利率掉期交易市值及套保效果

利率掉期编号	Peru IRS
交易条款	起始日 2010/11/22 到期日 2020/11/20 初始本金（USD） 365000000 A公司收取利率 浮动6个月Libor A公司支付利率 固定 2.555 利率计算方式 a/360
交易对家	SCB，HSBC
公允市值（USD）	−29801040
公允市值变化（从期初，USD）	−29801040 期初市值
公允市值变化（从上一估值日，USD）	−3261146 上一评估日期 2013/3/28 上期公允市值 −26539894
被套保项目	100%　XX贷款
套保比率	100%
套保效果评估	100%　有效

图 2－21　利率掉期的公允价值报告样本

2.4　股票价格风险管理

企业或金融机构持有一定的股权投资，股价起伏将使得投资价值有所涨跌。企业或金融机构兼并收购的成本直接受目标公司股价波动影响。企业或金融机构在对自身股票的回购或增持等管理活动中，股价起伏也会影响操作的成本。

比如企业觉得自己的股票价格低于合理价值，对自己经营的情况非常了解，相信在目前的低价位买入的话，长期是有收益的，企业考虑做回购，这个时候可以通过一些股票衍生品进行操作，其中一个常见的品种是远期。远期本质上就是让其他机构先买下来，然后再卖给你。比如你现在没有钱买，某家银行先帮你买了，到期了再卖给你，但是要支付利息和手续费。通过股票远期进行股票增持和回购是资本市场上常见的一种操作。

股票可以通过多种衍生品进行风险管理。企业进行股权投资，以及回购、增持、并购等资本运作，甚至包括很多特殊情况，比如一只股票在不同市场（例如，A 股和 H 股市场）的交易价格存在差异也给企业的套利提供机会。

2.5　衍生工具概述

根据国际会计准则，最基本的金融衍生工具分为四种，远期、期货、掉期以及期权。金融衍生工具主要用来进行风险对冲，又叫套期保值。

风险对冲是管理市场风险的一种有效手段。风险对冲是指通过投资或购买与标的资产收益波动负相关的某种资产或衍生品，来抵消标的资产潜在损失的方法。风险对冲的手段经常被用于经营风险的管理和兼并收购等资本运作风险的管理。

2.5.1　作用与意义

1. 对冲经营风险

经营风险管理往往涉及四种主要的风险，分别是商品价格风险、外汇风险、利率风险和股价风险。国际上，金融机构和企业运用利率市场、汇率市场、股票市场和大宗商品市场金融产品来管理风险已有相当长的历史。

（1）商品价格风险和外汇风险

商品价格风险和外汇风险往往来自大宗商品市场和汇率市场。随着全球经济一体化的进程，众多企业的生产经营也朝向全球化发展，在这其中，中国企业和机构如何在人民币国际化进程中管理外汇风险成为十分重要的议题。

2005年汇改以前，人民币呈现相对单边的趋势。汇改以后，人民币汇率开始呈现双边波动，这给企业的外汇风险管理带来了更大的挑战。外汇风险管理的一般对冲工具主要是远期（场外产品）和期权（场外产品）。

（2）利率风险

利率风险主要来自于利率市场。当企业向银行融资时，利率的变化对银行有很大的影响。国外很多房贷利率都是浮动利率，在浮动利率上加一个限制利率顶。浮动利率在减少银行潜在损失的同时，也限制了利率的最高点，有效防止购房者无法偿还利息。对于大量贷款和使用较高数值杠杆的企业而言，利率风险的管理至关重要。

（3）股价风险

股价风险来自于股票市场中股票价格的波动。如何对其他公司股票的价格进行风险管理十分重要。

2. 防范兼并收购风险

在控制风险的前提下，在兼并收购等资本运作中，巧妙地运用金融产品不仅能够起到规避风险的作用，还能有效降低兼并收购和融资的成本。兼并收购等资本运作风险的管理主要是指对于兼并收购成本不确定性、兼并收购融资成本以及兼并收购价格三方面的管理。

（1）降低兼并收购的成本风险

对冲交易在兼并收购中运用非常广泛。例如，中国企业在银行申请美元贷款用于在澳大利亚收购相关资产。澳元和美元之间的汇率波动非常大，加上贷款日往往和交易日期并不在同一天，这其中就隐藏着巨大的风险。在瞬息万变的市场中通过有效地、及时地对冲交易，能够锁定企业兼并收购的成本。

以澳元兑人民币的汇率波动和糖商品的价格波动为例。假设一家中国企业拟用 18 亿澳元收购澳大利亚当地的一家糖厂。2009 年上半年，澳元兑人民币升值 33%，这意味着收购成本增加 25.92 亿元人民币。2008 年下半年，澳元兑人民币贬值 35%，这等同收购成本减少 43.2 亿元人民币。我们可以利用澳元人民币外汇远期、期权等外汇衍生品把收购成本锁定，利用期权等工具留住适当的利润空间。

（2）降低兼并收购的融资成本

兼并收购中经常涉及价格波动非常大的相应资产，比如油田。油田未来的石油产量以及油价未来的变化是主要的两个不确定因素。兼并收购的价格往往取决于未来的现金流的净现值，在这里未来的现金流受到油价的影响。如果兼并收购双方对于同一资产的价格预期不同，无法成交，一个解决方案就是买方为卖方购买看涨期权。这样，一旦未来的油价上涨，兼并收购的资产价格上涨，卖方会从看涨期权中获得收益。期权的成本通常会比收购方与被收购方出价的价差小，对买方而言可以节省成本。这样，买卖双方弥合分歧所需的成本得以降低，更容易找到双方都能接受的方案。

在资本运作中如果可以降低成本和控制风险，企业融资成本会降低，因为企业通过商品套期保值合约转移作为质押的商品产生的价格风险。企业（贷款人）风险降低，因此银行能提供更低的融资价格，而且融资金额也会更大。比如有一个并购项目需要向银行融资，如果这个并购项目做了套期保值，就可以确定地看到这个项目能够维持下去，银行就更愿意借钱给这个项目，也愿意给它更低的利率。所以，在各种资本运作里面，套期保值在境外应用是非常广泛的。

3. 示例

一家石油公司申请银团贷款开发油田。根据银行循环信贷要求，企业每年的套保数量需要达到储量报告中已经证实的开发储量（PDP）的 75%。石油每年会做两次储量报告，第一次是基于 12 月 31 日的储量，第二次是基于 6 月 30 日的储量。因为油田在不断打井增产中，每一期储量报告中 PDP 储量都会比上一期有所增长，所以每一次都需要增加套保数量以达到 75% 的要求。假设上一次的套保数量为 2020 年每天 3600 桶，2021 年每天 2900 桶，2022 年每天 1800 桶，则本次需要新增的套保数量为 2020 年每天 2400 桶，2021 年每天 1600 桶，2022 年每天 1500 桶。上一次的套保工具为掉期（SWAP），价格约为 50 美元。银团只给企业探明已开发的生产储量进行贷款，其他的因为有不确定性所以风险很大。对石油公司来说，收入有两个变量。一个是石油产量，但石油的产量是相对确定的；另一个就是价格，对价格的管理非常重要，从银行角度来说，如果能确定有多少产量，再锁住石油价格，那么风险就较为可控。

　　企业做套保有两种保值的基本方式，一种是直接做掉期（SWAP），另一种就是买期权（option）。option 跟 SWAP 本质上损益结构是类似的，都是把价格锁死。对于企业来说，价值来于油价的上涨。但对于银团来讲，如果油价上不去，它面临的风险比较大，因为油价跌了企业可能还不起借款。如果油价很高银团也没有额外的收益，因为银行收的是固定利息。所以，两种套保工具对银行都没有很大影响。但掉期（SWAP）对企业不利，万一油价上涨，但利润不能跟着上涨，那就可以考虑另一种工具——看跌期权。如果油价下跌，可以通过期权补回来。但如果油价上涨的话，企业利润也随之上涨。对企业更有利的是买期权，因为油价上涨收益不会减少。问题是期权价格非常贵，企业很难负担。企业需要借钱开发油田，没有闲余资金购买期权。一般的期权费是初始托付的，就是在一开始就支付。后付费的期权（Deferred Premium Puts），可以先从银行借款购买，企业后期再付款。做后付费的看跌期权，用这个方式做套保交易更划算，也能降低融资成本。最终这家石油公司采用了购买后付费期权的方式进行了保值，成功地募集到了贷款。

2.5.2　各种衍生工具简介

　　衍生品可以分为四类：远期、期货、掉期和期权，下面一一介绍。

1. 远期

远期可以看成远期的现货交易，是指交易双方约定在未来的某一确定时间，以确定的价格买卖一定数量的某种金融资产或商品的合约。远期与即期交易性质相似，都是将未来的价格在现在确定下来，主要差别在交付时间和交易价格上。即期，比如股票交割是 T + 2，是在两天后进行交割，价格采用今日定下的价格；6 个月的远期是在 6 个月后进行交付，价格采用今天确定的未来交付价格。远期也可以看成一个对赌关系，承担或有的收益或亏损。以美元兑人民币为例，假设今天的汇率是 6.95，我们用远期将 6 个月以后的汇率定为 7.2，如果到期日汇率是 7.3，用人民币兑换美元就会亏损；如果到期日汇率是 7.1，用人民币兑换美元就会盈利。

衍生品的诞生是由远期开始的。远期产品最早可以追溯到古希腊时代的橄榄市场。古希腊时期，农产品的价格风险非常高，如果橄榄丰收导致价格大跌，就无法覆盖农民的种植成本和最基本的生存需要。如果橄榄价格大涨，农民可能会赚很多钱。但对于农民来说，最重要的是活下去，防止价格下跌的威胁远比攫取价格大幅上涨的收益更重要，所以农民通过远期产品与贸易商签订价格合约来锁定价格，就能保障自己的收益和维持生存。如果到时橄榄价格上涨，利润就让贸易商去挣；但如果橄榄价格大跌，损失就由贸易商去承受。其实质就是农民放弃了未来可能的更大收益来换取稳定的收益。衍生品本身从第一天出现就是为了风险管理，并不是一个投机的工具。但假如市场没有投机者提供流动性或提供对手盘的话，套期保值也很难实现。

远期收益的特点是一对一交易，也就是说合约的内容并不标准，而是根据贸易商和农民的自身情况进行约定。但是远期收益的特点也决定了它的风险。正如本书前面提到的，远期锁定了未来的价格，保障了农民在最坏情况下的收入，但是也衍生了较高的信用风险和流动性风险。当未来的市场价格较高时，农民可能会违约以获得较高的收入；当市场价格过低的时候，贸易商可能会违反约定以较低的市场价格购买农产品。无论价格高与低，总会给合约的一方带来违约的动力因素，从而带来了较高的信用风险。

另一方面，正因为远期合约进行一对一交易，合约非标准产品，这使得合约的流动性较差。当贸易商或者农民任一方不想履行合约义务的时候，可能造成无法转让合约，也就是我们说的合约卖不出去，这就出现了流动性问题。比如，农民张三与贸易商李四签订了某农产品的远期合约，但因为该农产品价格上涨，张三不想卖了，这时候张三就需要和李四协商取消合约，当中会牵涉很多条款，李四可能会不同意取消，因为合约对他有利，这样张三很难把远期合约卖掉。假设张三想把该合约卖给王五，但王五因此不仅需要承担张三的信用风险还要承担李四的信用风险，需要承担额外风险。而且，假设原合约的到期交付日是 9 月 15 日，但买方需要的交付日期是 10 月 15 日，或者是原合约的产品质量较差，而买方要求更高质量的产品，这样合约同样卖不出去。

正因为远期合约面临着较高的流动性风险和信用风险，金融市场衍生出期货。

2. 期货

期货与现货相对应，由远期协议衍生而来。期货合约是由期货交易所统一定制的，规定在将来某一特定的时间和地点交割一定数量标的物的标准化合约。买入期货合约即约定在将来某一特定的时间以某一特定价格买入一定数量的标的物。未来价格高于该特定价格，则期货多头盈利；未来价格低于该特定价格，则期货多头亏损。卖空期货即约定在将来某一特定的时间以某一特定价格卖出一定数量的标的物。未来价格高于该特定价格，则期货空头亏损；未来价格低于该特定价格，则期货空头盈利。买卖双方具有合约规定的对等的权利和义务，双方都面临着无限盈亏的可能。买卖双方均要缴纳交易保证金，逐日盯市调整保证金数量，随着交割月份的临近通常需要追加保证金。了结仓位方式为平仓或实物交割，如果是指数期货等金融品，也可以现金交割。相对于现货或者远期等衍生工具，期货初期成本较低。它的灵活度也较低，因为锁定了未来成本。期货的杠杆比率来源于保证金数量要求，但会低于 100%。

我们知道信用风险往往基于两个层面，一种是合约一方没有还款意愿，另一种是没有还款能力。期货的产生转移了合约双方所承受的信用风险。期货与远期产品不同，期货是场内交易，也就是买卖双方都是与交易所进行交易。无论买方还是卖方发生了违约，交易所都会正常履行合约义务。同样以橄榄为例，农民在交易市场做空头，而贸易商则做多头。但是期货交易中，不同的是农民和贸易商不是互为对手方，农民和贸易商的对手方都是交易所。而对于承受了信用风险的交易所来说，管理风险的手段就是实行每日无负债结算的制度。通过每日结算，让交易双方缴纳足额保证金。若不及时增加保证金，交易所就会将相应的期货仓位强平掉。这样每天结算当天所有的收益与亏损，从而降低了信用风险可能带来的损失，对于参与交易的各方，不论多头和空头，都降低了信用风险。

另一方面，因为合约在场内交易，这使得合约的结构和内容都更为标准化，其他的非标准品可以根据它们之间的标准的差别来做出相应的调整，也就更容易转卖，提高了流动性。

期货的产生很大程度上减少了流动性风险和信用风险。

3. 掉期

掉期产品是在远期产品的基础上通过多次支付和交割来减少信用风险的衍生品，即两个当事人按共同商定的条件，在约定的时间内定期交换现金流，也可称为互换。

掉期与远期的本质区别在于，远期只在最终交割时有一个现金流的互换，但掉期中间有一系列的现金流的交换。掉期源于金融市场的固定利率债券和浮动利率债券这两者之间的互换——本金相互抵消，交换的是两者的利息差。利率掉期交易可以理解为是两笔本金相同、期限相同但利率计算方式不同的债务之间的交换，即浮动利率债券和固定利率债券之间的交换（见图 2-22）。

掉期产品与期货不同，掉期产品与远期产品都属于场外交易，由买卖双方直接进行交易。也就是说，其合约的结构、内容并非标准化的，而是根据买卖双方特定的情况进行约定。所以从这一层面来看，掉期产品和远期产品一样流动性相对较差，但通过期间多次轧差支付降低了潜在的信用风险，每过一段时间进行一次清算，可以有效避免负债额过大导致无法偿还的情况。

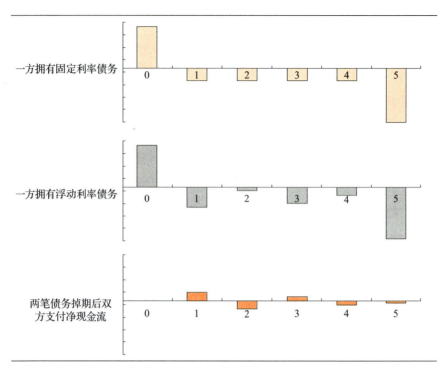

图2-22　浮动利率债券和固定利率债券的现金流交换效果示意图

　　以外汇为例，对外汇产品而言，如果超过一年的到期时间，通常都是做外汇掉期而不是外汇远期。因为外汇时间较长，累积的信用风险较大，外汇偏差也非常大。如果一方的负债额太大，违约概率就大大提高。在这种情况下，掉期有现金流交换，就减少了或有债务，也减少了信用风险（见图2-23）。

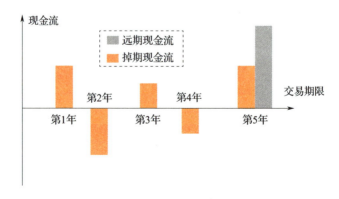

图2-23　远期和掉期现金流示意图

掉期也应用在大宗商品上，和利率掉期与外汇掉期相比，大宗商品掉期可能只有一个现金流互换。期货是贸易合同，最后要进行现货交割。如果持有铁矿石期货多单不在期货市场上卖掉的话，就需要出钱购买现货。掉期在最后一天是不需要交货的，要看当天的现货价格和结算价格的价差，做出现金轧差支付，比如新加坡铁矿石掉期的最后结算是基于钢铁指数（TSI）铁矿石参考价格。期货和大宗商品掉期的根本区别在于一个是现货交割，一个是现金轧差交割。

所以，企业如果想要进行金融衍生品的购买，从流动性来看，应当尽量选择期货，但是如果考虑到定制化的需求，则掉期产品更加灵活。

4. 期权

期权是在某一限定的时期内按事先约定的价格买进或卖出某一特定金融产品或期货合约（统称标的资产）的权利。买方有以合约规定的价格买入或卖出期货合约的权利，而卖方则有被动履约的义务。一旦买方提出执行，卖方则必须以履约的方式了结其期权持仓，期权的主要出发点是其保险结构。

买入看跌期权，相当于购买一份价格下行的保险。期初支付期权费/保险费，如果价格低于约定的执行价格，出售期权的对家补偿价格下行的差价给买家。买入看涨期权，则相当于购买一份价格上行的保险。期初支付期权费/保险费，如果价格超出约定的执行价格，出售期权的对家补偿价格上行的差价给买家。从盈亏结构来说买方亏损封底、收益无限，同时卖方亏损无限、收益封顶（见图 2-24）。在保证金方面，买方支付期权费，无须支付保证金，但卖方需支付保证金。了结仓位的方式有平仓、执行权利或到期不实施权利期权失效。期初成本是买方支付期权费和卖方收取期权费。期权的灵活度较高，可以根据风险管理者需要设计不同的期权策略。期权费通常小于期初保证金，因此期权一定情况下可能提供更高的杠杆。买方期权的市场风险是已知的，最大亏损为期初支付的期权费。期权的购买方享有权利而非义务，承担对手方的信用风险；卖方有义务承担或有债务，拿到期权费后不承担对手方信用风险。

图2-24　买入铜的看跌期权和看涨期权收益对比

买入一份看跌期权可以简单理解为向保险公司买入了一份保险，当库存价值下跌时（即发生损失时），保险公司根据损失金额进行赔付。相应地，买入这份期权所需花费的期权费就相当于买入这份保险所需支付的保险费。如表2-2所示，库存厂家购买看跌期权后，就相当于给自己的库存价值买了一份保险，付出了一定的保险费，同时规避了铜价下跌的风险。

（1）看跌期权：为价格下跌买保险

假设厂家A有100吨铜库存，现价为9500美元/吨（下同）。如投资者不购买看跌期权（"保险"），只是持有铜库存时，3个月后销售该库存的盈亏状况随铜价变动情况如表2-1所示：

表2-1　不购买看跌期权的盈亏状况

铜价	8500	9000	9500	10000	10500
库存盈亏	−100000	−50000	0	+50000	+100000

如厂家A购买100吨执行价为9500的看跌期权（"保险"），这份"保险"规定如果厂家A持有的100吨铜库存发生损失，则损失多少"保险"就给投资者赔付多少。同时持有铜库存和"保险"时，盈亏状况随铜价变动情况如表2-2所示：

表2-2　购买看跌期权后的盈亏状况

铜价	8500	9000	9500	10000	10500
库存盈亏	−100000	−50000	0	+50000	+100000

（续）

"保险" 赔付	100000	50000	0	0	0
"保险" 费	−26400	−26400	−26400	−26400	−26400
库存＋保险	−26400	−26400	−26400	23600	73600

与看跌期权相对应，看涨期权是对价格上涨的风险进行保险。比如实体交易中的一家钢厂，如果铁矿石价格上涨，其成本就增加，这个时候钢厂就可以购买铁矿石的看涨期权。假设购买的这个看涨期权，其执行价格为 600元，当铁矿石价格上涨到 600 元以上，比如 650 元，"保险公司"就赔偿钢厂50 元，如果价格上涨到 700 元，"保险公司"就赔偿钢厂 100 元。企业付出的对价是支付保险费。

（2）期权组合

期权具有向上收益无限，向下亏损封顶的重要优点，在风险管理里具有重要的价值，但是凡事总是一分收获一份付出，期权费往往非常高昂。这时，就出现各种期权组合结构，其目的往往是降低期权的成本。

1）价差组合（Spread）

上述看跌期权的例子中，期权的损益是这样的，最坏情况是损失了期权费，即最大损失是 26400 美元，当铜价上涨到 9500 美元/吨以上且差价能覆盖期权费后才能开始挣钱。期权本身虽然价格昂贵，但购买了看跌期权后，我们可以看到，价格向下的时候承担的损失是有限的，最大的损失就是期权费。但如果期权费过于昂贵，而且企业也认为铜不会跌得太多，可以卖出一个价位更低的看跌期权，变成价差期权，把深跌的这段盈利放弃。比如说医疗保险，如果要保从 2000 元到不封顶，这个保险就会非常贵。有一种做法，就只保 2000 元到 50 万元的部分，再大的损失就不保了，给一个封顶，相当于保险公司不承担尾部风险，这样保费就会下降。期权也可以这样操作，为了降低购买期权的价格可以在一般的期权下面加一个封顶，即卖期权的一方不承担尾部风险，这就是价差组合，这样就降低了期权的价格。

应用价差组合可买入看跌期权同时卖出低执行价格的看跌期权。卖出的期权降低了购买上行价格保护的成本。企业认为价格存在一定的下跌可能，但也不会跌得太深。交易效果是以较低成本保护一定幅度内的价格下跌风险。对于看涨期权，可以做出类似的组合，买入看涨期权，然后卖出执行价格更高的看涨期权。企业认为价格存在一定的上涨可能，但也不会涨得太多。交易效果是以较低成本保护一定幅度内的价格上涨风险（见图2-25）。

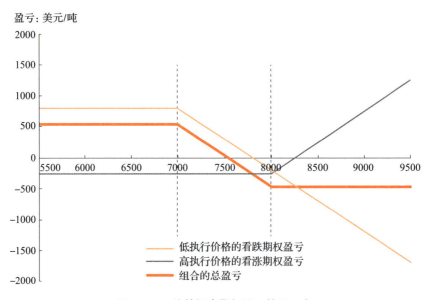

图2-25　价差组合期权盈亏效果示意

2）上下限组合（Collar）

上下限组合期权，又称领子期权，是现实中大量采用的一种期权组合。其主要优点是期权费可以大幅下降，甚至做到0成本。

应用上下限组合可买入高执行价格的看涨期权同时卖出低执行价格的看跌期权。通常选择两个期权的执行价值使得总成本为0。在套保者看来，价格总体呈上涨趋势。交易效果是保护大幅的价格上涨风险和一定区间内无价值（见图2-26）。通常用于对冲现货空头的风险。

反之，也可以买入低执行价格的看跌期权同时卖出高执行价格的看涨期权。通常选择两个期权的执行价值使得总成本为0。在套保者看来，价格总体呈下降趋势。交易效果是保护大幅的价格下跌风险和一定区间内无价值。通常用于对冲现货多头的风险。

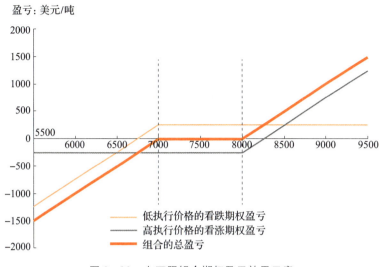

盈亏：美元/吨

低执行价格的看跌期权盈亏
高执行价格的看涨期权盈亏
组合的总盈亏

图 2-26　上下限组合期权盈亏效果示意

3）带杠杠的期权组合

上述上下限期权中，买入期权的期权费由卖出期权的期权费补偿。但是人们往往希望买入的期权保护更多、潜在偿付更多（相应的期权费也高），卖出的期权条款保护更少、潜在偿付更少（相应的期权费也低），但是又不愿多付期权费，于是就产生了带杠杆的期权组合：买入 1 个期权费更高的期权，卖出 2~3 个期权费低的期权，加 2~3 倍的杠杆。因为卖出的期权费低，对应的被执行的概率就小，期权购买者认为这种被执行的情况不会发生，但是在极端情况下，被执行的情况也会发生，而且可能价格跑得很远，需要赔付更多，再加上 2~3 倍杠杆，可能产生巨亏。历史上中国企业的几次衍生品重大损失，本质上都和这种带杠杆的期权组合有关。

加入杠杆，致使尾部风险下的损失成倍增加，这是许多衍生品交易产生巨亏的根本原因。这些产品客户收益有限，损失可能无限，再加上杠杆，成为非常危险的期权组合（见图 2-27）。带杠杆的期权组合不是套期保值。前面介绍的中信泰富案例里的累计期权工具就是一种带杠杆的期权组合，结果造成了重大损失。

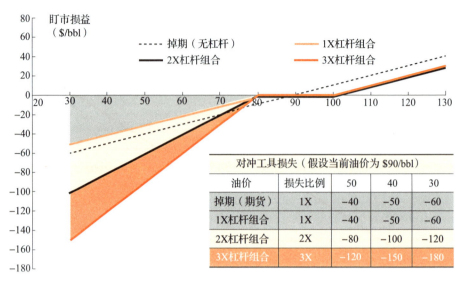

图 2-27　多倍杠杆期权组合结构损益情况对比

（3）期货和期权对冲方案对比（见图 2-28）

假设案例：铜生产商 A 在 6 个月以后预计销售 1000 吨铜。以下所有损益以铜价 \$9500/吨为比较标准。

		案例：铜生产商A在6个月以后预计销售1000吨铜		
*以下所有损益以铜价为\$9500/吨时为比较标准		套保方案1： 不套保按当时的现货价销售	套保方案2： 卖出期货套保6个月期货价格为\$9500/吨	套保方案3： 买入看跌期权执行价格\$9500/吨支付期权费\$450/吨
期初	6个月后	——	■ 无期初成本 ■ 支付保证金，假设为10%，则为\$95万	■ 支付期权费\$45万 ■ 无需支付保证金
	铜价 \$10500	■ 销售收入 +100万 ■ 总损益　+100万	■ 销售收入　　+100万 ■ 期货：平仓　-100万 ■ 总损益　0	■ 销售收入　　　+100万 ■ 期权：铜价高出执行价格，不行使"在执行价格下卖出"的权利，看跌期权过期。损益0 ■ 总损益：+100万-45万期权费 　=55万
	铜价 \$8500	■ 销售收入 -100万 ■ 总损益　-100万	■ 销售收入　　-100万 ■ 期货：平仓　+100万 ■ 总损益　0	■ 销售收入 -100万 ■ 期权：铜价低于执行价格，行使"在执行价格下卖出"的权利，损益+100万 ■ 总损益　0-45万期权费 　=-45万

图 2-28　期货和期权对冲方案比较

　　套保方案 1：不套保，按当时的现货价销售。如果 6 个月以后铜价为 $10500/吨，此时的现货销售收入盈利 100 万，总损益也为 100 万。如果 6 个月以后铜价为 $8500/吨，此时的销售亏损 100 万，总损益也为 −100 万。

　　套保方案 2：卖出期货套保，6 个月期货价格为 $9500/吨。无期初成本，但需支付保证金，假设为 10%，则为 $95 万。如果 6 个月以后铜价为 $10500/吨，此时的销售盈利 100 万，期货平仓损失 100 万，总损益为 0。如果 6 个月以后铜价为 $8500/吨，此时的销售亏损 100 万，期货平仓盈利 100 万，总损益也为 0。

　　套保方案 3：买入看跌期权，执行价格 $9500/吨，支付期权费 $450/吨。在期初需要支付期权费 $45 万，但无须支付保证金。如果 6 个月以后铜价为 $10500/吨，销售盈利 100 万。因为铜价高出执行价格，不行使"在执行价格下卖出"的权利，看跌期权过期，期权损益为 0，最终总损益为 55 万（销售盈利 100 万 −45 万期权费）。如果 6 个月以后铜价为 $8500/吨，此时的销售亏损 100 万。因为铜价低于执行价格，行使"在执行价格下卖出"的权利，期权盈利 100 万，最终总损益为 −45 万（0 −45 万期权费）。

　　以上远期、期货、掉期和期权是金融衍生工具中最基本的四种类型，金融市场中的衍生品基本都是在以上四种衍生工具的基础上或对以上四种工具进行组合而产生出的工具。

2.5.3　场内与场外衍生工具的比较

　　交易分为场内交易和场外交易。场内交易是指在交易所里的交易，例如大连商品交易所、上海期货交易所、郑州商品交易所等。这些交易所的信用相当于国家信用，一旦违约会影响国家经济稳定，所以国内交易所信用是有保证的，不会出现违约的情况。但如果是场外交易，即一对一跟对手直接交易，这时候就要考虑对手方违约的风险。比如日常生活中的例子，股票是股票交易所场内的产品，而房子则是场外产品，需要买家和卖家一对一交易，假设在购房时合约签订 3 万元/平方米，结果房价涨到 4 万元/平方米，卖家就有可能违约不卖。

期货是场内产品，而远期和掉期是场外产品，期权则场内和场外都有。场内期权，是与交易所进行交易，所以不用承受交易对手的信用风险；场外期权，买卖双方则都需要面对交易对手的信用风险。场外期权的流动性相对于掉期和期货要差一些。

企业其实不是那么适宜使用场内产品进行套期保值，虽然场内产品的信用风险小，但是场内产品都是标准化协议，灵活性差。现实中的大量套保需求都是高度个性化的，现代成熟企业套期保值交易，大部分通过满足客户个性化需要的定制化场外期权而完成，比如掉期可以定制合同起始时间等很多条款，期权的定制则更加灵活，各种非线性的收益结构、提前结束等各种或有条款。金融机构向企业提供定制化的场外产品，主要用场内产品来对冲风险。

场外产品的一个重要趋势是中央清算。一个定制化的场外产品，本来由交易双方 A 和 B 自己清算，但是有清算所像期货交易所一样帮助 A 和 B 双方做中央清算，实行每日无负债结算的制度。通过每日结算，让交易双方缴纳足额保证金。若不及时增加保证金，清算所就会将相应的期货仓位强行平掉，会大大降低交易双方面临的信用风险。比如，早年时远期运费协议（FFA）交易基本都是场外，2003 年推出中央清算政策，到 2004 年 FFA 就已经有50% 的交易量施行中央清算，现在基本上都是中央清算。中央清算可以有效控制场外衍生品交易对手信用风险。

第3章　市场风险对冲——套期保值

▲

一般实体企业所做的市场风险对冲称为套期保值。这个主题和实体企业的相关性特别高，因此专门拿出一个章节详细讨论。

套期保值这个名词的来源可能是企业早期的代表性"风险对冲"，是贸易商模式的"风险对冲"。通过期货在现货采购实现的时候同时进行反向操作，消除原来由于进货、出货时间不同造成的价格风险，所以称为"套期""保值"，后来泛指所有的企业风险对冲。国际掉期与衍生工具协会数据显示，世界500强企业中的上市公司有94%使用衍生工具，只有6%没有开展。套期保值已经成为现代企业经营中必不可少的环节。

比如，钢铁企业通常使用套期保值。在钢铁产业中，铁矿石和焦炭是生产钢铁的主要原料，对于一家钢厂而言，由于铁矿石和焦炭在未来的价格是不确定的，公司在未来的销售也就面临着巨大的价格风险。首先公司不会有大量的库存（由于大量库存会占用大量资金），那么这种情况下就可以通过金融衍生品进行套期保值。通过做多铁矿石或焦炭从而锁定价格，这相当于将未来价格的时间点转移到现在，将未来不确定的价格转移到现在确定的价格上。但值得注意的是，套期保值或是风险管理本身的初衷或目的，并不是直接创造利润，而是预期平均利润不变或者减少波动。对于钢铁企业来说，一旦未来焦炭和铁矿石的实际价格上升，则公司必须提高实货采购成本，但通过衍生品的盈利，对冲了实货采购的成本损失；而如果价格下降，公司则会利用部分现货利润，弥补衍生品套保的亏损。风险管理通过以减少部分可能的盈利为代价，来降低公司出现巨大损失的可能。

3.1 套期保值的概念、理念和目标

3.1.1 套期保值的概念

套期保值（后文有时简称套保）是一种风险对冲策略，是指在期货等衍生品市场上卖出（或买进）与现货商品敞口品种相同或相关、数量相当、方向相反、时间相近的期货期权等衍生品合约，从而在实货和衍生品工具市场之间建立盈亏冲抵机制，以应对价格波动风险的一种交易方式。

在实务中，"风险管理""风险对冲"和"套期保值"经常混用，但风险管理的范围比风险对冲的范围更加广泛。风险对冲只是风险管理的一种手段，是指运用负相关的资产抵消风险的做法。而套期保值是指运用期货和期权等衍生品来对冲价格风险的方法，一般指实体企业的风险对冲或风险管理。所谓套期其实就是通过衍生品的买卖，将产品或者原料的计价时间进行调整。金融机构的风险管理和风险对冲的手段不限于衍生品。金融机构的风险管理或风险对冲一般不叫作套期保值。

套期保值在大宗商品价格风险、汇率风险、利率风险和股票风险管理中有很大需求。

大宗商品价格风险是指由于企业的重要原材料价格上升或下降，从而推高其生产成本或使之产出的大宗商品价格下降，降低其业务收入的风险。大宗商品的使用方和生产方，其保值方向不一样。

企业规避商品价格风险的需求体现在四个方面。

第一个方面是自产原料加工销售：自产原料在多数情况下成本较低且相对固定。销售端面临大宗商品价格风险。如果利润空间相对狭窄，销售端有必要进行套保。比如企业利用自有矿山炼铜销售，企业面临的风险是铜的价格下跌的风险，所以要做铜的空头进行保值。和产销在国内的大宗商品相比，进出口商品的采购和销售价格挂钩衍生品价格更为普遍，对国际市场情况的

变化也更为敏感。

第二个方面是采购原料加工销售：该部分业务盈利空间较小，受市场波动影响较大。采购端和销售端都面临大宗商品价格风险。因此两端都需要进行套保。比如钢厂，同时面临原料和产成品的价格风险，这就比较复杂，涉及对铁矿石、焦炭的原材料进价进行保值，也涉及对产品即钢材的销售价格进行保值。

第三个方面是采购原料自身消费：原材料的成本变动直接影响到企业盈利空间，航空业是最典型的例子。因此采购端有必要进行套保。航空公司采购石油进行消费，其面临的最主要的风险是油价的上升，所以航空公司会做多石油进行保值。

第四个方面是贸易公司类型：进货和出货有时间差，贸易本来是为了赚一个稳定的利润差，但由于时间关系导致价格波动特别大，企业就很难有稳定收益。基本做法就是在进货的时候确定采购价格，做空商品进行保值。等销售价格确定卖出货物时，再进行平仓。这种类型是最传统的大宗商品套期保值模式，套期保值这个词的来历就是贸易模式里对整个货物流定价的时间差进行时间的调整，从而做到保值。

示例

套期保值概念演示

（1）背景介绍

2014 年 1 月 28 日，某钢厂中标生产一批船板，6 月交货，钢厂计划在 2014 年 5 月底采购 10000 吨铁矿石，购买价格为购买日当日市场价格（5 月份铁矿石的价格是不确定因素，由于资金中的占用成本很高，且铁矿石堆存成本很高，所以不能购买铁矿石现货并堆存）。企业为管理该批铁矿石采购的价格风险，计划利用铁矿石期货市场进行套保。

（2）套保操作（假设套保比例为100%）

- 2014 年 1 月 28 日，企业买入 100 手（10000 吨）2014 年 8 月到期的期货合约：当日现货价格为 790 元/吨，8 月到期的期货合约价格为 828 元/吨；

- 2014 年 5 月 30 日，企业完成了该笔铁矿石的进货，当日将期货合约平仓：当日现货价格为 856 元/吨，8 月到期的期货合约价格为 888 元/吨。

（3）套保盈亏

2014 年 5 月 30 日，在现货市场上，企业的铁矿石采购成本相较于 1 月 28 日增加了 66 元/吨，通过买入 8 月份期货合约的套保交易，期货合约盈利 60 元/吨。因此，期货盈利对冲了成本增加的 66 元/吨中的 60 元/吨部分，达到了企业对冲市场价格风险的目标。

（4）套期保值分析

这个案例的关键是持有仓位的方向和数量的问题。企业相当于处在天然空头的位置，若价格上涨，天然空头会承担损失。因此对冲风险的一个方法就是在衍生品市场建立一个多头来抵消价格上涨带来的损失。

我们也可以从虚拟库存的角度来分析。在期货市场进行套保操作相当于建立了一个虚拟的库存，在 5 月底进行现实的铁矿石采购的同时抛售期货合约，这相当于将虚拟的库存转化为现实的存货。

3.1.2　套期保值的理念

1. 树立套期保值正确观念

企业要树立正确的套保观念。套期保值并不直接增加利润，其真正的价值在于规避收入或者成本的不确定性，有效降低企业经营利润的波动性。波动性减少，本身就是有价值的。套期保值本身可以对利润起到保障和平滑的作用，有些情况下良好的保证策略可能会使利润增加，但是任何情况之下套保交易都不能被视为独立的利润来源。

这就要求套保交易员不能有急迫的盈利心理，而忽略外部风险。另外就是要从企业经营出发来进行套期保值。虽然套期保值需要在市场当中择机而行，凭借自己对市场多年的经验可能有一定优势，但是依赖预测被市场证明是巨大的风险。如果企业进行了不恰当的投机，如图 3-1 中波动最大的曲线，虽然有可能获得更大的利润，但是在不利的情况，却可能破产出局，企业一旦破产，后面的所有机会和利润都没有了。中国有句老话：留得青山在，不怕没柴烧。因此必须坚持套保理念，不可投机将企业置于破产出局的危险下。

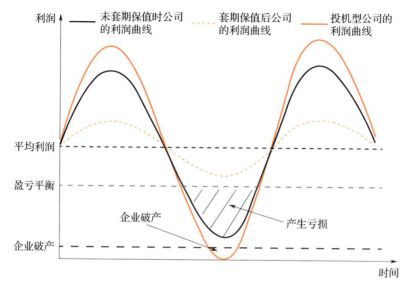

图 3-1　套保前后的利润变化对比示意图

企业的套期保值业务应该以企业的业务经营为出发点，从企业的产品模型、发展规划方面制定套保策略，最后再择机而行。

2. 套期保值理念演进

由于不同行业对衍生品和期现结合的理解程度不一，以及企业采用衍生品进行套期保值的经验不一致等原因，国内企业对套期保值的理解和应用有不同层次的理念，大致可以分为四种类型。

第一种是靠天吃饭，即不参与衍生品套保。这类企业的特点是现货单边交易，风险巨大；同时业务模式单一，主要以低买高卖方式进行定价合同采购和销售，无法参与灵活定价模式业务；企业的营销成本高，无法签署长期订单。一般出现在衍生品工具上市不久的行业中。

第二种是传统套保，即机械保值。企业运营特点是没有全年的风险限额考虑，以自身某一购销合同、订单或者计划为对象，采用衍生品直接套保，主要规避价格波动风险，经常锁定利润，同时也面临锁定亏损的困境，不能捕捉市场有利机会。对于期权等非线性金融工具无法使用，也较少捕捉市场相对价差机会。一般出现在衍生品使用能力和对期现结合理解有限的企业。

第三种是动态保值，即根据行情套保。企业采用衍生品套保的特点是结合行情的判断，判断错误概率高，追求绝对价格涨跌，很少主动获取相对价差。一般出现在对于衍生品市场有一定认知，但是市场分析和研究基础欠缺的企业。

第四种是风险管理，即实现有边界的自由的期现结合。在风险可控的前提下，捕捉市场机会，把风险控制在企业可接受的范围内，从而达到企业经营目标，实现"有边界的自由"。这种企业往往具有充沛的资金和强大的衍生品管理能力，并有完备的风险管理构架，在某些领域成为风险管理和业务运营的标杆。

3.1.3　套期保值的目标

套期保值目标是对商品价格、利率、汇率、股价等企业所面临的风险进行积极的管理，以规避其波动导致的收入或成本的不确定性，有效地降低企业经营利润的波动性。虽然套保标的价格往往越高越好或越低越好，但是这不能作为企业保值的目标，否则就直接成为投机，对操作人员来讲也无所适从。

我们可以参考套期保值的五项原则。第一，一定要品种相关而且相关性要足够好，比如钢厂要对螺纹钢的风险进行套期保值，用热卷套保的风险就比较大，因为热卷跟螺纹钢价格有时同步有时不同步。第二，就是规模相当，以之前讲过的中信泰富为例，保值的头寸跟实际需求规模一定要相当。第三，是方向相反，两边一定要能抵消。第四，就是期限相近。第五，是工具尽量简单。

套期保值业务不是直接的利润来源。套期保值业务是用来管理企业风险的工具，它可以对企业业务利润起到保障和平滑波动的作用。有些情况下，良好的保值策略可以适当增加业务的利润，但在任何情况下金融衍生品交易都不应该成为一项独立的利润来源。套期保值业务部没有局部交易盈利压力是套期保值业务成功运行的关键。我们不会把衍生品业务作为一项直接的、独立的利润来源，而主要是将其作为降低波动率的一个管理工具，其主要目的是降低企业利润的波动。否则，交易部门就会为了获取利润链而走险，其最终结果就是相关部门会扩大风险敞口来获取利润。这与套期保值的初衷是背道而驰的。必须注意的是套期保值核心的出发点是为了控制波动，控制波动可以保证企业在最困难的情况下能够生存下去，获得在整个业务环境改善的时候获取收益的机会，也可以让企业能够有效地控制风险，扩大生产规模。

套期保值是从企业经营出发的。套期保值业务中的交易具体执行需要在市场中择机而行，需要对市场有一个判断。企业管理层凭借自己对市场多年的经验，可能对市场的把握具有一定的优势。但是如果完全依赖管理层预测市场，这被证明是具有巨大的潜在风险的。企业的套期保值业务应以企业自身的经营为核心，以现货的需求为出发点，以企业的财务模型、发展规划等为依据确定套期保值的价格范围和交易方案。企业在套期保值时，衍生品和现货需求是匹配在一起计算的，不能脱离企业的现货需求。

企业套期保值目标从企业经营出发，可以分成以下两个层次。

第一是企业经营的目标，根据利润目标倒推价格目标。例如在计算目标价格时，把我们的财务目标（净利润或 ROE）输入到财务模型再推导出套期保值标的，比如大宗商品、汇率等的目标价格。销售价格已知，就可以倒推出能够接受的成本价。比如电力企业电价可能会有波动，如果想知道煤价在什么范围之内可以有多少利润，根据这个模型就可以倒推出来。

贸易企业在设立套期保值目标的时候需要结合供应链周期，比如从进货到出货需要一个月的周期，且利润空间较小，如果这个周期内出现重大的市场波动，就会得不偿失，必须进行套期保值操作。

第二是企业的风险承受能力和管理者的风险偏好。设定企业的风险限额以及风险敞口的绝对值数量，超过风险限额的部分必须进行套期保值；设定企业的最大风险损失额度（可以是绝对值或者 VaR），超过额度的部分，也必须进行套期保值。在计算套保范围时我们将这两个因素（风险承受能力和管理者风险偏好）输入到财务模型从而倒推出套保范围。

但是在实际业务过程中，如果市场的价格过低或过高，是否需要套期保值是值得商榷的。因为套保主要是为了降低波动性。在原材料价格很高的时候，很多企业买入保值，结果往往是亏损。价格太低的时候也不建议套保，因为对于企业来说最根本的目标是保值增值，如果已经有了很多盈利，出现了不利的情况再去保，也就损失了朝更加有利的方向移动的可能。

3.2 价格曲线与基差逐利理论

3.2.1 远期曲线

衍生品的价格不是简单的一个点，而是一条曲线。横轴是时间，纵轴是价格，对于利率而言是百分比。现货可以看成时间为 0 的期货，每个点的价格都是不一样的。曲线可以是正向，即近端低远端高；曲线也可以是反向，即近端高远端低。不同的形状，在套期保值当中都有重大影响。后面讲到基差风险、基差优化、基差逐利思想，涉及对整条曲线形状的判断。在一般的市场风险观念里，我们认为价格就是涨和跌，但实际上如果考虑曲线就不一样了。

远期曲线的变化基本包括：

上移/下移：绝对价格上升和下降，整条曲线所有的利率/价格都上升/下降，这是最直观的理解。

变陡/变缓：变陡，比如远端价格变高，基差变小，曲线逆时针旋转；变缓，远端价格变低，基差变大，曲线顺时针旋转。基差的定义是现货价格减去期货价格之差。变陡/变缓影响基差的变化，基差的变化对市场有重大作用，尤其是带有价格曲线的产品。比如新冠疫情期间，整个利率曲线远端基本没有收益，给市场带来了极大的困境。原本很多投资者在股票或黄金等资产产生风险的时候，就会抛出这些资产去买债券。因为债券是相对安全的，在其他资产类别下跌时能有些收益。与债券价格上涨相对应的就是利率下降，但利率接近于零，没有多少下跌空间，债券上获得收益的空间当然也很小了。

凸起/凹下：凸起是中间的部分比两边涨得快，凹下就是中间部分跌得比两边快。比如做螺纹钢期货，假如 6 月唐山要举办园林博览会，而中国的很多钢材生产都在唐山。一旦举办园林博览会，唐山就会限产。所以人们预测这段时间（6月~7月）价格会涨得很快，造成曲线中间的凸起。

根据主成分分析（Principle Analysis），以上三个变化——上移/下移、变陡/变缓、凸起/凹下——可以解释95%的曲线变化。

我们对市场风险的理解，并不是简单的价格的涨跌而是曲线的变化。所以深入理解曲线变化的规律对有效套保至关重要。

1. 基于曲线旋转趋势的价差交易

如图3-2所示，当市场供给不足、需求旺盛的时候，会出现价格曲线顺时针旋转的情况，近月合约涨幅大于远月合约，或者近月合约的跌幅小于远月合约。

当市场供给过剩、需求相对不足的时候，会出现价格曲线逆时针旋转的情况，近月合约的涨幅小于远月合约，或者近月合约的跌幅大于远月合约。

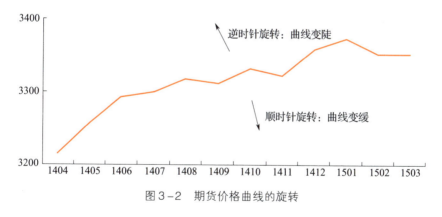

图3-2　期货价格曲线的旋转

✔ 价差交易

当判断价格曲线会逆时针旋转时，可以卖出较近月份的合约，同时买入较远月份的合约。当判断价格曲线会顺时针旋转时，可以买入较近月份的合约，同时卖出较远月份的合约。

价差交易的最终损益不受大势涨跌的影响。重要的是要看好供求关系改善，曲线逆时针旋转，卖出较近月份合约，买入较远月份合约。判断正确和判断错误两种情况如表3-1所示。

表 3-1　判断影响曲线旋转方向

	判断正确，曲线确实逆时针旋转		
	8 月合约	**10 月合约**	**价差**
5 月初	市场价格 820 元/吨，卖出一手	市场价格 790 元/吨，买入一手	30 元/吨
7 月初	市场价格 800 元/吨，平仓	市场价格 785 元/吨，平仓	15 元/吨
盈亏	盈利 20 元/吨	亏损 5 元/吨	合计盈利 15 元/吨
	判断错误，曲线实际顺时针旋转		
	8 月合约	**10 月合约**	**价差**
5 月初	市场价格 820 元/吨，卖出一手	市场价格 790 元/吨，买入一手	30 元/吨
7 月初	市场价格 810 元/吨，平仓	市场价格 770 元/吨，平仓	40 元/吨
盈亏	盈利 10 元/吨	亏损 20 元/吨	合计亏损 10 元/吨

2. 基于曲线翻折趋势的蝶式交易

蝶式交易由三个合约组成，两头合约的头寸方向和中间合约的头寸方向相反，如同蝴蝶的两个翅膀，因此称为蝶式交易。普通的价差交易认为曲线会旋转，而蝶式交易基于判断曲线中段相对于曲线两端会凸起或凹下。注意中间端要做两倍头寸。蝶式交易示例请看表 3-2。

表 3-2　蝶式交易盈亏效果举例

	蝶式交易举例，基于判断曲线中段会相对于两端凸起		
	8 月合约	**10 月合约**	**12 月合约**
5 月初	市场价格 820 元/吨，卖出一手	市场价格 790 元/吨，买入两手	市场价格 770 元/吨，卖出一手
7 月初	市场价格 805 元/吨，平仓	市场价格 780 元/吨，平仓	市场价格 755 元/吨，平仓
盈亏	盈利 15 元	亏损 20 元	盈利 15 元

合计盈利：10 元

3.2.2　基差逐利理论和传统套保理论

1. 基差的含义和分类

基差即现货成交价格减去期货衍生品价格得到的差值，其金额不是固定的。基差风险是指保值工具与被保值项目之间价格波动不同步所带来的风险。这是一个很重要的风险。目前现代金融对衍生品的市场风险有很深入的研究，但尚欠缺对基差风险的不确定性的研究。基差本身的波动会给套保带来无法回避的风险。我们可以用期货对现货进行保值，但期货和现货之间价格不同步，直接影响企业的套保效果。

保值中的很多因素，造成保值工具和被保值项目的价格不同步。在铁矿石例子中，被保值项目是冶炼船板合同中使用的铁矿石现货成本，保值工具是期货，两者的价格不同步，当中存在价格差，所以现货的一部分价格波动有可能无法被衍生品抵消。

比如钢厂冶炼船板，会做多铁矿石期货来保现货价格。如果期货比现货涨得多，企业是赢利的。但如果期货比现货涨得少，现货的一部分价格波动就没有完全套保。现货增加的成本，期货并没有完全补偿。通过传统的套保工具，我们把大部分风险都覆盖住了，但基差毕竟是第二层面的风险（第一层面是现货之间绝对价格的风险）。一般的衍生工具可以对冲第一层面的风险，但第二层面的基差风险很难对冲。第二层面的风险有可能非常大，因为产生的价差很大。铁矿石经常出现的情况就是期货比现货便宜 10% 以上。

根据经典理论，基差可以分为以下三类：

- 时间差价：距期货合约到期时间长短，会影响持仓费的高低，进而影响基差值的大小。持仓费（Carrying Charge），又称持仓成本（Cost of Carry），是指为拥有或保留某种商品、资产等而支付的仓储费、保险费和利息等费用的总和。持仓费高低与距期货合约到期时间长短有关，距交割时间越近，持仓费越低。当期货合约到期时，持仓费会减小到零，基差也将变为零。

- 品质差价：期货价格反映的是标准品级的商品价格，如果现货实际交易的品质与交易所规定的期货合约的品级不一致，则基差大小就会反映这种品质差价。

- 地区差价：如果现货所在地与交易所指定交割地不一致，则基差的大小就会反映两地间的地区差价。

2. 基差有两种不同的体现

在某一时点观察期货市场，当远期价格高于即期价格时，远期曲线呈向上态势，我们称这样的远期曲线为正向（Normal）；相反，当远期价格低于即期价格时，远期曲线为反向（Inverted）（见图 3-3）。一般来说黄金的远期曲线呈正向，6 个月的黄金期货价格通常高于 3 个月的黄金期货价格；铁矿石和石油的远期曲线一般呈反向，远期的价格低于即期的价格。但 2020 年 3 月石油的情况有些不一样，由于沙特和俄罗斯的石油战，导致石油远期的价格高于近期。铁矿石正常情况下是反向曲线，现货最贵，期货较便宜。铁矿石近端合约可能比现货便宜 10%，远端在极端情况下一年后合约可能比现货便宜 1/3。虽然标的物都是铁矿，但远端的时间影响是很惊人的。

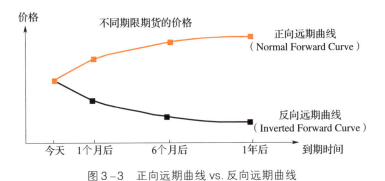

图 3-3　正向远期曲线 vs. 反向远期曲线

与此相关的另一对概念是期货升水（Contango）与期货贴水（Back-wardation），分别描述期货价格在预期的到期（即期）价格之上或之下交易的情形。现在 6 个月的期货价格比 6 个月以后预期的现货价格高，是期货升水（正向市场）；现在 6 个月的期货价格比 6 个月以后预期的现货价格低，是期货贴水（反向市场），见图 3-4。

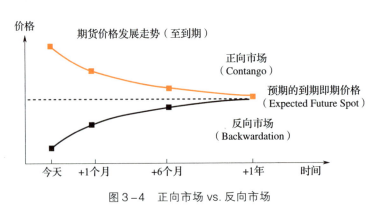

图 3-4　正向市场 vs. 反向市场

由于正向市场下的远期曲线通常是正向的，反之亦然，因此这两组概念经常混合使用。

3．基差风险来源

基差风险主要有四个方面的来源。

（1）套保交易时衍生品价格对现货价格的基差水平及未来收敛情况的变化。

有些特定的品种是不能收敛的，包括铁矿石、钢材等，即使在交割的时候也不能够收敛。但铜的期货，标的物是 99.99％的阴极铜，它跟现货的标准价差非常小。我们需要明白期货最终还是货，如果持有期货合约，不做任何处理，到交割日就是现货合同。但铁矿石和螺纹钢期货就非常复杂，因为二者本身不是标准品，不像铜是 99.99％的阴极铜，任何地方的差别都非常小。螺纹钢的交割有一系列的要求，跟企业实际用的可能不一样。比如上海期货交易所螺纹钢的交割品级：标准品：符合国标 GB/T 1499.2—2018《钢筋混凝土用钢第 2 部分：热轧带肋钢筋》HRB400 牌号的 Φ16 毫米、Φ18 毫米、Φ20 毫米、Φ22 毫米、Φ25 毫米螺纹钢；替代品：符合国标 GB/T 1499.2—2018《钢筋混凝土用钢第 2 部分：热轧带肋钢筋》的 HRB400E 牌号的 Φ16 毫米、Φ18 毫米、Φ20 毫米、Φ22 毫米、Φ25 毫米螺纹钢。带 E 的牌号是具有抗震性能的钢筋（见表 3－3）。

表 3－3　各牌号螺纹钢化学成分

牌号	化学成分（质量分数）%					碳当量 Ceq%
	C	Si	Mn	P	S	
	不大于					
HRB400 HRBF400 HRB400E HRBF400E	0.25	0.80	1.60	0.045	0.045	0.54
HRB500 HRBF500 HRB500E HRBF500E						0.55
HRB600	0.28					0.58

　　这其中涉及很多具体要求，比如重量多少、含铁量多少、有多少微量元素等。如果期货交割品跟企业实际用的现货不一样，这就存在价差。如果交割品的要求比企业实际需使用的现货高一点，那么拿期货的价格就要高一点。问题是企业用还是这么用，对企业没有额外价值，最后就不一定收敛到现货价格。衍生品最后变成现货，拿到的价格可能跟企业用的现货价格不完全一样。

　　期货跟股票有很大的区别。股票最后的价值是很难确定的，股票价格是未来现金流的贴现。股票的未来现金流是不确定的，贴现率也是不确定的，因此股票最后的价值是一个模糊的东西，无法准确预测。但期货不一样，期货根据合约，到期后就变成现货，期货最后的价格是有一个精确的内在价值的。如果期货拿到三个月以后，现货什么价格，它就大约是什么价格，这个价值是精确的、确定的。这个价值跟现货的收敛情况是期货合约本身在市场上长期生存的基础。不管期货怎么变，到最后一天跟当时的现货标的物的价格是收敛的，这是最重要的基础。不收敛的原因有可能是这家企业用的现货的品质和期货交割品的现货品质不完全一样，有一个价差。价差造成套期保值出现不一致。比如购买铁矿石期货，生产船板需要比较好的铁矿石。大连商品交易所有一个特点，铁矿石期货交割品只要达到交割要求就可以。《大连商品交易所铁矿石交割质量标准（F/DCE I001—2017）》如表3-4所示。

表3-4　大连商品交易所铁矿石交割质量标准

指标	质量标准
铁（Fe）	=62.0%
二氧化硅（SiO_2）	≤4.0%
三氧化二铝（Al_2O_3）	≤2.5%
磷（P）	≤0.07%
硫（S）	≤0.03%
微量元素	铅（Pb）≤0.02% 锌（Zn）≤0.02% 铜（Cu）≤0.20% 砷（As）≤0.02% 二氧化钛（TiO_2）≤0.80% 氟+氯≤0.20% 氧化钾（K_2O）+氧化钠（Na_2O）≤0.30%
粒度	6.3毫米以上的占比不超过20%，且0.15毫米以下的占比不超过35%

表 3 – 5　大连商品交易所铁矿石交割替代品质量差异与升贴水

指标	允许范围	升贴水（元/吨）
铁（Fe）	≥60.0%	≥60.0% 且 ≤62.0% 时，每降低 0.1%，扣价 1.5
		>62.0% 且 ≤65.0% 时，每升高 0.1%，升价 1.0
		>65.0% 时，以 65.0% 计价
二氧化硅（SiO_2）+ 三氧化二铝（Al_2O_3）	≤8.5%	0
二氧化硅（SiO_2）	≤6.5%	>4.0% 且 ≤4.5% 时，每升高 0.1%，扣价 1.0
		>4.5% 且 ≤6.5% 时，每升高 0.1%，扣价 2.0，与前档扣价累计计算
三氧化二铝（Al_2O_3）	≤3.5%	>2.5% 且 ≤3.0% 时，每升高 0.1%，扣价 1.5
		>3.0% 且 ≤3.5% 时，每升高 0.1%，扣价 3.0，与前档扣价累计计算
磷（P）	≤0.15%	>0.07% 且 ≤0.10% 时，每升高 0.01%，扣价 1.0
		>0.10% 且 ≤0.15% 时，每升高 0.01%，扣价 3.0，与前档扣价累计计算
硫（S）	≤0.20%	每升高 0.01%，扣价 1.0
粒度	0.075 毫米以下的占比不低于 70%	0

由表 3 – 5 可知，这些要求是非常细节性的，对交易很重要，会对价格产生致命的影响。铁矿石交割的规则导致交割人可能交割符合铁矿石交割要求的最差的货。做多铁矿石套保，有时期货涨的钱不能覆盖现货的成本。

（2）影响现货持有成本因素的变化。

如果持有成本发生变化，基差也会发生变化。套期保值有不同的保值，比如贸易保值，作为一家贸易公司持有现货，买进石油同时做空石油的期货进行保值。石油运到以后，再把期货平掉。有可能出现的情况是拿现货的时候，发现运费增加，这一部分的费用没有办法保住，基差会发生变化。

（3）被套保的资产与用来套保的期货合约标的资产不匹配。

铁矿石有不同的品质，不同的品种会有价差，最常见的是澳大利亚的铁矿 PB 粉和金布巴粉。PB 粉矿块矿：产于澳大利亚，又称皮尔巴拉混合矿，由必和必拓公司经营，PB 粉的品位 61.5% 左右，是部分褐铁矿，烧结性能较好；块矿的品位 62.5% 左右，属褐铁矿，还原性好，热强度一般。PB 粉和块矿由汤姆普赖斯矿、帕拉布杜矿、马兰杜矿、布鲁克曼矿、那牟迪矿和西安吉拉斯矿等矿山的粉矿混合而成。PB 粉微量元素比较少，质量比较好。

金布巴粉属于中品位澳大利亚褐铁矿，类似于 MNP，该铁矿磷含量较其他主流澳粉高，达到 0.12%，三氧化二铝较 MNP 稍高，约 2.6% 左右。其化学成分比较稳定，波动性较小，其他的微量元素含量较低。金布巴粉质量比较差，会造成污染问题，不符合目前国内的环保要求。

企业现货要 PB 粉，PB 粉的价格会比金布巴粉的价格涨得多。结果期货交割给的是最差的货金布巴粉，与企业实际需求不一样，就会造成基差的变化。

（4）期货价格与现货价格的随机扰动。

影响基差变化的，除了很多可以解释的原因，也会出现无法解释的原因。这些扰动往往是市场氛围造成的，尤其到了季末的时候，交易量会下降，持仓量也会下降，因为流动性不足，一两单的交易就会影响价格，我们甚至无法知道确切原因。

在套保交易前，企业应认真研究基差的变化规律，合理选择衍生品品种；在套保实施中，企业要密切跟踪基差变化，测算基差风险，并在基差出现重大不利变化时及时调整套保操作，以控制基差风险。如果能够巧妙地管理基差，不仅可以控制风险，也是个收益来源。基差本身不仅仅针对大宗商品，其他套保也有基差风险，比如利率互换、国债期货的保值等。在套期保值的实践中，基差占据核心地位，其重要性甚至超越市场单边的走势。

4. 基差逐利与套保效果

做空期货套保：①基差不变是完全套保，两个市场盈亏刚好完全相抵；②基差走强是不完全套保，两个市场盈亏相抵后存在净盈利；③基差走弱是不完全套保，两个市场盈亏相抵后存在净亏损。

做多期货套保：①基差不变是完全套保，两个市场盈亏刚好完全相抵；

②基差走强是不完全套保，两个市场盈亏相抵后存在净亏损；③基差走弱是不完全套保，两个市场盈亏相抵后存在净盈利。

示例

做多衍生品套保案例（基差走强情形）

5 月初，铁矿石现货市场价格为 750 元/吨，在期货市场买入 8 月期货合约，740 元/吨，此时的基差为 10 元/吨。8 月初，现货市场买入价格为 745 元/吨，在期货市场卖出平仓期货合约，730 元/吨，此时的基差为 15 元/吨。基差走强 5 元/吨，现货市场的盈利为 5 元/吨，期货市场亏损为 10 元/吨，两个市场盈亏相抵后存在净亏损 5 元/吨。

所以，套期保值不是简单的套保，还要考虑两边的走势变化。5 月时基价 10 元/吨，到 8 月初的时候基差变成 15 元/吨，基差走强 5 元/吨。5 元很重要，虽然只占 750 元的 0.67%，但现货市场利润率本就非常低，相应的基差的影响也就非常大。再加上现实生活中的贸易量很大，于是 0.67% 对利润的影响就非常大。

5. 基差逐利与套保策略

一般情况下，预期基差走强，即现货相对期货走强，建议做空期货套期；预期基差走弱，即期货相对现货走强，建议做多期货套期。

但在实际套保操作中，企业的套保方向是固定的，对于天然空头的企业，需要做多套保。预期基差走强，建议购买近月合约，若需要对远月套保则通过购买近月合约再移仓实现（移仓就是期货合约要到期的时候，把近的即将到期的合约卖掉，再买较远的合约）。预期基差走弱，建议购买远月合约，若需要对近月套保则通过购买远月合约提前平仓实现。相反，对于天然多头企业，预期基差走强，建议卖出远月合约；预期基差走弱，建议卖出近月合约。

6. 用资产组合的眼光看待衍生品套保

传统套保理论：投资者在衍生品市场建立一个与现货品种相同、方向相反、数量相等、期限相同的衍生品头寸，在期货合约到期时，衍生品和现货价格趋于一致，一个市场的利润和另一个市场的损失抵消。

基差逐利理论：套保交易是为了简化商业决策、降低成本，其核心在于能否通过有利的基差变化来谋取收益。研究市场的单边行情非常困难。由于疫情影响，即便是桥水公司这样的顶尖基金 2020 年同样遭遇巨大损失，旗下旗舰基金 Pure Alpha Ⅱ 下跌了 18.6%，为该基金多年来的最大亏损，研究市场单边行情的困难程度可见一斑。

但基差变化的规律性比单边更加强。要懂基差，就必须要懂现货，进而对基差的变化走势的判断准确程度，是可以大于单边的。比如像嘉吉这样的贸易公司，其利润来源的核心价值是对基差变化的管理和预判。很多贸易公司都是这样做的。

用资产组合的眼光看待套保：交易者进行套保实际上是对衍生品市场和现货市场的资产进行组合投资，套保者根据组合投资的预期收益及其方差，确定衍生品市场和现货市场的交易头寸，以实现风险最小化或者效用最大化。

运用资产组合模型可以整体提升企业的风险管理水平。在实践中，如何能够设计出相应的实用优化系统，以帮助企业依据该思路进行科学的套保决策？如果可以找到 σ_{sf}（即基差变化）的一定实证变化规律，就可以进一步提高企业的风险管理水平。

✔ **最基本模型**

假定构建一个多头现货和空头期货的套保资产组合，则套保资产组合的收益为：

$$R_h = R_s - hR_f$$

式中，R_s 为现货收益率，$R_s = \dfrac{S_{t'} - S_t}{S_t}$；$R_f$ 为期货收益率，$R_f = \dfrac{F_{t'} - F_t}{F_t}$；$h$ 为套保比例，$h = \dfrac{F_t}{S_t}$。

资产组合的方差为：

$$\sigma_h^2 = \sigma_s^2 + h^2\sigma_f^2 - 2h\sigma_s\sigma_f Cov_{sf}$$

式中，σ_s^2 和 σ_f^2 分别是现货和期货收益率的方差；Cov_{sf} 为现货和期货收益率的协方差；t' 是期末，t 是期初。

企业一般同时对多个品种进行套保，同一品种也有多个期货套保头寸，再加上外汇头寸的套保，相应的套保比例是一个向量，即 $[h_1, h_2, h_3, \cdots, h_n]$，企业可以以自身能接受的风险作为边界，选择回报最大化的套保比例。

现货其实很难预测变化，传统的套期保值是抵消风险，但基差逐利理论不仅可以有效抵消风险还可以带来收益。套期保值是通过交易来控制风险，但有些人是倒过来做，通过建立期货和现货之间的基差来获取利益。两者的重要区别在于套期保值是从现货出发。比如钢厂生产 100 万吨螺纹钢，需要 160 万吨铁矿石，这是现有现货的天然敞口，进行有效套保，也可以利用基差来获取利益，本质是控制天然敞口。另一个情况是自身没有天然敞口，但也去购买现货和期货，表面上也是品种相同、方向相反、数量相等、期限相同的头寸，但通过收敛程度的判断来增加自己的风险敞口，这是投机。

所以基差有两种：一种是为了获取利益而有意构造出来的基差；另一种是并非有意构造，但持有现货，购买衍生品进行套期保值就肯定会有基差。基差管得好能获利，管得不好就会造成很严重的后果，因为衍生品是高杠杆的。

本书前文所述的基差是狭义的基差，即现货价格减去期货衍生品价格的差值。广义的基差是任何不同的现货或衍生品之间的价差。比如在岸人民币和离岸人民币，虽然都是人民币，但价格不一样。广义上的基差就是价差。广义基差经常还包含一些支付方式、仓储成本、物流成本等各种其他费用和成本。如果仅仅统计和跟踪广义基差经常会失真，不能真正体现经营思想和套保效果，因此企业的基差分析和经营管理过程中可以选取期货相对应的标准品的公允价格作为狭义基差来分析，现货成交价格和公允价格的价差之间的波动作为其他价差来进行分析和统计，对这些价差的精细化分析也可以给企业带来更多的获利机会，比如：跨区域套利、支付方式套利、跨品种套利等。

2007 年前后出了一个案例，业界一个顶尖的交易员做韩国外汇的期权。韩元也有在岸韩元和离岸韩元。当时发的产品是给韩国的公司做在岸韩元，但在香港做交易没办法用在岸韩元只能用离岸韩元对冲。产品跟在岸韩元挂钩，但当时在岸韩元和离岸韩元突然价格拉开，造成巨大损失。本来在岸韩元和离岸韩元价格是同步的，但由于当时资本市场的变化价格突然一下子拉开。表面上对冲理论没有问题，但由于种种现实原因，找不到完全匹配的衍生品，只能找高度相关的产品来替代，但不是同一种产品就会产生基差，就可能引发重大问题。基差也是运用衍生品进行价格风险管理的核心要素之一。

3.3　套保与投机

3.3.1　套保与投机的比较

套期保值就是抵消企业的天然敞口，企业的天然敞口是指在没有任何金融衍生品头寸时，各种大宗商品价格、利率、汇率等标的的变化给企业利润带来的边际变化。

如何区分企业面临的天然敞口是多头还是空头？如果标的价格上涨，企业盈利增加，企业在该标的上面临的就是天然多头；如果标的价格上涨，企业盈利减少，企业在该标的上面临的就是天然空头。比如一家钢厂，用铁矿等原材料生产螺纹钢，铁矿价格上涨，企业的盈利减少，企业在铁矿上是天然空头，套保需要做铁矿石期货多头；而螺纹钢价格上涨，企业的盈利增加，企业在螺纹钢上就是天然多头，套保需要做螺纹钢期货空头。

以企业的天然敞口为出发点，可以从以下三个角度来区分套保和投机。

（1）套期保值就是抵消企业的天然敞口，降低企业面临的风险；而投机不仅没有减少企业天然敞口，还通过增加风险敞口博取收益。比如钢厂生产100万吨螺纹钢，需要160万吨铁矿石，这是现有的天然空头敞口，企业可以通过做多铁矿石期货来抵消天然敞口进行套保，但企业无法通过做空铁矿石期货来达到套保的目的，如果企业做空铁矿石期货就是投机，但是企业也不能做多铁矿石期货超过160万吨，超过了天然敞口的量，那样也有投机的成分。企业在这之中可以利用基差来获取利益，但核心是控制天然敞口；另一个情况是自身没有天然敞口，但也去购买现货和期货，表面上也是品种相同、方向相反、数量相等、期限相同的头寸，但通过收敛程度的判断来增加自己的风险敞口，这是投机。

（2）套保的出发点是生产经营的需要，市场判断是第二步，我们的观点是套保不是机械的，必须对市场进行研判，根据市场变化择机行事（但是如果企业没有择机能力，做机械的套保也比不做套保要好）。比如钢厂铁矿石套保的情况，如果明知道铁矿石价格大概率要下降，就没有必要去100%套保比例做多铁矿石保值。在套保里，虽然也要研判市场，择机行事，但是头寸的方向和可持仓量的范围都是由企业的天然敞口决定的。与之对比，投机的出发点就完全是对市场的研判。

（3）套保必须是现货和期货的结合，没有实货，就无所谓天然敞口。套保组合必须是期货和现货结合组成的组合头寸，这个理解对套保的考核也是至关重要的，对套保的考核必须同时考虑到期货和现货。而投机则可以是单边的现货，即使有时是期现双边组合头寸，该组合头寸里的现货不是天然敞口，而是为了进行基差投机构造出来的。

从效果上来说，套保降低了企业经营利润的波动，而投机增加了企业经营利润的波动。很多观点认为套保的表现形式即实货与衍生品的匹配，包括方向相反和数量相当。但实际上，衍生品头寸方向必须和实货敞口相反，但是数量不一定相当，能够小于等于天然敞口，起到抵消天然敞口的作用就可以。

企业在套保操作上，必须确保是"保"而非"赌"，选择适宜的套保"量"和"价"，做到与企业实际生产经营需求匹配。有些企业以套保为名，但是操作量超过了天然敞口，这时候就由"保"变成了"赌"。一旦从套保变成了投机，出事是早晚的。

任何好的方案或交易最终都应符合风险收益的经济学原理，即风险与收益一定成正比，额外的收益背后一定隐藏着额外的风险。在完全理解收益背后的风险之前，不能轻易交易。

同时要注意，企业进行套保交易一定不要裸卖期权。裸卖期权存在尾部风险，它和看涨备兑期权策略不一样，后者是手上有货的，卖出看涨期权，风险可控。但需要注意的是，我国的《套期会计准则》要求，对于单独卖出的期权，不作为套期保值的合格工具。备兑看涨期权策略，并不是套期会计认可的套期保值策略。

✔ 投机的风险：历史上主要金融衍生品交易损失事件

表 3-6 是历史上主要金融衍生品交易损失的信息。这些损失基本上都是由于过度使用杠杆而产生的。进一步分析这些交易损失的原因，我们发现都可以从前面提到过的八大风险角度解释。摩根士丹利主要是因为流动性风险；法国兴业银行主要是因为操作风险；不凋之花天然气期货主要是因为流动性风险；长期资本管理公司是没有充分考虑到小概率事件风险；俄罗斯国债违约引发的市场动荡，属于国别风险，造成了之后的连锁反应；中信泰富主要是因为复杂的期权产品；而德国金属在石油期货上出现亏损，主要是因为基差风险和流动性风险。

同时，我们发现这些出现重大损失的公司基本都是金融机构。随着人们对风险管理越来越熟悉，真正实体风险管理的实践越来越成熟，企业中较大的亏损在 2000 年以后很少发生，多是出现在 2000 年以前。而中国还处于对金融衍生品市场的不断探索和完善中，随着经验的丰富，我们已经对企业的套期保值业务非常熟悉。只要能够严格遵从风险管理的原则，我们就可以大大减少发生巨额亏损的可能性。

表 3-6　历史上主要金融衍生品交易损失事件

排名	损失名义金额	对应美元损失金额	美元相对 2007 年升值	实际美元损失金额	国家	公司	产生损失的金融衍生品	年份
1	90 亿美元	90 亿	-7.0%	83.7 亿	英国	JP 摩根	CDS	2012
2	90 亿美元	90 亿	-3.7%	86.7 亿	美国	摩根士丹利	CDS	2008
3	49 亿欧元	72.2 亿	-3.7%	69.5 亿	法国	兴业银行	欧洲指数期货	2008
4	65 亿美元	65 亿	2.8%	66.9 亿	美国	不凋之花基金	天然气期货	2006
5	46 亿美元	46 亿	27.2%	58.5 亿	美国	长期资本管理公司	利率和股权衍生品	1998
6	41 亿美元	41 亿	N/A	41 亿	美国	潘兴广场	Valeant Pharmaceuticals 股票	2015—2017
7	2850 亿日元	26.2 亿	32.1%	34.6 亿	日本	住友商事	铜期货	1996

（续）

排名	损失名义金额	对应美元损失金额	美元相对2007年升值	实际美元损失金额	国家	公司	产生损失的金融衍生品	年份
8	46.2亿里尔	25.2亿	-3.7%	24.3亿	巴西	Aracruz	外汇期权	2008
9	17亿美元	17亿	39.9%	23.8亿	美国	橙县	结构性利率掉期	1994
10	26.3亿马克	15.9亿	43.5%	22.8亿	德国	德国金属公司	石油期货	1993
14	147亿港币	18.9亿	-3.7%	18.2亿	中国	中信泰富	外汇期权	2008
29	46.5亿元人民币	7.0亿	2.85%	7.2亿美元	中国	中国石化	石油期货	2018
33	5.5亿美元	5.5亿	9.8%	6亿美元	中国	中航油（新加坡）	石油期货和期权	2004

总结一下就是，我们需要准确把握投机和套保的区别。这两者从交易的出发点来看有一个非常重要的区别。投机的出发点是通过对未来市场的研判来获取利益，而套期保值、风险管理的出发点是公司自身的经营。后者虽然是从自身经营情况出发，但实际操作时仍然需要对市场走向的研判。不过，市场研判是风险管理的第二位，企业经营需要已经决定了交易中的方向、数量等基本参数，市场研判的作用在于决定是否入场、何时入场。

3.3.2　辅助套保操作的行情分析

价格波动由两个因素组成。一个是趋势，趋势是价格波动的呈现方式，造成价格波动以趋势方式呈现的原因包括宏观经济的影响、人的心理、资金面等。另一个因素是噪音。噪音是随机的、微小的因素造成的波动，噪音的影响叠加后最终为0，即对价格的涨跌最终没有影响。如同收音机，有信号产生出音乐，也有干扰造成杂音。其中的信号就如同价格波动的趋势，干扰就如同价格波动的噪音。

以螺纹钢的价格为例，黑线部分为趋势，彩线部分为噪音与趋势的叠加（见图3-5）。

图 3-5　趋势和噪音

金融交易价格走势是随机无序的布朗运动的表现，市场价格的噪音不可控的范围比我们想象的大得多，人直观上最容易犯的错就是低估了噪音，很多时候我们把噪音当成信号，这是造成交易亏损的重要原因。

金融价格噪音波动的部分近似服从对数正态分布，这里简化为正态分布来说明问题。正态分布的形态实际上由两个因素决定，一个是它的期望值，另一个是它的标准差。一个独立事件的发生结果，偏离预期值一倍标准差之内，是68.2%的概率，二倍标准差是95.5%的概率，三倍标准差是99.7%的概率，这就是对正态分布的描述。这个分布规律，被应用到对风险描述的方方面面。

1. 具体交易的基本面分析

以大宗商品的内在价值为依据，着重于对影响大宗商品价格及其走势的各项因素进行分析，以此决定投资购买何种商品及何时购买。

对趋势的基本面分析包括：

- 宏观分析：经济周期、金融货币、政治因素、行业政策、自然因素和心理因素，也包括国际国内因素。
- 供求分析：供应：有关该商品的成本信息、产量信息、库存信息、进出口数据、气候影响等；需求：有关该商品的下游消费市场、替代品效应、新技术的影响、税率情况等，由此建立供需平衡表和库存平衡表供决策参考。

- 价值链分析：对商品的价值链、从投入到产出有一个深入的理解，特别是各种主要生产要素和生产活动的成本，以及成本、利润与价格的函数关系，由此可以建立利润平衡表和价格平衡表供决策参考。比如钢材，是从焦煤变成焦炭，焦炭到钢厂变成钢坯，钢坯再到钢材。每一个环节之间价格都要有一个平衡。如果焦煤这一端的利润太大，其他端就会亏损，利润会重新分配，焦煤的利润逐步下降，焦炭和钢厂就会多点利润。如果钢厂利润太多的话，焦煤和焦炭就没有利润。要逐步达成供应链的平衡。

2. 套保具体交易策略的分析依据

判断衍生品价格的高低，可以多维度比较：

- 期现基差是期货和现货相对价格水平的一个指标，基差贸易和期现套利的力量会限制其过分偏离均衡价格；
- 月间价差是不同合约之间的关系，有个合理的范围，跨月套利者会限制其过分偏离均衡价格；
- 上下游比价体现的是同一价值链上不同品种的相对利润分配关系，上下游产业的博弈会限制其过分偏离均衡价格；
- 替代品价格相对关系从另一个维度限制其过分偏离均衡价格；
- 内外比价是跨市进出口盈亏关系的反映，国际贸易活动会限制其过分偏离均衡价格；
- 利润水平影响原材料和产成品期货的相对价格，如果利润太高，生产的企业就会加大生产，利润太低，很多企业就活不下来，会限制其过分偏离均衡价格。

通过与现货价格、其他月份价格、原料或下游产品价格、替代品价格、境外价格以及生产利润等相比较，通过多个指标综合判断未来市场价格的走势。这些关系都是均衡的关系，如果哪边偏离均衡，就会有让其恢复均衡的力量。

3. 交易实例

2015 年 3 月 24 日，矿石 1509 合约价格 440 元/吨，基于如下考虑：

（1）宏观层面

经济经过一段时间的高速增长后，可能进行暂时的调整。

（2）供求

前几年高价刺激供应，供应量大。

（3）价格分析

- 期现价差：期货处于高位，期货比现货高，期货有下行动力；
- 月间价差：铁矿 1509 处于高位，与其他合约 1505 等相比，期货有下行动力；
- 上下游品种比价：相比螺纹钢处于低位，钢厂利润比较高，铁矿利润比较低，铁矿石有下行动力；
- 相关品种比价：相比焦炭处于高位，铁矿石有上行动力；
- 内外比价：相比境外铁矿石掉期处于高位，期货有下行动力；
- 利润水平：成本不断下滑，期货有下行动力。

以上价格分析中，五个因素都是看跌，只有一个因素是看涨。2015 年 4 月中旬，铁矿石果然出现一波下跌行情。

3.3.3　套期保值交易操作注意点

1. 控制仓位

做套期保值最根本的一点是，衍生品的操作量不能超过被套保项目范围。我们做套期保值必须把衍生品的量控制在现有的企业经营实货量的范围之内。

2008 年发生巨大衍生品亏损的企业，不管是中信泰富还是国航、中航油，都通过做衍生品加大杠杆，超过了实际用货量。本来套期保值和实货需要匹配，一旦超过了实货的量，套保行为就转化为投机行为，最后造成巨亏。

2. 不要跟市场作对

交易者如果过分依赖对市场的判断，最后就会犯一个错误，失去了谦卑之心，认为自己比市场强大。很多人在讨论市场成交中的某个价格对不对，其实没有任何意义。存在即合理，只要市场上有这个价格就一定是对的，没有人比市场更聪明，保持这样的心态是最重要的。任何时候市场一定是对的，我们永远是比市场弱小的，绝对不可以认为自己看到了市场没有看到的东西，这是极其危险的。中航油（新加坡）事件，就是因为操盘者过分依赖对市场的判断。人们会犯一个很严重的错误，就是看不清现实。毛泽东说要实事求是，我们有多少人能够看清楚当下在发生什么？很少。要么是活在自己的欲望里面，要么是活在成见里面。所以一定要记住市场永远是强大的，我们永远是弱小的，不能过分依赖对市场的判断。我们要活在当下，即使有一千种判断认为市场会涨，但是走向和预想的不一样，这个时候就一定要控制住、要止损。

3. 风控体系到位

风控措施执行不到位是有很大问题的，企业套期保值中机构设置非常重要，前后台一定要有，且要独立分开，上层需要及时掌握市场和交易的情况，不能出现任何瞒报的现象，防止内部治理失效。中航油也有整套的制度，但是完全没有执行。另外，我们必须明确套期保值不是用来增加利润的，而是为了减少波动。如果这个理念错了，领导让交易员去创收，一旦执行下去就一定会承担相应的风险，最后导致风控体系变质。

3.4　套期保值与企业经营的关系

利用金融衍生品的价格发现功能，将价格分为基准价格和升贴水（即基差，升水就是正基差，贴水就是负基差）。很多行业都进行基差定价，推广基差交易。通过基准价格的锁定，可以锁定大部分市场风险。

如图 3-6 所示，通过套期保值可以有效地管理变动成本，进而增加企业经营利润，降低企业最终的产品成本，然后对企业经营进行调整，有效地参与市场竞争。前面提到的西南航空案例，其在石油的套期保值上取得了非常重大的成功，改变了整个国际航空业的竞争格局。西南航空取得如此传奇性的成功，主要因为两大特点，一个是企业文化，另一个就是套期保值。因为西南航空套期保值的成功，现在所有航空企业都在做套保，不做就出局了。

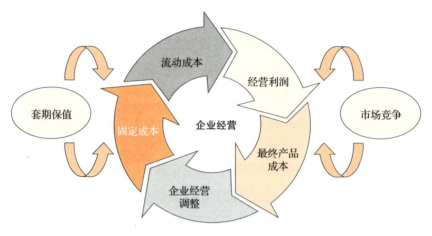

图 3-6　套期保值与企业经营的关系

石油行业一般都是用长期协议，油田和石油方签订长期的使用石油现货协议，价格固定。后来因为衍生品的发展，石油行业发生了翻天覆地的变化。石油行业所有的企业都通过衍生品进行保值，有色金属和粮食行业也是如此。这些行业的特点是任何生产经营都不能离开衍生品。在石油、有色、粮食等行业通常使用基差定价策略，销售合同定的不是固定价，而是当天上海期货交易所主力合约价（基准价格）加减 300 元（基差）。基差定价就是在衍生品上加减一个基差。虽然可以通过期货锁定大头的单边价格风险，但基差本身依然还有风险。基差定价锁定了现货和期货价格不同步，这种不同步就是基差。基差本身就是个风险。严格来说，利率也是基差定价，浮动利率贷款就是基准利率加减一个利差。

对于衍生品业务发展比较成熟的行业，企业不得不把套期保值融入整个生产经营的所有环节，不然就会出局。同样也形成了整个行业的生态，使套期保值和企业经营完全有机结合。广义基差在现货交易里面一般以升贴水方式体现，包括标的物和衍生品所对应标准商品的品种价差、规格价差、区域价差、市场价差及其仓储费用、物流费用、资金费用等。通过基准价格的锁定让跨品种套利、跨区域套利、资金套利、跨市场套利等套利模型得以实施，从而让企业有了更精细化的管理和更多的获利模式。

企业未来的获利模式正在发生剧烈的转变，从传统的判断行情涨跌的绝对价差、渠道利润，向相对利润的期现价差、国内外价差、跨品种价差、跨区域价差转变。由于有了期货、期权等品种，现在又在向风险价差转变。风险管理优化主要可以分成四个方面，一是现货经营层面的优化，二是期货套保层面的优化，三是盈利的提升，四是运营过程的优化。

第一，是现货层面的优化。最合适的方式是谋求行业定价权，形成策略性联盟，把风险转移到行业上下游企业。同时还可以通过其他一些方式，比如采购和销售的定价模式一致；把采购和销售放在同一作价期；现货采用灵活的定价模式，即利用点价、月均价、远期合同等；还可以通过基差交易来套保价格风险，把风险转移给合同的对手方。国内已经有很多这种类型的公司，诸如一些风险管理能力比较强的公司和期货公司的风险管理子公司，它们现在都有这样的业务。此外，还可以通过一些更灵活的创新性的业务模式把风险转移出去。

第二，是期货层面的优化。风险管理工具包括期货、期权、远期和掉期等场外衍生品。企业运用的套期保值分为买入和卖出套保。当企业需要买入原材料时，担心原材料价格上涨，对采购计划或者对一个未定价的采购合同，做买入套保操作。当然如果手上有了一个固定的采购价格或者有固定价格的存货，担心价格会下跌，那就需要做卖出套期保值。

结合期现工具，企业还可以锁定加工利润。不同的原材料和成品之间有价差，买入低价的现货或期货原材料再加工卖出成品，从而锁定加工利润。这类企业更多的是背靠背经营，贸易和加工型企业的利润非常薄，对这类企业套保的效果特别重要。

国际上，有专门的价差期权工具。加工型企业或者贸易商，可以买入看跌利润期权，付出期权费以保护自身利润，并获取利润进一步提升的空间和机会。对于这类期权也可以和机构协商，根据企业自身特点量身定制。

第三，就是盈利的提升。这类策略管理工具包括期货、现货，还有远期合同。套利策略有一个原理叫一价定律，它是指相似的东西或者相同的东西，在不同的市场应该有一个相对稳定的价格关系，一旦突破了这个稳定的价格关系，就可以通过买低卖高来获得收益。包括跨期套利，比如说棉花的不同期合约之间；跨品种套利，比如说棉花的不同品种之间；跨市场套利，比如新疆的棉花和上海的棉花、北京的棉花之间。此外还可以做期现套利。棉花相对好保存，价格波动也比较大，期现套利也因而成为可能。

第四，就是关于风险管理过程中的运营的优化。通过现货合同或者期货合约，多种方式可以优化风险管理过程中的运营，取得更好的经营业绩。

可以通过点价或者预销售的模式来增加客户群体。原来很多企业的经营采用的是固定价交易，方式单一。如果企业自身有很强的风险管理能力，就可以对上下游给出点价权或者进行预销售。当然也可以在价差对自己有利的时候放出这些点价权或者进行预销售，在价差不利的时候，可以向对方收取一定的升贴水。

另外，可以通过期货工具来进行税务优化。由于采购和销售的过程当中，现货盈利需要缴纳增值税，而期货不需要。这个时候就可以通过期货保值的方式，在价格下跌的情况下，把商品从现货转移到期货上。

还有，期权也可以增加企业的经营模式。把期权的这些模式融入现货合同，形成含权贸易，丰富了贸易结算方式，以满足更多企业的报价和结算需求。

企业还可以采购虚拟库存。当企业需要有常备库存的时候，或者说由于资金或者产地等原因，要买入库存的时候，可以通过衍生品市场来替代现货，用期货等衍生品来做虚拟库存替代现货。充分利用期货的保证金杠杆优势，节省了公司采购和库存的运营成本和场地仓储费用等。

此外，企业还可以进行月均价优化。比如采购价是上个月的均价，销售价是下个月的均价。那么可以要求交易员每天卖出保值的时候，要卖到当日均价以上；在买入点价或者平仓的时候要买到每日的均价以下。一般来说，交易员都可以从这里优化出一定的利润，以此作为交易人员的绩效指标和考核基础。

示例1

铜矿冶炼加工企业套期保值

（1）业务背景

某家企业是一家铜矿冶炼加工企业，有四块现货业务：一块是主营板块，采购铜矿后进行加工销售，套保策略是对风险进行完全套保；一块是自有矿，因为采矿的成本是固定的，所以要针对铜价在一定范围的波动对应保值；还有一块就是核定库存，因为在生产当中会有很多库存，这些库存对于报表的影响比较大，需要对库存进行套保；最后一块是贸易板块，该板块通过阴极铜的国内、国际贸易获得利润，该板块绝大部分进行套保，以锁定有利的价差。

企业的冶炼能力是超过自有铜矿产量的，因此还需要在外面采购一些原料。采购方式有两种：一种是国外采购，一种是国内采购。国外采购使用伦敦铜价，国内采购使用现货和期货价格，存在不同的定价方式。之后再加工冶炼生产成阴极铜，对外出售。

原料采购和成品销售定价模式上，主要问题是原料采购和成品销售发生错配：一是采购和销售的定价时间错配；二是定价模式不同，比如国外现货采购也有均价，但销售采用市场价；三是定价基准错配，比如购入的是伦敦铜价，售出的是上海铜价。

（2）业务模式梳理

首先根据财务模型算出套保范围，比如生产过程是从采矿到矿石处理成铜精矿，再冶炼成阴极铜，产成品一部分出售，一部分自己加工成铜杆等制成品，这是其业务流程。利润结构可以根据业务流程计算出来，收入主要来自于冶炼出来的阴极铜。成本包括电力开销、采矿、冶炼加工等，此外还有管理费用、销售和财务费用。通过对收入和成本影响最大的因素进行进一步分析，得出财务模型（见图3-7）。最后可以根据目标毛利率，用财务模型倒推出目标套保铜价范围（见表3-7）。

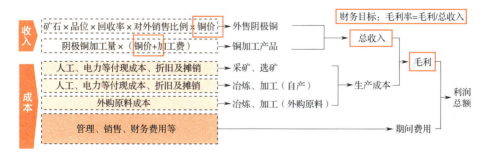

图3-7 铜冶炼加工企业财务模型

表 3 – 7　财务模型利润表

人民币百万元	2006	2007	2008	2009	2010	2011	2012
财务目标：毛利率	29%	16%	7%	12%	13%	13%	13%
收入	…	…	…	…	…	…	…
现金成本	…	…	…	…	…	…	…
折旧与摊销	…	…	…	…	…	…	…
营业利润	…	…	…	…	…	…	…
销售、管理费用	…	…	…	…	…	…	…
财务费用净额	…	…	…	…	…	…	…
期货投资收益	…	…	…	…	…	…	…
营业外收益	…	…	…	…	…	…	…
税前利润（利润总额）	…	…	…	…	…	…	…
所得税	…	…	…	…	…	…	…
税后利润	…	…	…	…	…	…	…
少数股东损益	…	…	…	…	…	…	…
归属于母公司的净利润	…	…	…	…	…	…	…
分红	…	…	…	…	…	…	…
ROE		28%	11%	13%	16%	14%	12%

（3）套保思路

重点讨论一下主营板块，即加工板块，其套期保值模式分成几类：国内采购阴极铜，国内销售铜管线，基本的套保手段主要是抹平时间差，从阴极铜采购到铜管线加工有一个时间差，这个业务本身的利润很微薄，加工费是1000～1300元，本来就很少，要是铜价一波动可能这些就没有了。阴极铜购入以后做空期货套保，铜管线销售的时候就平仓；销售端有时可能先销售，阴极铜原料可能还没有采购进来，做多期货保值，正式原料进货的时候把多头平掉。上述是最基本的套期保值操作模式，就是通过期货建立一个虚拟购销动作，把采购和加工的时间差平衡掉。国外采购端的做法和国内一样，国外是通过伦敦 LME 铜来做，国内是通过沪铜来做。此外，企业还可以采用一个现货套保手段，套期保值不一定是用衍生品，可以每天平均采购现货，这样的话就可以让现货价格更加平缓。

对于自产矿套保的基本思路如下：如果铜矿的价格远远低于目标价位，亏损的时候可以不保，没有必要锁亏；如果远远高于目标的话也可以不做，利润已经很高，完成任务的把握很大，如果发现铜价开始跌了就可以逐步保值；只有铜价在这两种范围之内才进行套保。核定库存保值的思路类似自产矿。

自产矿套保操作计划可以参考期权动态套保的思路进行。假设企业的毛利率是 12%，根据财务模型可以推算出当年目标铜价是 6000 美元以上就可以保证12% 的毛利率。根据铜价的波动率，计算一下，在 6000 美元的时候保一定比例，7000 美元的时候保较大比例，8000 美元以上留少部分比例进行保值，这样一个动态的方式（见图 3-8）。后面关于套保比例的部分有更详细的探讨。

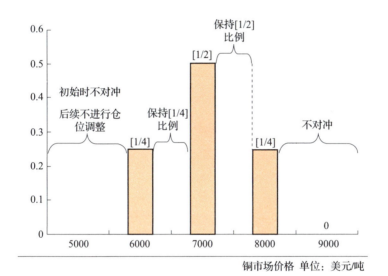

图 3-8　在不同市场铜价格下的对冲比例

通过这种方式达到一个均衡，既能够套保，控制风险，又可以避免在市场上涨很多的时候，分享不到收益。很多时候将价格锁死，下跌时候虽不至于亏损，但也无法享受价格上涨时的收益。早年曾有一家企业，手中握有大量铜看涨期权，当时铜价已涨到 8000 美元，远超铜的边际成本，但依然猛涨。企业觉得价格已经很高了，在某国际投行的怂恿下，卖掉看涨期权，执行铜价 8000 美元，以上的收益就全部归那家投行所有。虽然企业立刻就收到了期权费，但铜价最终涨到 10000 美元，该企业错失良机，很难向有关方面解释，因此受到了很大压力。

该企业也可考虑一些自营交易，自营需要严格止损，控制风险头寸总量。关于衍生品头寸，既有套保头寸，也有自营头寸，套保和自营需要完全分开，对于自营头寸严格止损，对于套保头寸严格按照计划执行。

上述这个企业的套期保值方案，是相对综合的方案。其他企业操作的时候需要根据自身情况做出一些调整，但是总体思路可供参考。

示例2

黑色金属产业商品衍生品套期保值

（1）钢铁生产经营过程、潜在风险与相应的衍生品

企业需要购买铁矿石和焦炭去生产生铁，生铁再变成粗钢，粗钢又可以加工成线材、棒材和板材来销售。

在这期间企业可以从购买、生产和销售三个阶段来购买衍生品。比如原材料购买阶段，可以买入铁矿石期货（大商所）、焦煤期货（大商所）、焦炭期货（大商所）、铁矿石掉期（上海清算所）、铁矿石掉期（新加坡）等。销售阶段，可以卖出螺纹钢期货（上期所）、线材期货（上期所）和热轧卷板期货（上期所）等（见图3-9）。

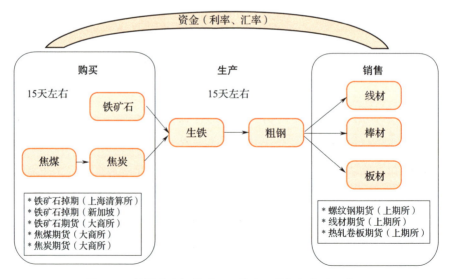

图3-9　钢铁生产经营过程、潜在风险与相应的衍生品

涉及利率风险是因为企业要借钱进行生产经营；涉及汇率风险是因为铁矿石经常需要进口，钢材有时也需要出口。

（2）原材料采购过程中的套保

在原料采购过程中面临的风险，主要有以下两点：买入原料（签订长协矿石、焦炭、焦煤）后，原料市场价格下滑导致原料库存（厂内库存、在途库存）贬值的风险；当资金未到位或者因其他原因准备采购原料却未开始采购时，原料市场价格上涨导致采购成本大幅上升的风险。

以铁矿石生产船板为例：

- 采购原料前，原料价格上涨，风险是待采原料，应对措施是用保证金提前买入原料期货或其他衍生品；
- 采购原料前，原料价格下跌，应对措施是按需采购原料，考虑卖出成品钢材库存保值；
- 采购原料后，原料价格上涨，应对措施是按需采购原料，考虑卖出成品钢材锁定利润；
- 采购原料后，原料价格下跌，风险是原料库存，应对措施是卖出成品钢材的期货。

在有库存的情况下，为什么不可以卖出铁矿石的期货？因为在套期保值中，正如前面分析的，铁矿石的天然敞口是空头，而成品的天然敞口是多头。如果有现实的库存，铁矿石价格下跌，实际上对企业其他生产环节是有益的，不需要额外去做保值。因为新进的原料价格下跌，所以对整个企业来说是有利的。现实当中为何有人建议卖出原料期货？这往往是从部门的角度出发。采购部、销售部从它们的利益角度来看卖出原材料期货是有利的。但作为企业整体而言，不应该卖出，这也不符合套保原则。铁矿石是天然的空头，不应该再去卖出期货做空头进行保值。

（3）生产与加工过程中的套保

由于从原料转化成产成品存在时间差，而在这一生产周期中，价格的波动也将给钢铁企业带来风险：生产过程中，市场行情下跌造成的已有库存贬值的风险；生产过程中，市场行情上涨造成的待采原材料采购成本上升的风险。

- 有钢材库存，钢材价格上涨，应对措施是降低销售速度；
- 有钢材库存，钢材价格下跌，风险来自钢材库存，应对措施是卖出钢材期货或其他衍生品，库存保值；
- 原料待采，原料价格上涨，风险来自待采原料，应对措施是用保证金提前买入原料期货或其他衍生品；
- 原料待采，原料价格下跌，应对措施是按需采购原料，考虑卖出成品钢材库存保值。

（4）销售过程中的套保

在钢材销售过程中面临的风险，主要有以下两点：

在未与下游客户签订固定价预售合同的背景下，钢材（螺纹钢、板材）价格下滑导致已有钢材库存贬值的风险；在与下游客户签订固定价预售合同的背景下，钢材（螺纹钢、板材）价格上涨导致的利润损失。

- 未签订固定价合同，钢材价格上涨，应对措施是降低销售速度；
- 未签订固定价合同，钢材价格下跌，风险来自钢材库存，应对措施是卖出钢材期货或其他衍生品，库存保值；
- 签订固定价合同后，钢材价格上涨，风险来自已售钢材，应对措施是买入原材料期货，但不能超过用量。

3.5　上市公司套期保值发展特点

近年来，由于内外部经营环境的不确定性增加，经济下行压力较大，企业对经营业绩的稳定性和持续性提出了更高要求。上市公司利用衍生品工具参与套保的意识正在快速提升，开展衍生品套期保值业务气氛浓厚。

1. 套期保值业务开展快速普及

截至 2021 年 11 月底，2021 年发布套期保值或参与衍生品市场相关公告的非金融类行业 A 股上市公司共有 852 家，超过 2020 年全年 489 家的数量。其中，首次发布相关公告的共 254 家，占比 29.8%；往年曾经发布过相关公告的共 598 家，占比 70.2%。

A 股上市公司共有 4000 余家，已经发布公告的非金融类 A 股公司占比已经超过 20%。这个数字相对于 2020 年，已经有翻倍的提升，但是相对于国际上全球 500 强参与比例为 90% 多、标普指数里上市公司为 80% 多，还有很大的差距。

2. 新上市公司更加注重套期保值

在 2021 年发布套保公告的上市公司中，新发布套保公告的公司上市时间更短，平均上市年限为 7 年，其中近 3 年上市的有 118 家，占比 46.5%；而多次发布公告的公司上市时间更长，平均上市年限为 12 年。

这说明更多的上市公司开始重视风险管理，未来使用衍生品市场规避风险的上市公司可能会更加"年轻化"。这部分企业对于合规、高效开展套期保值业务的需求会更加强烈，风险量化管理、信息化工具和套期会计等理念的接受度也会更高。

3. 场外金融类套期保值占主流

在深市，2021 年共有 383 家上市公司披露了 476 份开展衍生品交易的公告，经审议的交易额度累计达到近 7000 亿元，单次公告的交易额度平均为 14.7 亿元。在涉及的衍生品种类方面，金融期货占比达到 91.21%，涉及的基础资产主要包括汇率、货币及利率；商品期货占比为 8.79%，基础资产主要包括农产品（包括豆粕、玉米淀粉、白糖、生猪等）、金属（包括不锈钢、金、银、铜、铝等）和能源（主要为原油）。

要注意的是，由于国内金融期货尚没有汇率、货币类产品，而国债期货等也不是直接的利率类产品。实际上，上市企业在发布公告后参与衍生品套保的途径，仍然是以场外交易为主。特别是通过银行购买远期汇率锁定、利率互换等交易。由此可见，金融类套期保值企业类型广泛，数量众多。而参与商品市场套期保值的上市公司，主要以大宗商品产业链公司为主，占比有限。

4.套期保值合规问题暴露

从市场的信息看，首先是公司套期保值操作不合规。以套期保值之名做投机业务的事件，屡有曝光。有些企业根本混淆了套期保值是以公司主营业务敞口为管理对象的根本。比如2021年10月25日，豪悦护理发布公告称，公司主要持仓焦煤、焦炭合约以套保新建厂房钢材需求带来的材料价格风险，受期货市场波动影响，造成累计亏损6934.15万元。然而，公司的主营业务是纸尿裤等护理产品，因此无论是主营产品还是新建厂房所需原材料，都与焦煤、焦炭关联性有限，违背了套期保值的基本原则。有些企业虽然将期货市场操作的产品规定在公司主营业务范围内，但是在期货市场盈利时，归为衍生品经营收益，在亏损时，归为套期保值的操作失误，让套期保值的衍生品端屡屡成为公司经营效益不佳的"背锅侠"，经过外界不正确的宣扬，容易造成非专业人士对套期保值和衍生品工具的认知偏差。

其次，公司信息披露不合规。一方面是在向市场公告开展套期保值业务的时候，流于形式，对于公司风险管理体系，以及品种、金额、套期比例、风险承受能力等风险管理政策语焉不详，另一方面对套期保值操作的情况说明并不详实全面。比如秦安股份在2020年5月30日至9月12日期间，连续21次发布期货交易平仓盈利的公告，其中标题为"投资收益"的多达20条；而其在9月14日公告中提到"有序退出对大宗商品期货的操作"之后，从9月24日开始四个工作日每天发布一条平仓亏损的公告，最终平掉了所有期货头寸。如果秦安股份开展的是套期保值操作，那么将衍生品收益归于投资收益显然是不妥的；如果开展的是套利操作，那么应该是多空两边同时平仓，并予以同期公告；如果开展的是投机操作，那么显然与主营业务相悖。

最后，套期会计实施仍有待推进。通过避险网统计，比对上市公司定期报告与发布的避险公告两大样本发现，公司避险公告的发布与实际的财务记录有一定出入，发布避险公告而未见财务记录的企业共728家，有财务记录而没有发布避险公告的企业共117家，既发布避险公告又见财务记录的企业共162家。避险公告流于形式，无法与财务数据相匹配，都让信息使用者难以厘清企业套保业务脉络。

公司发布的套期保值业务公告与实际的财务记录有出入的原因，一方面可能是由于有部分企业确实尚未开展套期保值业务，但另一方面，也是其主要原因是企业没有开展套期会计，而延续原有财务管理制度，将套期保值衍生品端的盈亏计入其他综合收益—投资损益科目，使得信息使用者无法通过财务表分析套期保值敞口、工具、盈利等信息。而实际上，只有实施套期会计，准确识别实货被套保项目，以及对应的衍生品套期工具，按照规范的会计准则，才能在业务端平抑公司利润曲线的同时，在财务报表端准确传递主营业务利润情况和业务开展信息。

3.6　套期保值比例

关于套保比例，我们认为一般不需要做100%，企业要做套保管理最重要的决策之一是管理好套保比例。衍生品等套保工具的比例超过被套保项目的数量，实际上就是投机行为，是扩大了风险敞口。

3.6.1　影响套保比例的公司内部因素

一是从企业的收入和成本目标出发，公司管理层设定对套保标的价格波动的容忍程度。如果企业将所有敞口都做套期保值的话，未来不管价格如何变化，收益都被锁死了，虽然波动很小，但很多潜在的收益都失去了。比如前文油田套保的期权案例，如果完全锁定价格，向上的收益就没有了。不保的话就会承受波动，重要的一点就是企业能够承受多少波动，关键在于风险承受能力和风险偏好。企业风险偏好和领导以及执行特点有关。一般而言，民营企业的风险偏好更大一点，国有企业的风险偏好更小一点。风险承受能力跟企业大小、强弱有关，强大的企业能够更好地承担风险，弱小的企业就承担不了这么多风险。要根据企业对波动的容忍程度来设计套保比例。容忍程度严格来说就是如果价格向相反的方向波动，企业最多能承受多少损失。这一点明确以后，相应的方案就都能设计了。假定企业最大能够接受的95%把握下的亏损程度，接下来就能推导出套保比例。

二是对企业未来现金流的规划，即可承受的套保工具在套保期间的最大现金流流出。以铁矿套保为例，比如企业未来要生产船板，要保铁矿石的价格，做多铁矿石期货。但在做多的同时，如果价格下跌，企业需要追加保证金去维持头寸。企业需要充分考虑现金流风险。严格来说企业套保是没有风险的，因为一边的现货跟另一边的期货相互抵消。但现实中一个重要的问题就是，万一衍生品的保证金不够，保不住套保头寸，可能期现两边都亏损。继续以铁矿石套保为例，6月份要生产船板，就买了期货多头去保铁矿石成本，如果保证金不够，头寸拿不住，就要被强行平掉。现货没有被保值，价格还在上涨，就两头亏钱。期货亏钱，现货也亏钱。很多保值从理论上看都很好，但忽视了一点，如果出现极端波动，需要维持衍生品头寸的现金流。很多套期保值败于最后的现金流断裂，因为极端的情况下套保头寸是要追加保证金的，这个需要做好规划，国内保证金比例多在8%~15%之间，个别品种和时期会根据风控要求做出临时调整，芝加哥的很多产品保证金比例是4%，如果需要追加保证金，现金流就要随时跟得上。

3.6.2　影响套保比例的主要外部因素

1. 增值税

国内现货增值需要交纳一定比例增值税，一旦现货盈利期货亏损，现货需要额外交纳增值税，从业务层面讲，期货现货的盈亏差距一旦拉大，套保效果就会大打折扣。

2. 被套敞口和金融衍生品的相关性，根据相关性形成最优套保比率

关于最优套保比率，业内进行了大量的研究。目前对期货市场最优套期保值比率的研究可分为两大类，一类是以组合风险最小化为出发点，研究最优套期保值比例，另一类是统筹考虑组合收益及其方差，从效用最大化的角度研究套期保值比率。其中，基于最小风险的套期保值策略的应用最为广泛，目前大部分对套期保值的研究普遍采用的是方差最小化套期保值策略。

基于收益风险最小化的最优套期保值比率模型综述：

最优套期保值比率的确定。基于收益风险最小化的最优套期保值比率，

主要包括普通最小二乘回归（OLS）、自回归模型（VAR）、误差修正模型（ECM）、广义自回归条件异方差模型（GARCH 类）等方法。

（1）普通最小二乘回归（OLS）

从收益风险最小化的角度研究期货市场套期保值问题，就是将现货市场和期货市场的交易头寸视为一个投资组合，在组合资产收益风险最小化的条件下，确定最优套期保值比率。

（2）向量自回归模型（VAR）

随着时间序列计量经济学的发展，很多学者开始批评运用 OLS 计算最小风险套期保值比率的缺点。为了消除残差项的序列相关及增加模型的信息量，有学者提出利用双变量向量自回归模型（VAR）估计套期保值比率。

（3）误差修正模型（ECM）

现货与期货价格是协整的，它们之间具有一种长期均衡关系。相应地，市场价格会对长期均衡关系的偏离做出反应。通过 OLS 计算最优套期保值比例的方法，没有利用过去历史信息以及期货与现货价格之间可能存在的协整关系。因此，学者们提出利用误差修正模型（ECM）计算最优套期保值比例，以充分利用已有信息，提高套期保值的效果。

（4）广义自回归条件异方差模型（GARCH 类）

OLS 以及 VAR、ECM 等方法假定残差项服从正态分布或联合正态分布，方差和协方差为常数，因而计算得出的最优套期比率为一常数，不随时间而改变。但大量实证研究表明，资产期货价格波动呈现出异方差的时变特征，因此最优套期保值比率是时变的，由此产生动态套期保值理论。Ce cchetti（1988）等利用自回归条件异方差模型（ARCH）推断时变的最优动态套期保值比率，结果发现最优套期比率随时间而显著变化。

3.6.3 套保比例示例

示例 1

铜矿冶炼加工企业套保比例

继续前面讨论过的铜矿冶炼加工企业套保案例，这里详细讨论一下套保比例的相关考虑。假设某铜矿企业的财务目标为毛利率12%，与之对应，企业的目标铜价为 6000 美元/吨。该企业通过做空铜期货进行自产铜的套保，套保的铜价范围 5000~9000 美元/吨。在初始建仓时，在不同市场价格下的对冲比例如图 3-10 所示。

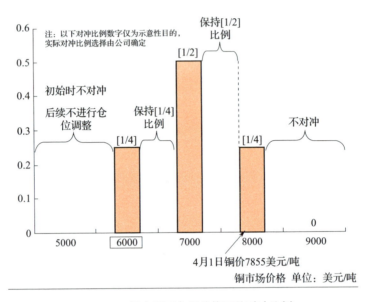

图 3-10　铜在不同市场价格下的对冲比例

建仓结束后，每日检查市场铜价所处位置并做相应的仓位调整：如果市场铜价低于目标铜价，则不调整仓位；如果市场铜价高于目标铜价，则根据其所处位置按照上图进行仓位调整。

这家铜矿的套保比例需要考虑留出一定的波动来获取收益，如果全部锁死，就没有其他收益。首先选定目标价格，因为是铜矿生产企业，对它来说主要的风险是价格下跌，这是属于生产方的套保。假设套保时，铜价达到6000 元/吨，就能达到企业的基本财务目标。为了保住这个目标，当价格处于这个位置附近时，可以采用较高的套保比例，建议为 1/2 左右，即所有的头寸保一半。这也涉及企业的现金流情况，没有足够的现金就会出现很大的问题。价格处于较高位置的时候，企业可以适当降低套保比例。因为这时候即使价格下跌一点也能达到企业的财务目标。降低比例的情况下，如果价格接着上涨，利润还会继续放大。如果价格已经处于较低位置，企业没有利润的情况下，这个时候的套保就是锁亏，同样可以降低套保比例。如果少保或者不保的话，如果价格上升，还可能回本或盈利。假定市场非常不景气，售价低于成本，这种情况不会长期持续，会有企业出局，价格自然就会回升。总而言之，当价格在财务目标附近时可以适当提高套保比例，价格太高或者太低则可以降低一些套保比例。

另外还有一种做法就是遵循不同企业的行业惯例，参考财务报表上同行业其他企业套期保值的一般性情况。

示例2

债务互换套保比例

假设企业借的债务是浮动利率（见图3-11）。如果做100%套期保值的话，企业现金流的情况是一开始要支出很多现金，后面再收入现金。因为掉期是浮动利率和固定利率的互换。假定现在利率很高，预计之后还会升高，最近的浮动利率是1%，但是五年期的掉期利率可能是3%。这时候企业就可以把浮动利率换成固定利率，因为预期五年之后的浮动利率会变成5%，把未来利率固定在一个比较低的水平，以后可以少付2%的利息，就是把未来的不确定性去掉，节省了以后的支出。期初利率从1%变成3%，意味着企业一开始就要额外支出2%。为什么做这个交易？因为企业预期长远会省钱。把浮动利率换成固定利率，虽然近期要多付钱，长期来看却能够省钱。如果套保比例较高，期初付出的现金流就比较大。怎样考虑企业的现金流是非常重要的。跟期权套保一样，如果购买期权事先就要付钱，就要思考如何去管理现金流。

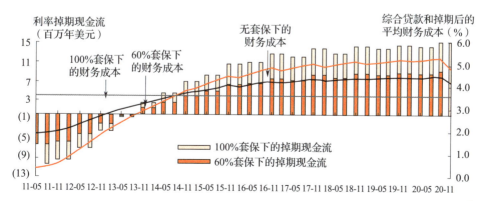

图3-11　不同套保比例下某公司的财务成本及利率掉期现金流

示例3

美国西南航空套保比例

本书第 1 章里曾提到美国西南航空公司的成功套保案例，这里具体探讨一下它的套保比例。虽然套期保值不以市场预判为出发点，但是在实际操作层面，还是会无法避免市场预判，套期保值并不是完全锁死，有些人认为保值完全就是保 100%，这在现实中可能也做不到，而且很多时候锁住就锁定亏损了，保值还是要控制在一个范围之内。首先是从基本业务出发，然后在这个范围之内可以做一些比较灵活的判断。西南航空的套保比例一直在变化，2008 年油价处于低位的时候，其套保比例约为 10%，当时油价不到 40 美元/桶，从西南航空套保比例的历史走势来看，其对行情走势进行了相对有效的预判（见图 3 - 12）。

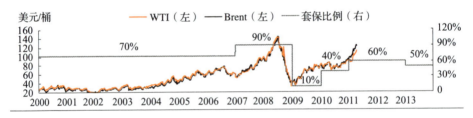

图 3 - 12　西南航空航油套保比例随油价变化情况

3.6.4　示例：航空公司石油套期保值方案设计举例

1. 套保目标

确定目标价格：根据公司的财务模型和财务目标，确定航油套保的范围（见图 3 - 13）。

设定套保目标：油价上限向上锁定油价。适当参与油价下跌带来的成本下降的收益。尽量降低套保产品购买的期初成本。

2. 交易标的物和交易产品结构

选择套期保值的产品需要从标的物和产品结构两个维度上进行选择和组合。

资料来源：某企业年报，中金研究部

图3-13 计算公司财务目标下的油价范围（以某企业数据为例）

交易标的物选择要考虑：

- 企业经营相关性；
- 标的产品流动性；
- 标的产品交易成本；
- 是否符合套保会计；
- 是否符合监管要求。

交易标的物选择的相关性考虑，针对航空煤油进行套期保值除了可以选择航空煤油作为标的物以外，还可以选择价格与其高度相关的其他油品，例如不同地区的原油等（主要是在 WTI 和 Brent 之间选择），这为产品设计提供了更大的灵活性。比如航空油的流动性不够，可以选择燃料油和取暖油，它们的流动性也是非常好的，而且它们的相关性非常高，达到0.99（见图3-14）。

	燃料油	WTI	Brent	航空煤油	取暖油
燃料油*	1.00	0.93	0.94	0.87	0.88
WTI	0.93	1.00	0.99	0.97	0.98
Brent	0.94	0.99	1.00	0.97	0.98
航空煤油	0.87	0.97	0.97	1.00	0.99
取暖油	0.88	0.98	0.98	0.99	1.00

资料来源：Bloomberg，油品价格分别选用市场上交易活跃的相应1月期货价格，截至2011年2月10日
*燃料油价格采用的是新加坡180的报价

图3-14 不同油品价格的相关系数

各类油品的相关性并不是一成不变的，因此在初期选择交易标的物之后仍然要跟踪油品的相关性。

产品结构选择可以考虑使用期权组合、看涨期权、掉期和期货/远期，另外还需注意以下几点：

- 产品复杂程度（太复杂尽量不要用，要符合企业的需求）；
- 适应企业需要；
- 产品流动性；
- 产品交易成本（不同交易所的交易成本也不一样）；
- 符合套保会计；
- 符合监管要求。

3. 套期保值交易的执行

交易执行时，可以结合企业需要和市场状况选择不同交易标的和不同产品结构的组合。初始建仓时，在不同市场价格下应选择不同的套保比例，示意性套保比例如图 3-15 所示。建仓结束后，定期检查市场油价所处位置并作相应的仓位调整。圆圈越大代表越有利。我们也可能面临三种不同的标的都要做套期保值的情况，所以要综合考虑，从而设计出合理的套期保值方案。

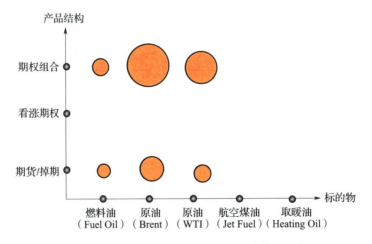

图 3-15　交易标的和产品结构的组合效果示意

3.7　套利简介及示例

套利和套保出发点不同，套利是发现不同市场、不同区域、不同品种等方面的价差，主动增加敞口然后在衍生品市场或其他相关市场做反向操作来获利，套保是通过抵消天然敞口来降低风险。有时企业在套保的同时，会看到套利的机会，在风险可控的情况下适当为之也无可厚非。但是，企业必须清醒地意识到套利交易的风控和套保完全不同，必须和套保分开，做类似专业金融机构的严谨系统的风险管理。本书对套利也稍作介绍，其目的只是为了帮助企业对套利加深理解，这里所传达的主要信息是要严格区分套利和套保。关于套利的风控本书没有系统介绍，如果企业需要进行套利交易，还需要寻找专业的书籍参考。

套利也叫价差交易，是指买入（卖出）某种合约的同时，卖出（买入）另一合约，以期望价差发生变化从而获利的交易行为。

套利的一价定律：相同或类似的商品在不同的市场有相对稳定的价格关系，如果突破稳定的价格关系可以买低卖高进行套利。

套利根据模式来分，可以分为跨期套利、期现套利、跨品种套利、跨市套利、跨区域套利、原材料成品套利。根据标的物来分，可以分为期货套利、现货套利、资金利率套利、汇率套利等。根据分析方法来分，可以分为价值型套利和统计型套利。根据方向来分，可以分为正向套利和反向套利。

套利示例

（1）跨市套利原理

伦敦铜和沪铜价格存在高度相关性。以 LME（伦敦金属交易所）3 月期铜和 SHFE（上海期货交易所）3 月期铜为例，从图 3 - 16 中可以看出两者的价格高度相关，相关系数高达 98.60%。这说明国内铜的需求与供给越来越与世界铜市相互影响，也为两个市场之间的套利提供了可能。

跨市套利操作基于国内外经济环境的不同以及贸易壁垒的存在造成的伦敦铜（LME）和上海铜（SHFE）市场的价差。价差通常来自于国际、国内的经济政策或消费季节等因素的差异。价差还来自于市场主力动向（比如 LME 基金持仓状况）、偶然性、突发事件（例如生产厂家罢工、大厂矿的提产检修、我国加大打击走私的力度、批文到期）等。一般来说，双方的价差会稳定在一个固定的区域，但有时会出现短暂的异常，在经济规律的调节下，价差最终会恢复正常水平。跨市套利正是捕捉这短暂的异常，运用期货工具将失真的价格差锁定，当市场恢复到正常时，通过平仓或进出口来获利。沪铜和伦敦铜的跨市套利通过观察相同期限的 SHFE 铜期货和 LME 铜期货的比价变化来判断套利机会，图 3-17 所示为 SHFE 3 月期铜和 LME 3 月期铜的比价变化情况。

资料来源：Bloomberg，截至2011年1月5日

图 3-16　LME 3 月期铜和 SHFE 3 月期铜价格高度相关

图 3-17　SHFE 3 月期铜和 LME 3 月期铜的比价变化情况

2005 年 7 月以前，人民币汇率盯住美元，比价在 9～10.5 之间波动。2005 年 7 月至 2008 年 7 月间，由于人民币加速升值，比价一路下降至 7～8。2008 年 7 月至 2010 年 12 月，金融危机背景下人民币升值速度放缓，比价在 7～9 之间波动。

在一段时间内，人民币兑美元汇率相对稳定的情况下，通常采取以下方法套利：当沪铜比伦敦铜的比价高于某个特定值时，就做空沪铜做多伦敦铜，即正向套利。当沪铜比伦敦铜的比价低于某个特定值时，就做空伦敦铜做多沪铜，即反向套利。

（2）跨市套利的前提条件

1）要有畅通的交易渠道。必须在两个市场，例如上海和伦敦，同时具有交易账户，这是基本条件。

2）要有强大的资金实力。必须有强大的资金实力做后盾，以避免在市场波动非常大的情况下由于保证金不足而被强行平仓，无法得到预期的套利结果。

3）要有相关的专业知识。要对市场的交易程序有充分的了解，比如说两个市场的交易制度和交割月份。

4）要有对市场的基本判断。虽然套利是价差买卖，但如果对市场走势有一个比较准确的判断，将有助于套利的获利最大化。

5）要有真实的贸易背景。跨市套利一般需要以真实的贸易背景为基础，到期日如无法通过平仓获利则需要通过实际进出口贸易完成交割获利。

（3）操作过程

铜的进出口流程为：①询价与货源；②申请信用证额度；③国内开具信用证（或担保）；④国外现货买入；⑤国内保值；⑥落实信用证额度；⑦启运与报关；⑧入关与入库；⑨销售或交割；⑩汇兑与还贷。

铜进出口的主要成本假设：①CIF 升水：[85 美元/吨]；②增值税税率：17%；③进口关税税率：[0]；④其他杂费：[100 元/吨]；⑤不考虑银行开具信用证费用和融资成本。

1）业务过程1（见图3－18）

伦敦铜与沪铜之间的一般正向套利的套利条件为（LME 期铜价格＋CIF 升水）×汇率×（1＋增值税税率）×（1＋进口关税税率）＋杂费＜SHFE 期铜价格。当未来从伦敦进口铜的成本低于未来在上海出售铜的收益，两者的差值为套利空间。套利方法：期初买入 LME 铜期货，同时卖出相同期限的 SHFE 铜期货。期末如果期货价格回归无套利空间的正常水平，可反向操作平仓或者从伦敦进口铜在上海出售，通过实物交割获利。

2010 年 7 月 16 日，LME3 月期铜的收盘价为 6485 美元/吨，SHFE3 月期铜的收盘价为 52960 元/吨，当日美元兑人民币汇率的即期中间价为 6.7747。由于（6485＋85）×6.7747×（1＋17%）×（1＋0）＋100＝52176 元/吨＜52960 元/吨，所以存在（52960－52176）＝784 元/吨的正向套利空间。因此，套利方法是以 6485 美元/吨的价格买入 LME 三月期铜，同时以 52960 元/吨的价格卖出 SHFE 三月期铜。

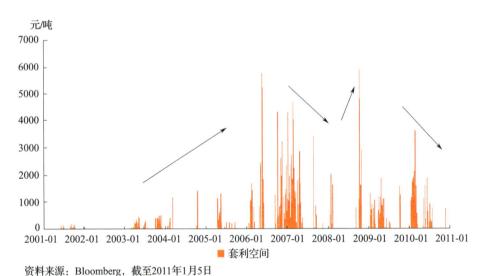

资料来源：Bloomberg，截至2011年1月5日

图3－18　以3月期货为例的套利空间（1）

2）业务过程2

伦敦铜与沪铜之间利用人民币远期的正向套利的套利条件为（LME 期铜价格＋CIF 升水）×远期汇率×（1＋增值税税率）×（1＋进口关税税率）＋杂费＜SHFE 期铜价格。当未来从伦敦进口铜的成本低于未来在上海出售铜的收

益，两者的差值为套利空间。人民币升值的环境下通过购买美元兑人民币远期锁定未来汇率，扩大套利空间。套利方法为期初买入 LME 铜期货，同时卖出相同期限的 SHFE 铜期货。并且买入相同期限的美元兑人民币远期。期末如果期货价格回归无套利空间的正常水平，可反向操作平仓或者从伦敦进口铜在上海出售，并完成结汇，通过实物交割获利。

2008 年 3 月 19 日，LME3 月期铜的收盘价为 7979 美元/吨，SHFE3 月期铜的收盘价为 65260 元/吨，当日美元兑人民币汇率的即期中间价为 7.0632，三个月 DF 的收盘价为 6.8517，三个月 NDF 的收盘价为 6.7857。由于（7979 + 85）× 7.0632 ×（1 + 17%）×（1 + 0）+ 100 = 66740 元/吨 > 65260 元/吨，所以以即期汇率判断不存在正向套利空间。

但如果通过境内购买 DF（Deliverable Forward，可交割远期）锁定远期汇率，则（7979 + 85）× 6.8517 ×（1 + 17%）×（1 + 0）+ 100 = 64745 元/吨 < 65260 元/吨，所以存在（65260 - 64745）= 515 元/吨的套利空间。如果通过境外购买 NDF（Non - deliverable Forward，不可交割远期）锁定远期汇率，则（7979 + 85）× 6.7857 ×（1 + 17%）×（1 + 0）+ 100 = 64122 元/吨 < 65260 元/吨，所以存在（65260 - 64122）= 1138 元/吨的套利空间。因此，套利方法是买入 LME 三月期铜和卖出 SHFE 三月期铜的同时通过 DF/NDF 锁定远期汇率，其中通过 NDF 锁定汇率的套利空间更大（见图 3 - 19、图 3 - 20）。

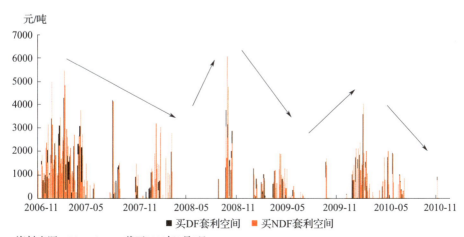

资料来源：Bloomberg，截至 2011 年 1 月 5 日

图 3 - 19　以 3 月期货为例的套利空间（2）

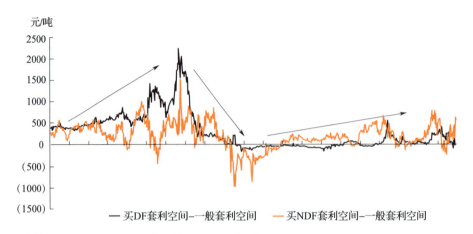

资料来源：Bloomberg，2006年11月13日至2011年1月5日

图 3-20　以 3 月期货为例的套利空间（3）

第4章　信用风险管理

———

▲

4.1　信用风险管理的定义

信用风险是指由于交易对手的违约行为而导致的企业资产与预期收益的不确定性。[○]

金融角度的信用风险是指借款人不能按期还本付息而给贷款人造成损失的风险，现在也将信用风险定义为债务人或交易对手未能履行合约所规定的义务或者信用质量发生变化时，影响金融产品价值，从而给债权人或者金融产品持有人造成经济损失的风险。因为当企业信用变差，企业发行的债券的价值就会下降，持有这个债券的资产估值就会下降。

4.2　管控措施

4.2.1　限额管理

在公司统一管理层面，限额的制定过程体现了董事会对损失的容忍程度，利用风险资本限额制约信用风险承担水平。从业务层面来讲，分散信用风险、降低信用风险集中度的通常做法就是对客户、行业（高科技、医药、传统制

———

○　周玮，苏妍. 企业风险管理：从资本到获取利润［M］. 北京：机械工业出版社，2020.

造等)、地域 (东西部)、产品 (不同债券)、资产组合等实行授信限额制度。比如对房地产行业,最多可以借给它多少钱? 对某个固定的客户,比如对中石油、中石化,最多可以借给它们多少钱?

4.2.2　信用风险缓释和合格的保证

通过各种方式转移信用风险,一个很重要的做法就是增加抵押品和担保等增信手段。

4.2.3　信用衍生品的对冲

信用衍生品可以分散信用风险,提供化解不良风险的新思路,帮助机构摆脱在贷款定价上的困境。现阶段在国内开展这方面操作,相对来说比较困难,因为缺少信用风险对冲衍生品。但境外市场开展较为成功,在次贷危机的时候,一些主要的投资银行都有很好的办法对冲信用风险。

4.2.4　信用违约掉期 (CDS)

CDS 可以理解为债务违约"保险",如果债务违约,CDS 发售方向 CDS 购买方赔偿损失。CDS 是衡量信用风险和管理信用风险的主要衍生品工具之一。CDS 价格可以理解为"保险费"。CDS 购买方购买该保险后,如果债券出现违约,面值减掉最后回收价值的所有损失,CDS 的销售方都要赔付。2008 年美国次贷危机爆发,当时美国 AIG 卖了大量信用违约产品,造成巨额赔付。

金融违约互换因为有大量的人交易,有大量的信息可以判断经济体的信用情况,所以国债的 CDS 产品价格也能反映市场对于经济体走势的判断。

图 4－1 是对五年期债券的违约互换的担保 CDS 报价,在利率市场报价的基点是万分之一。在 2011 年的时候,希腊五年期国债 CDS 最高点是 13%,即五年期的产品,每年要交 13% 的保费,五年就是交 65%,意味着市场认为它五年内有 65% 的概率将要违约。这张报价表里面,在 2015 年的时候市场还认为希腊在今后五年有 55% 左右的概率将要违约。

国家、地区和金融机构	目前 5 年期 CDS	近 10 年最高值	近 10 年最高值出现日期
中国内地	102.0	296.7	2008 年 10 月 24 日
中国香港特别行政区	44.18	162.1	2009 年 3 月 6 日
英国	19.4	175.0	2009 年 2 月 17 日
希腊	1142.95	1369.2	2011 年 5 月 9 日
美国加利福尼亚州	68.3	455.0	2008 年 12 月 12 日
中国银行	125.16	400.0	2008 年 12 月 4 日
中国进出口银行	111.27	391.6	2008 年 12 月 5 日
高盛	88.0	620.0	2008 年 9 月 17 日
摩根大通	77.0	242.1	2009 年 3 月 9 日
摩根士丹利	87.0	1300.9	2008 年 10 月 10 日
花旗	85.0	666.6	2009 年 4 月 1 日
美洲银行	77.0	400.7	2009 年 3 月 30 日
汇丰银行	30.43	1358.9	2009 年 3 月 9 日
淡马锡	51.45	173.6	2009 年 2 月 18 日

资料来源：Bloomberg，2015 年 12 月 7 日参考价

图 4 -1　一些国家、地区和金融机构的 CDS 价格水平

4.2.5　关键业务流程和环节控制

授信权限管理。授权控制包括对内和对外，对内授权控制就是明确各个层级有多少权力、可以做什么事情，根据业务部门的管理水平和风控能力区别授权，并根据情况的变化及时调整。超越授权的，要追究相应责任。

贷款的定价。包括资金成本、风险资本成本（在一定置信度水平上，银行为弥补风险事件产生的损失所需要的资本）、经营成本和预期损失等。

信用审批。其核心原则是审贷分离、统一考虑、展期重审。

债权转让和债权重组也是关键业务流程。

4.2.6　资产证券化

通过资产证券化，实现真实销售和破产隔离。证券化资产从原始权益人向 SPV（特别目的载体）的转移，其中一个关键问题是要求这种转移在性质上是真实出售，其目的是为了实现证券化资产与原始权益人之间的破产隔离——即原始权益人的其他债权人在其破产时对已证券化资产没有追索权。破产隔离可以把流动性差的资产置于资产负债表之外，减少流动性压力，也可以将不良资产快速转化为可流通的资产，盘活资产流动性。

比如政府要造一条高速公路，把这条高速公路今后 20 年的收费权作为基础资产，做了一个资产证券卖给某公司。这个时候如果政府或者公司破产，其他人没有办法对卖出的资产证券索要任何权利。资产证券化的这条高速公路的收费权是非常干净的，和原来销售方的信用是完全隔离的。

4.3　信用风险评估专题

4.3.1　信用风险资产预期损失的计算

预期损失（EL）是违约概率（PD）、违约风险暴露（EAD）和违约损失率（LGD）三者的乘积。

4.3.2　信用评级：基于期权定价理论的 KMV 模型

这个理论认为，公司债券可以看作是一个无风险债券加上一个卖出看跌期权（在债务到期时，股东有权决定是否将资产留给债务人，而不承担更大的损失），因此可以从股票价格中推导出股票投资者在交易股票时隐含的预期违约率。KMV 的期望违约频率（EDF）模型是当前普遍采用的基于期权定价理论，通过"统计"的方法推断违约率的模型（见图 4 - 2）。通过历史数据可以将 EDF 对应到实际的违约率上。

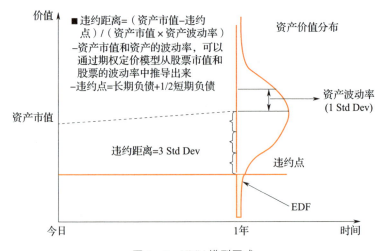

图 4-2　KMV 模型图式

$$违约距离 = (资产市值 - 违约点)/(资产市值 \times 资产波动率)$$

资产市值和资产的波动率，可以通过期权定价模型从股票市值和股票的波动率中推导出来：

$$违约点 = 长期负债 + 1/2 \ 短期负债$$

4.3.3　远期交易中的信用风险

假设客户向机构买入一份远期合约，合约执行价为 100，则到期后：

如市场价格 > 100，客户应收取净现金流，客户承担机构的信用风险，如图 4-3 中右边阴影部分；

如市场价格 < 100，客户应支付净现金流，机构承担客户的信用风险，如图 4-3 中左边空白部分。

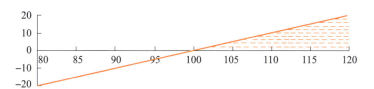

图 4-3　远期交易中的信用风险示意

4.3.4　掉期交易中的信用风险

掉期中，假定客户与机构的现金流结构大致如下（见图 4-4）。

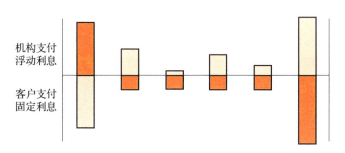

图 4-4　客户与机构的现金流结构

每期交割净现金流，现金收取一方需承担现金支付一方的信用风险（见图 4-5）。

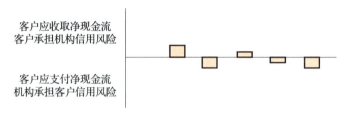

图4-5　每期交割净现金流，现金收取一方需承担现金支付一方的信用风险

4.4　示例：融资项目的风险评估

国内某城商行发行理财产品，后面以信托产品为载体，非银行机构具体设计和安排产品，产品支付给投资者的利息为5.1%。资金汇集以后，交给融资方。由于卖给客户的理财产品收益率是5.1%，银行收取一个通道费，一般来说是0.5%左右，融资方成本是5.6%。融资方可以去找一个收益达到8.5%的项目，就可以赚取中间的差价。融资方最主要的风险是项目本金和收益收不回来。

当然，实际上融资方不能把资金全部投入8.5%的项目中。比如融资6亿元，其中3亿元融资方是用来投资债券的。融资方要保证一部分资金放在债券当中，随时有流动性，但是债券收益率不可能有8.5%；剩下一半是做项目，基本上是一半高息，一半债券。获取的收益和5.6%之间的差就是融资方的收益。

这个案例，首先是对项目的考察。考察分为几个方面。如果一家企业是上市公司，公开发行过债券且议价能力很强，基本上已经有评级了。融资方可以尽量找这样的企业并对其评级报告进行分析。融资方分析包括基本面分析、财务分析和信用分析等。信用分析是定性分析和定量分析结合，同时信用分析是个体评级和外部支援综合。外部支援，第一是银企关系，但银企关系不是很稳固；第二是政府支持，项目如果能得到政府以各种形式提供的信用支持，就会大幅降低企业信用风险；第三是股权结构，比如说股权结构复杂性、企业所有制等；第四是企业地位，企业地位越高，对自己的声誉越重视，信用也就越好。

项目最后顺利推动，通过担保来增信。如果出现信用风险，第三方把钱给融资方，融资方再把钱还给银行。担保公司有处置能力，看重的是把资产拿下来。融资方支付担保费，拿项目方的抵押物，找担保公司，万一出问题，把资产给担保方。担保方提供流动性，把钱还给银行，担保方再逐步处置抵押物。

整个融资项目的信用分析框架简单介绍如下。

作为非银行的机构安排融资，真正能做的项目主要是房地产、城投，还有矿产，基本上是有抵押物的项目。特别要重视的就是融资方的信用风险，即使是有担保或者存在其他的因素，最后还是要考虑融资方本身的信用。从务虚的角度，其实信用风险评估的核心是看人，看募资方的团队，看它的历史记录、经验和理念。另外就是抵（质）押项目的分析，主要是分析抵押值是否真实，以及金融机构有没有能力妥善处置资产，比如做金融的人如果没有现货背景，处置抵押品，会是棘手的问题。

即使有作为抵（质）押物的房地产项目或是股票，即使有担保公司提供担保，信用水平高的融资方对一个项目的增信作用要高于抵（质）押的项目本身甚至担保人的信用水平。最重要的还是融资方自身的情况。系统性评估一个房地产/股票抵（质）押项目的信用风险需要充分分析融资方的信用、抵（质）押项目的风险和价值，和其他信用控制结构的增信作用。

1. 融资方信用评估

（1）参考第三方评级公司对融资方的信用评级

如果融资方母公司或是其他关联方提供担保，则需要考察该母公司或关联方的信用评级。如果具有第三方独立评级公司给出的信用评级以及公司内部信用风险评级，这些评级在理解其含义的前提下可作为第一步筛选的参考。

境外主要评级机构有标准普尔（见图 4 - 6）、Moody's 和 Fitch。境内主要评级机构有中诚信、联合、新世纪和大公。

我们要理解评级公司评级的含义，制定符合项目要求的一般标准。比如考察评级是评级机构对发行人主体及近期所发行债券的评级（AA 以上）；公司内部评级是对发行人的主体评分（2 以下）。

经营状况	财务状况				
	风险小	风险较小	中等	较激进	高杠杆
优势	AAA	AA	A	BBB	BB
较强	AA	A	A –	BBB –	BB –
中等	A	BBB +	BBB	BB +	B +
较弱	BBB	BBB –	BB +	BB –	B
很弱	BB	B +	B +	B	B –

资料来源：Corporate Ratings Criteria, Standard & Poor's 2006

图4-6　标准普尔经营状况与财务状况的评级矩阵

（2）融资方的信用分析

企业的信用分析要从两方面入手：第一，公司运营基本面的分析（business analysis），以定性分析为主；第二，运营财务数据分析（financial analysis），以定量分析为主。信用分析是定性分析和定量分析的结合，虽然定量分析及其指标更直接和具可比性，但定性分析在信用分析中往往占据更重要的位置。定量分析的不足首先是数据不一定好找，其次是数据的可信性有待核实。如果定量数据是错的话，后面的分析就无从谈起。同时，信用分析是个体评级和外部支援的综合。

信用分析框架主要包括三个方面，运营的基本面分析、运营财务数据分析和外部支援因素。

1）基本面分析

运营的基本面分析主要包括如下方面：

- 宏观环境分析，包括宏观经济状况、经济增长速度、经济周期和当前所处的经济周期阶段以及当前货币、财政、信贷等政策。

- 行业状况分析，包括行业的成长机会和发展趋势、行业发展面临的主要风险、其他行业特征：进入壁垒、竞争程度、资本密集度、成本结构、法规环境、使用技术等和行业周期、产品生命周期、行业在产业链中的位置（如果处在主导地位的话，企业抗风险能力就强）等。

- 竞争地位分析，包括产品定位（质量、定价、目标市场）以及品牌认知度；市场占有率以及主要客户群和地域分析；企业的关键竞争优势和竞争优势的可持续性（企业在长期竞争中一定有关键的竞争优势）；销售渠道的设定和供应商关系；主要竞争壁垒：技术、资金、法规、产能等。

- 管理战略分析，包括管理层制定战略、决策和制度的风格；企业的财务政策、融资战略和融资决策流程；公司管理层在达到目标、执行战略和实现前期预期方面的历史；在承担经营风险和财务风险时的风险偏好等。

2）运营财务数据分析

信用分析是对偿债能力的评估，因此"现金为王"，主要分析现金是如何生成的，被使用、消耗和周转、使用的效率，管理的政策以及与其债务规模和期限的匹配程度。

- 财务政策分析，包括理解企业及该行业会计指标的一般特征，以确定财务分析中根据会计报表计算的财务比率和统计数据能够真实反映企业信用分析中所考察的能力；相比于同行，企业在会计处理中的偏好。
- 获利能力分析，获利能力是现金产生的基础，将获利能力放在经济周期的时间纵向（跟历史比）断面上，同时放在行业的横向（跟其他企业比）比较上进行判断，也包括历史业绩、未来业绩预期及其假设前提。
- 现金管理分析，包括现金流分析：现金流的构成、产生、变化和使用；现金周转分析和现金流敏感度：影响现金周转的风险因素（因为机构关心的是企业最终能不能足额归还借款本息，所以现金流是一切）；现金流产生能力及资本性支出对可支配资金的占用等。
- 偿债能力分析，核心是企业可支配资金与各类各级需偿付债务的对比关系。也包括表内与表外的债务负担资产的估值，以及资产和负债的流动性和期限的匹配程度。
- 资本结构分析，包括财务杠杆和举债程度；财务弹性：企业调整债务融资与股权融资比例的渠道和能力。

财务数据分析主要考核的一些指标如图 4-7 所示。

盈利能力

- 主营业务收入及增长率
- 主营业务利润率
- EBIT/EBITDA/EBITDAR
- 营业利润率
- 净利润及增长率
- 净利润率

- 总资产收益率（ROA）
  ＝净利润/平均总资产
- 净资产收益率（ROE）
  ＝净利润/平均净资产

资本结构

- 总债务资本比＝总债务/（总债务+所有者权益）
- 长期债务资本比＝长期债务/（长期债务+所有者权益）
- 总债务/（总债务+所有者权益市场价值）
- 债务权益率(Gearing)＝净债务/所有者权益
- 资产负债率＝总负债/总资产
- 短期债务比率＝短期债务/总债务

现金获取能力

- 经营活动现金流及增长率
- 投资活动现金流
- 自由现金流
- 收现比（现金收入比）＝$\dfrac{销售商品、提供劳务收到的现金}{主营业务收入净额}$
- 付现比＝$\dfrac{购买商品、接受劳务支付的现金}{主营业务成本}$
- 流动比率＝流动资产/流动负债
- 速动比率＝（流动资产-存货）/流动负债
- 应收账款周转率＝主营业务收入/平均应收账款余额
- 存货周转率＝主营业务成本/平均存货余额

偿债能力

- 总债务＝银行借款+应付债券+融资租赁应付款
- 净债务＝总债务-货币资金
- EBITDA利息倍数＝EBITDA（或EBIT或EBITDAR）/利息支出
- 经营活动现金流/利息支出
- 到期债务偿付比率＝$\dfrac{经营活动现金流}{现金利息支出+本期到期的本金}$
- 经营活动现金流/总债务（或净债务）

图4-7　财务数据分析的主要考核指标

3）外部支援因素

外部支援不直接来自于企业自身创造现金流的能力，而是依赖于银行、政府、股东等第三方的支持。在考察企业信用水平时需要对这些外部支持因素进行额外考察。

银企关系分析，包括授信额度及使用情况；授信银行的资金的资质及分散性；授信额度的可使用条件及授信额度调整等。

政府支持分析，包括产业政策扶植和优惠：税收、贷款、政府补贴或财政预算资金划拨。

股权结构分析，包括股权结构的复杂性；实际控股股东的背景及其关联企业的财务状况；企业所有制性质（国有还是私营）等。

企业地位分析，包括行业在产业链中的重要性；企业在行业中的地位（是否在行业内有比较大的话语权）；企业对股东及政府的重要性（是否不可或缺的关系）等。

（3）抵（质）押分析

对抵（质）押项目的分析仍然需要从定性和定量两个方面进行，但是以定量分析为主。除了流通股作为抵（质）押物以外，抵（质）押项目（房地产）的变现和处理设置了多种法律关系、处理流程也相对较长，其最终清偿价值不确定性较大，因此对抵（质）押项目的增信评估应相对保守。除非对方是用现货来抵押，但也牵涉很多问题比如质量和价格等。

抵（质）押项目分析框架如下：首先是要看抵（质）押项目是否符合可抵（质）押项目的监管标准；之后是进行项目估值，包括宏观环境、项目估值、风险因素和压力测试（极端情况下这个项目值多少钱和是否有充足的流动性可以变现）等；然后是项目财务分析，包括融资结构、项目周期、资金使用进度、现金管理和偿债能力等；最后是项目可变现方式，包括项目变现的流通性、可变现方式及相应估值、可变现期限和承接人能力需求等。

2. 其他信用结构

除了前面所讨论的企业纯信用以及抵（质）押项目价值以外，在产品设计上还可以采用其他信用控制结构来增加产品的信用水平。

（1）担保

担保分一般责任担保和连带责任担保。连带责任担保能够降低相应的违约率，连带责任的担保项目违约率是发行人和担保人两者加在一起的联合违约率，两者都违约才会真正违约。发行人、担保人以及发行人和担保人之间的关系都对债券的违约概率有影响。

（2）结构化

将收益权分成优先级和劣后级两级。由高风险偏好投资者或融资方自身认购劣后收益权，优先级信托收益权可以将次级收益权所承担的信用风险作为增信的部分，仍需考察剩余的信用风险。

比如把债务分成优先级和劣后级两个等级。假定 1 亿元债务中，8000 万元是优先级、2000 万元是劣后级。在次级债还款的时候，优先还给优先级，如果次级债出现不能全额偿还的时候，劣后级承担更大的风险，所以劣后级享有的利息也比较高。假定融资方愿意出 10% 的利息，但由于有优先级和劣后级的关系，优先级的信用风险较小，就只拿 6% 的年化收益，劣后级就可以享受 26% 的年化收益。

（3）抵（质）押率

设定较低的抵（质）押率，在融资方违约的情况下，能够有足够的缓冲空间通过处理抵（质）押项目补偿损失。比如借了 10 亿元，抵（质）押物有 25 亿元，这就是 40% 的抵（质）押率。因此需要评估抵（质）押项目在不同市场情况下的估值。比如用了 25 亿元的资产作抵（质）押物，但后期资产价值下降为 20 亿元，抵（质）押率就上升了，需要增加资产或现金。另一点，即使抵（质）押率足够低，但如果抵（质）押资产没有流动性也还是很难变现。

（4）设计追加线

资金/抵（质）押追加线：设定监测指标，当指标被违反时，融资方需追加抵（质）押、权益或追加保证金。这种情况在私募基金比较多，比如追加线是 80%，止损线是 70%，如果资产降到了 80% 的时候，就可要求融资方再追加资产或者追加其他的担保物，资产亏损到了 70% 以下的时候就需要止损。

（5）限制资金用途

限制资金用途：采用分批解禁融资资金、通过共管账户等手段限制资金用途等方式监控资金用途和流动。

这是项目融资信用管理的一个简单介绍。最终的风险还是项目本身的现金流风险，最后的核心还是要看一个项目到底能不能挣钱。

第 5 章　其他风险管理

▲

5.1　操作风险管理

关于企业面临的八类主要风险，前面已就最主要的市场风险和信用风险进行了比较深入的介绍和分析，本章讨论余下的六类风险：操作风险、流动性风险、现金流风险、国别风险、声誉风险和战略风险。

5.1.1　操作风险的定义

操作风险，也被称为运营风险，是指企业在运营过程中，由于复杂和随时变化的外部环境以及主体对环境适应能力的局限，产生的运营失败或运营损失。操作风险不是指某一种具体特定的风险，而是包含一系列具体的风险。

一是人员因素：

- 包括内部欺诈，故意骗取、盗用、违反公司政策等；
- 人员风险还有失职违规，主要包括过失、未经授权的业务、超授权的业务；
- 知识和技能的匮乏、核心雇员流失、违反用工法，比如说劳资关系、环境安全性、歧视及差别待遇事件。

二是内部流程：

- 包括财务、会计错误；
- 文件合同的缺陷，包括不合适的或不健全的文件/合同结构、出现错误或缺失文件/合同；
- 产品的设计，模型考虑的因素过多难免会出错，而且在实际交易中压力比较大，要在一定时间内成交，这就容易出现问题，比如产生定价的错误等；
- 错误的监控和报告，该有的报告没有；
- 结算和支付错误，支付结算系统不完善，控制节点不全面；
- 交易定价错误，比如下单操作错误，多个零或少个零、做多变成做空等。

三是 IT 系统缺陷：

- 包括数据信息质量，如果拿到的数据并不可靠，据此做出的决策也会有问题；
- 违反 IT 系统安全规定，系统安全包括电脑系统的实体安全、访问控制安全、操作系统平台安全、数据安全。数据安全是极其重要的，尤其是涉及重大事情的时候，商业间谍无处不在，安全性是非常重要的；
- IT 系统设计/开发的战略风险。系统在实际操作中，会出现兼容性等问题。如果底层设计有缺陷，应用层就很难扭转和适配；
- 系统开发、系统的稳定性。现在运管对 IT 系统依赖度太高，IT 系统一出问题运营就全乱了。

四是外部事件：

- 包括外部的欺诈、政治风险，比如由于战争、征用、罢工、政府行为而造成的损失；由于未遵守监管当局的规定而造成的损失，比如洗钱、未按规定披露等；
- 业务外包，由于外部供应商的过错导致服务或供应中断而造成的损失；
- 自然灾害比如新冠病毒、地震、山洪暴发等的风险。

5.1.2 管控措施

现代金融市场的内外部环境复杂、业务种类繁多,不同业务的操作风险点、风险成因以及相应的控制措施千差万别,金融机构和企业必须根据自身业务特点,尽可能降低操作风险事件的影响程度。管理和控制操作风险通常需要较高的投入,因此要对操作风险进行评估,抓大放小,有效平衡操作风险管理的成本和收益。

整个流程包括评估对象、绘制流程图、收集整理操作风险信息等。评估阶段:评估和识别固有风险,识别和评估现有控制,评估剩余风险,提出优化方案。报告阶段:提交报告和整合结果。

1. 操作风险控制环境

公司整体风险控制环境包括公司治理、内部控制和风险文化等要素,对有效管理和控制操作风险至关重要。

2. 操作风险评估

通过对操作风险的严重程度进行评级,可以为操作风险管理的目标和资源的分配提供依据。图 5-1 所示的风险矩阵是对不同操作风险进行评级的有效方法。

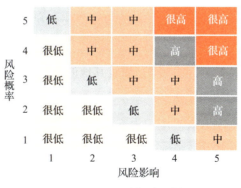

图 5-1 风险矩阵示例

风险概率越高且风险影响越大,操作风险的严重程度就越高。

3. 操作风险管理策略

主要业务操作风险管理,是根据自身业务的特点,通过操作风险评估,找到有针对性的操作风险和管理方式，抓住重点切实执行。

- 业务连续性管理计划。当营业场所、电力、通信等设备因不可抗力而严重受损或者是无法使用时，公司可能遭受重大经济损失，甚至造成广泛的系统性瘫痪，公司应该建立灾难应急恢复和业务连续性管理应急计划。

- 商业保险。一些操作风险可以购买特定的保险加以缓释。

- 业务外包。将某些业务外包给具有较高技能和专业规模的其他机构来处理，比如 IT 外包、营销外包、专业服务外包、后勤事务外包等。

5.1.3　示例：巴林银行事件

巴林银行事件是一个著名的操作风险事件。巴林银行是有着 200 多年历史的银行，是英国最古老的银行，最早是为英国皇家服务的，在 1995 年倒闭。倒闭原因是一个叫尼克·李森的交易员。当时尼克·李森在新加坡既管前台又管后台的清算。在让尼克·李森去新加坡之前，银行内部就有一个备忘录提示让他既管前台又管后台不合适，但老板很信任他，该备忘录被搁置。

尼克·李森对手下的交易员非常包容和支持，交易员偶尔出了小错，就帮交易员掩盖掉。当时总部开了一个小额差错账户，这个账户原来是把小额差错放在里面。但后来总部又开了新的小额差错账户，把老的小额差错账户忘了，没有关掉。尼克·李森知道这个漏洞，所以业务员有一些操作失误，就把一些小的损失藏在这个账户里，通过其他的方式再挣回来。总部看不到，一开始并没有出现大的问题。

后来尼克·李森手下有一个主力交易员因为婚姻问题心态失衡，交易失败亏损。尼克·李森当时就想把亏损放到差错账户里去。既然有损失，就要挣钱来弥补损失。这个时候尼克·李森看好日本的经济，就试图通过做多日经指数，做空日本国债的组合头寸来获利弥补损失。因为如果经济向好，股票就会上涨，万一国家担心经济过热后通货膨胀会上升，就提息，虽然股票向上的势头被压制，但债券价格下去了。不幸的是，这时突然发生了阪神大地震，造成股票下跌，债券开始上涨，因为大家开始避险。尼克·李森这笔交易亏损严重。

尼克·李森亏损之后，破罐子破摔，加仓进场，企图博回损失。因为加仓以后需要增加保证金，所以向总部申请资金，总部批准了。这个钱拿进来以后，尼克·李森伪造了一张 5000 万美元花旗银行的大额存款。新加坡交易所给伦敦巴林银行发了很多次警报，提示交易有潜在问题，但每次警告都转回尼克·李森处理。最后等到这个交易被发现，已经太晚了，巴林银行损失 14 亿美元，超过整个巴林银行储备之总和，巴林银行被迫以 1 英镑的价格卖给荷兰银行。后来尼克·李森锒铛入狱，但无法改变英国最古老银行的破产命运。

这是最著名的风险管理反面案例之一。留给金融市场最核心的教训是：交易前台、风控中台、清算后台必须要分开，才可以互相制衡。

5.2　流动性风险管理

5.2.1　流动性风险的定义

所谓流动性风险就是指市场成交量不足而造成预期无法成交的风险。比如一套大豪宅急着要卖，很难找到买家，或者成交价格大幅低于市场价，这就是流动性风险。

流动性风险通常发生于以下两种情况。

一种情况是市场成交量不足，表现形式是买单和卖单差价非常大。一些品种的成交量就比较少。比如在黑色产业，线材因为持仓量不足而名存实亡。即使品种流动性相对充足，企业在市场中的仓位过大，交易本身将直接影响市场价格的走势，导致价格向不利于企业的方向发展。德国金属案例就牵涉到流动性风险，当时交易做得太大。因为操作的量太大，进入市场的时候会导致价格的较大变化而产生损失，离开市场的时候也会导致价格的较大变化而产生损失。如果企业的交易需求量非常大，需要非常认真地对待其面临的流动性风险。

另一种情况是缺乏愿意交易的对手。通常是市场出现突发事件或特殊市场背景导致单边走势，使得市场供求严重不平衡，流动性急剧下降。大家一致看多（空），就没有人看空（多）成为对手盘。例如海湾战争爆发时，国际石油价格急剧上涨，如果企业之前基于油价下跌的预期进入了一个空头交易，而此时希望退出交易可能找不到交易对手或者需要支付高额成本才能完成。又比如疫情的影响导致油价下跌，全球对石油的需求减少，大家都不看好油价，就没有人愿意做对手盘。表现形式是只有单边报价，比如只有卖单没有买单或者是只有买单没有卖单。

场内市场有两个重要的数据，一个是持仓量，期货有一个仓位，一手看空一手看多，做多或做空都是对等的；另一个是交易量，每天有多少手交易。交易量跟持仓量并不相同。场内产品，一般主力合约的流动性较好，但个别品种可能也不行。要研究每天的交易占整个市场的交易量或者持仓量的比例。有些交易品种投机性特别强，真正的持仓量很低，但交易量特别大。这种品种要小心，真正有效的流动性不够。流动性本身也是不稳定的，在遇到困难的时候流动性可能就没有了。要想有效控制流动性风险，就需要对持仓量和交易量进行深入研究。

场外（OTC）市场与场内市场相比一般流动性较低。对冲交易有时在场外市场进行，在调整产品结构或提前终止时，因为不容易找到其他交易对手，企业面临交易对手不公平报价的风险。做场外交易比如场外期权等，要对流动性有充分的考虑和严格的限制。一定要确保在最坏情况下要离场的时候，有足够的量可以平仓。

5.2.2　管控措施

控制流动性风险的主要措施包括以下这些。

首先是选择流动性较好的市场和产品。这一点很重要，需要在入场之前就考虑进入流动性比较好的市场，需要认真分析期货持仓量和特定的市场结构等。比如买卖股票，大盘股的流动性很好，大的交易很快就能下单而且以不太大的成本就能成交。买卖房子就不一样，尤其是豪宅。一是不好卖，二是交易对手急着出手的话，价格会有很大的折扣。在使用金融产品时，流动性是要考虑的第一要素。没有流动性的品种对风险管理非常不利。因为当出现重大不利情况的时候，持有的仓位可能很难离场。索罗斯曾经说过，做对冲基金的人就是在隆隆开着的火车头之前捡硬币，如果一不小心跑不掉就会被火车撞得粉身碎骨。做金融交易是很危险的，要无论如何确保自己活下来。能跑掉的基础就是流动性。

其次是控制交易规模。要根据自己的限定，交易规模不能超过每日市场成交量的一定比例，如5%，只有这样才能规避流动性风险。有时也需要考虑市场持仓量的情况，特别是成交量和持仓量的比例过大失衡的时候，说明市场上投机盘非常大，在关键时刻，流动性可能突然丧失，这时也要考虑交易规模对市场持仓量的比例限制。流动性的确切分析牵涉到各档买单和卖单的报单量，这是个非常复杂的问题，是高频量化基金擅长的领域，本书不作详细介绍。

5.2.3　示例：不凋之花基金天然气爆仓事件

前面提到过的不凋之花基金由精通可转债券交易的交易员 Nicholas Maounis 于 2000 年 9 月创立。

2006 年，不凋之花基金加大在天然气期货上的投资力度，将其资产的一半左右用在天然气期货交易上。7 月底，不凋之花在采访中对投机天然气期货的盈利回报抱有 "极大" 憧憬时说："原油期货市场的波动周期一般需要数年时间，而天然气期货市场的波动周期却只有几个月！"

2006 年 9 月中旬，不凋之花早前 "赌" 天然气期货价格还要上涨并建立的巨量 "买 NYMEX 天然气期货 0703 合约同时卖 0704 合约" 的肩头套利头寸，并未朝其判断的方向（上涨）发展，而是大幅下跌！因而，不凋之花押下的 "重注" 遭受重大损失，而且拖垮了庞大的不凋之花基金。

2006 年 9 月 18 日，Nicholas Maounis 突然给其投资者发了一封信，告知他们不凋之花基金因为天然气价格 "意外" 大跌导致其在能源方面的投资遭受重大损失。由于不凋之花基金是 NYMEX 天然气期货市场人所共知的 "大玩家"，所以，不凋之花基金亏损的消息当日迅速传遍整个华尔街金融市场，并引起市场不小的震动和猜测。9 月 19 日，《纽约时报》披露说，不凋之花基金投机天然气期货亏损了 30 多亿美元！

不凋之花基金骤然巨亏的消息传开后，其投资者、贷款银行、合作伙伴纷纷要求其退还贷款和保证金，不凋之花被迫以折本价平掉亏损头寸。然而，由于其在天然气期货上的持仓过重，大量平仓盘涌入市场后，没有对手方接盘，极大的流动性风险爆发，期价加速下跌又加重其原有头寸的亏损度，到 2006 年 9 月底，不凋之花基金的亏损额扩大到了 66 亿美元，超过其总资产的 70%。不凋之花基金的投资者中包括高盛、摩根士丹利、3M 退休基金、圣迭戈国立退休基金协会等，这些投资者最后无一例外都遭受了严重的损失。

5.3　现金流风险管理

5.3.1　现金流风险的定义

现金流风险指的是无法及时以合理成本筹措资金，以偿付各种支付义务、满足资产增长或其他业务需要的风险。

期货中由于实行当日无负债结算制度，对资金管理要求非常高。如果投资者满仓操作，就可能会经常面临追加保证金的问题。如果没有在规定的时间内补足保证金，按规定将被强制平仓，可能给投资者带来重大损失。这对风险管理是非常不利的，在这种情况下套保工具的头寸没有了，但被套保项目还在。一方面衍生品的损失已经发生，另一方面现货头寸裸露出来，现货掉头的话，现货也有损失，两头被"打脸"。现金流风险，看上去具体明确容易处理，但是历史上不少衍生品巨亏案例都是在这里出的问题。

现金流风险，不仅涉及二级市场交易，一般商业也是一样。李嘉诚做生意，最重要的一个原则就是无论如何都要保证现金流。可能的话，尽量要留较多的余量，能够让自己应对万一不测的情况。衍生品是杠杆交易，更要格外注意现金流风险。

5.3.2　管控措施

第一是有效做好现金流规划，定期进行压力测试，确保可以应付各种极端情况。压力测试是在最坏情况之下进行情景分析。在套保交易里一定要做好现金流规划和压力测试，在极端情况下一定要有现金来源和信用额度来确保有足够的资金。

第二是有效监测现金流风险，及时预警。看一下现在有多少保证金，保证金能不能跟上，能不能随时增加保证金。

5.3.3　示例：德国金属石油套保案例

1. 背景介绍

套保需求：1989 年，德国金属公司（Metallgesellschaft，以下简称 MG）是德国排名第 14 位的工业企业。MG 与美国能源公司 Castle 签订了一份长期合约，包销 Castle 所有的石油提炼产品，以最近月份的原油价格加若干美元作为购买价格。另一方面，MG 在 1992 年与客户签订了一份 10 年的远期供油合同，承诺在未来 10 年内以稍高于当时市价的固定价格定期提供给客户总量约 1.6 亿桶的石油商品。当时能源价格较低，客户觉得可以通过这种形式在未来获得低价供给，而 MG 认为这样可以大规模切入美国能源市场。

期货对冲：MG 以浮动价格购入，再以事先约定的固定价格销售，且都是长期购销关系，因此不得不进行对冲。由于当时 NYMEX 最远的石油合约是 18 个月，且几乎没有交易，MG 便进行展期式（Roll Over）套保，即购买交易活跃的近月合约，再在每个月合约到期前进行展期换月，由于原油曲线长期是反向结构，多头在展期时卖近月合约买远月合约，会有盈利。MG 在 NYMEX 建立了相当于 5500 万桶的得克萨斯中质原油、无铅汽油和 2 号取暖油期货合约头寸，合约头寸数量大约在 1 亿 ~1.1 亿桶之间。这 1.6 亿桶相当于 Castle 公司三年半的产量，或者说，相当于科威特 85 天的石油产量，已远远超过了 NYMEX 相关产品的每日交易量。

合约巨亏：1993 年底，石油输出国组织（OPEC）未能在减产问题上达成协议，石油价格直线下滑，从每桶 19 美元跌至 15 美元，同时，反向市场变成正向市场。本来想通过跨期基差给自己融资，但是跨期基差的反向变化使得 MG 如意算盘彻底落空，每次展期都有亏损。由于面临庞大的保证金追缴，其长期供油合约虽有收益，但无法兑现，所以出现了庞大的资金缺口。

资金链断裂：12 月初，关于 MG 公司大量亏损、资金困难的消息开始在金融市场传播，NYMEX 为了防止出现违约，要求 MG 提供"超级"保证金，数额是平常保证金的两倍。之后，NYMEX 宣布撤销对 MG 公司头寸的套期保值豁免，这意味着 MG 不得不大量平仓。而其在现货上虽然积累了大量的潜在利润，但由于难以变现而形同虚设。MG 在能源期货和互换交易上损失 13 亿美元，其后又花了 10 亿美元解除与 Castle 能源公司的合约。150 家德国和其他国际银行对 MG 公司采取数额高达 19 亿美元的拯救行动，才使 MG 避免破产之灾。

这个事件到目前为止都位列全球十大衍生品损失。

2. 原因分析

MG 巨亏主要有两个原因：第一个原因，油价下跌，期货/掉期价格下跌，套期保值合约巨亏，面临庞大的保证金追缴。现货价格大幅下跌，MG 在现货交易上积累了大量的潜在利润，但长期供油合约的收益还未实现，因此无法兑现缓解资金面的压力。现货价格的跌幅超过期货价格的跌幅，因此从总体来看，MG 从油价下跌中得到的现货成本下降的好处超过期货合约的损失，整体是盈利的，但由于存在现金流时间上的不一致，最终由于资金链断裂而失败。

第二个原因，基差由正转负，每次展期移仓都面临当期损失。由于石油期货市场上大多数时候是反向市场，多头的展期式套保会带来额外的盈利，就算合约本身亏损，但总体上展期带来的收益一般情况下累计起来会超过亏损，正因如此，MG 本打算通过换月移仓的收益为保证金融资，但基差的反向变化不仅使 MG 的计划落空，更加剧了资金面的压力。

3. 案例启示

MG 公司的惨败经历反映出其对以下几种套期保值风险的忽视。

流动性风险：MG 的现货交易规模巨大，期限非常长，使其无法在期货/掉期市场找到流动性良好的套保工具，因此只能不断移仓换月来达到套保目的。

现金流风险：MG 未能充分预见到期货合约亏损时追缴保证金的现金流压力，特别是在与现货市场现金流时点不匹配情况下的处理，才最终导致资金链断裂。

基差风险：MG 未能充分预见到基差变动的风险，寄希望于通过反向市场下的展期移仓盈利来为保证金筹资，最终希望落空。

如果确保现金流，这个交易是能赢利的，而且数目不菲。这是一家实业公司，金融方面没有经验，交易策略都是对的，但是没有考虑到在紧急情况下现金流的重大风险。能做多大的交易量，要根据最终紧急情况下能够筹措的资金额度来决定。交易规模的限制，很多时候来自于自己的资金调动能力，反推自己能够做多大的交易，如果超过这个量，最后一旦造成资金链破裂，可能导致原来看上去正确的计划一败涂地。

一般的企业风险管理，主要是管理市场风险、信用风险、操作风险、现金流风险和流动性风险，此外的战略风险、声誉风险和国别风险的管理前面已就概念做简单介绍，这里不再详述。

第6章 风险管理体系、架构与流程

▲

6.1 市场风险管理体系

在面对不确定环境的时候，我们做出的判断是要经受考验的，尤其是面对行情的时候，不管是做衍生品还是做现货交易，确实是考验人性的。

价格走势的不确定性太大。判断行情，能判断对 60% 行情就是高手，能判断对 70% 就是更高的高手。而对期权判断的要求更高，期货看涨和跌，期权要判断涨到哪儿和跌到哪儿，还要判断涨跌的快慢。

同时，因为人的认知具有有限理性，看不清楚的因素会放大人的贪婪和恐惧。当手上有多单的时候，就天天想着为什么不涨。当手上有空单的时候，就想着为什么不跌。如果个人无法理性判断，就可以考虑集体决策。但集体决策机制下容易错失稍纵即逝的市场机会。所以企业需要构建一个风险管理体系来管理企业的风险，以达到企业经营管理的目标。

一流企业的风险管理体系要有四个方面（见图 6–1）。

6.1.1 风险管理的偏好和风险文化

一个正确的风险管理的偏好和文化，对企业升级转型、做好套期保值有非常关键的作用。

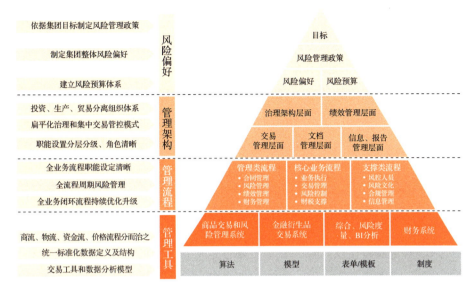

图6-1 企业风险管理体系四大方面

企业在明确自己的发展战略和经营目标以后，需要建立自己的风险预算。企业要明确什么样的风险是能承受的。这个不仅是期货，现货的损失也一样，因为只做现货也是可能亏损倒闭的。不管现货和期货，价格风险波动带来的损失在什么范围内是能够承受的，需要事先确定，然后设定出企业风险限额。比如嘉能可年报披露，其规定在95%的置信区间下，一天最大的风险不得超过1亿美元。不管企业持有多少金属和能源敞口，加在一起最大风险不超过1亿美金。超过这个敞口必须闭合，要么在现货内解决掉，要么做套期保值。有了限额以后，还要把限额进行授权，分解到各个产品业务板块、单元和经营组织下。授权以后要建立企业的风险管理的政策，比如某家企业是管什么类型风险的，某个产品什么情况下套多少比例。

6.1.2 风险管理组织架构

在企业的风险管理中，要有合适的组织架构，要把执行和决策分开。企业的套期保值变成投机，往往是由于决策的人跟执行的人是同一人，企业的一把手在操盘。

对于一家企业来讲，不做期货的时候，只需要业务部门、运营部门、财务部门，这是三个最主要的部门。做期货以后就不一样了，要有期货交易部门、策略部门，还需要一个专门的风控部门，需要把价格的风险敞口算出来，需要制定风险管理的政策和限额、制度。所以，一个合理的组织架构是企业能真正做好套期保值的基础。

要确定好业务部门、风控部门、交易部门、策略部门的边界，确定各部门的盈利和亏损应该怎么计算，以及发生盈利和亏损应分别如何处置。下一年度的预算再根据本年度预算做一定的调整，这个预算就会越来越准。

6.1.3　风险管理的流程

风险管理的流程设计包括多个方面，包括管理类的、核心业务类的和支撑类的等。做期现结合业务，需要用合适的方式来管理风险，这个方式就是策略。

策略衔接了实货交易和衍生品交易。做策略的时候要做策略建模。比如这个策略是做国内外价差的、是做原材料和成品的，还是做期现的，先看看模型能不能建起来，如果是亏损的，那就不能做。

当策略开始执行以后，一边是实货交易，一边是衍生品交易，要对策略的过程进行分析和监控。极端行情的时候，基差可能出现完全的扭曲。要对策略进行监控，形成策略的预警和报告，然后形成企业的管理评估报告，并据此调整目标和预算，对策略的参数进行修正，这是市场风险管理的全流程。

6.1.4　风险管理的工具

风险管理的工具尤其是信息化工具，要把这些公司的风险管理要求固化下来。大宗商品行业信息化系统的专门软件叫 CTRM（即大宗商品交易和风险管理系统的英文简称）。20 世纪 80 年代，美国的能源和电力市场改革催生出了这个行业。现在，它已经形成了现货的计划、采购、销售、库存、定价，风险管理的交易的获取，以及套期保值、风险管理等模块。国际一流企业风险管理已广泛采用 CTRM 系统。

6.2　管理构架

6.2.1　组织结构

1. 套期保值业务组织结构和人员配置

套期保值业务的组织结构（见图6-2），最重要的就是授权分明、相互制衡、严格监控、发挥所长、高效配合。根据企业组织情况设计决策层、操作层、前中后台分开的业务组织结构，并且落实到具体部门和管理人员。

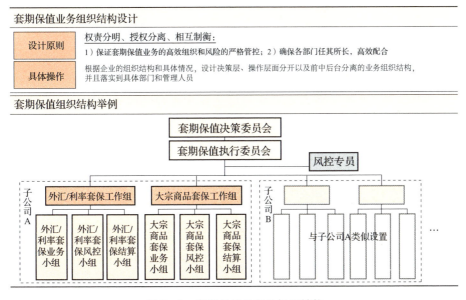

图6-2　套期保值业务的组织结构

套期保值业务的组织结构分工是这样的，决策层面需要建立一个最高的决策机构，建议建立套期保值决策委员会，其具体职责是最终批准公司套期保值业务的政策、办法和制度流程；最终批准公司的年度套保计划；授权不同的风险管理权限；重大情况的最终决策，一般一年开一次会；还有制定其他涉及套期保值业务管理的重要决策。

执行层面，建议建立套期保值执行委员会，作为套期保值的日常管理和决策机构，其具体职责是审核企业的套期保值业务相关政策，提交决策委员会批准；审核年度套保计划提交决策委员会批准；决策委员会授权的额度内批准季度套期保值方案和临时套期保值方案；主持套期保值业务年度、季度及临时会议；主持紧急情况下的应急流程，一般紧急情况下作出最终决策等。

人员配备是根据企业目前的组织结构和实际情况进行人员调整，落实到具体的部门和管理人员。根据企业实际情况，有些岗位可以兼职，但一定要保持其独立性。相关人员若非专职，则一定要保证隶属关系的独立性，特别是在业绩考核、薪酬发放和职位升迁等方面的独立性（特别是中台和后台不能受前台控制）。授权管理也非常重要，包括对内、对外交易的授权，资金清算的授权，以及对整套体系进行严格控制。

操作层面分为前台、中台和后台。前台是业务小组，是套期保值业务的计划和操作部门，具体工作内容包括制定套保计划和方案；收集市场信息；执行套期保值计划和方案；准备交易前中后的文档。

中台是风控小组，负责对套期保值交易和流程的风险监控与合规检查，具体工作内容是监督前台和后台的业务操作；核对仓位的限额；审核后台结算和前台交易之间的误差；定期出具盈亏和风险报告（根据市场的变化快慢，盈亏报告的出具时间也不一样，大宗商品变化较快，盈亏报告的出具也要求比较快，而汇率盈亏报告周期会稍微长一点）；监控重大或一般紧急情况，一般情况提醒执行委员会，重大情况提醒决策委员会。

后台是结算小组，负责对套期保值交易的结算。具体工作内容是交易复核、对账、确认买卖委托；调拨资金；各类财务和会计处理；协助前台交易人员和中后台风控人员准备盈亏报告。

2. 各部门敞口管理职责

一家企业的风险管理，首先要把风险敞口放到一个主体下。如果做套保，不能工厂拿着现货、贸易公司做着期货，或者集团做着期货、贸易公司拿着现货。要把风险敞口转移到同一主体下，把母公司和子公司同时管理起来。如果专业能力不够，可以把传统公司的风险转移到一家专业的风险管理公司旗下，包括做规、做务等。

业务部门是风险敞口产生的部门，但业务部门的风险也是获利机会的基础。业务部门是风险管理的第一道关口，如果风险管理做得不好，业务部门很可能难辞其咎。如果某个项目风险利润配比不好，就应该把绝大部分风险在业务部门对冲掉。如果预期未来有较大的机会，那么可以适当地承担一部分风险，从而获得一些获利的机会。

运营部门负责风险敞口的转化。风险敞口可能从预期交易变成确定承诺、变成资产负债，而且还有可能计划执行以后，敞口的执行和原来的敞口数量不一样。运营部门要跟踪业务的执行过程，以辨析敞口数量、方向、期限、类别上的变化。

风控部门主要是进行风险敞口的监控、计算风险敞口的多少、做风险预算和风险控制的部门。

期货部门负责风险转移和风险敞口对冲的实施。同时，如果有市场的机会，要由期货部门来捕捉并获得套期保值的期现的价差，或者其他跨地区的、跨品种的各种价差。

财务部门负责套期会计处理、合规处理、事后审查和利润核算。

只要把这些部门职责分清了，它们的边界就清晰了，然后通过风险预算，把所有的不确定性，管理到可以承受的范围之内。

根据这个职责划分（见图 6-3），对于业务部门而言，要根据风险利润比，要根据现在的基差的市场结构，要根据未来的管理需要的成本，来考虑这个敞口是接受它还是规避它，还是制造一些敞口承担一些风险来获得利润。运营部门，在合同执行过程中敞口是要转化的。还有交货的时候，它的实际的敞口和计算的敞口不一样。风控部要做风险敞口的限额的设定、现货敞口的对冲、未管理的敞口的盯市损益、管理过程中的敞口的监控，还有敞口的转移。期货部门要做套期保值、敞口的虚拟成交、敞口的套利、针对期现的升贴水的移仓，还有月均价的优化、换品种换合约，等等。财务部门要制作套期会计处理、套保效果评估，对利润进行核算。哪些是渠道利润，哪些是投机利润，哪些是财务利润，哪些是物流的利润，哪些是垄断的利润，哪些是套保的利润，要把这个算清楚。

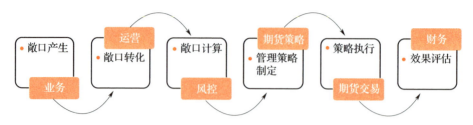

图6-3 企业内各部门对敞口的管理职责定位分工

6.2.2 规章制度

1. 套期保值业务规章制度

套期保值业务的规章制度一般包括以下几点：

- 业务组织结构和职责定义。

- 授权管理办法。

- 套期保值业务流程：套期保值计划制定流程；套期保值计划执行流程；套期保值交易操作细则；套期保值风险管理流程；突发事件处理细则。

- 报告与监察制度：定期报告制度；定期监察制度。

- 数据与档案管理制度。

- 套期保值业务绩效评估办法。

- 套期保值业务执行细则：套期保值需求制定办法。套期保值方案制定办法；风险敞口限制管理办法。

示例

套期保值规章制度样本

第一章　总则

第二章　管理机构及其职责

第三章　授权管理

第四章　套期保值业务流程

第五章　报告与检查制度

第六章　档案管理

第七章　保密

第八章　附则

第一章　总则

第一条　为加强公司对汇率利率套期保值交易的集中管理，指导公司及各所属企业开展汇率利率套期保值交易管理工作，根据国资委《关于印发〈中央企业全面风险管理指引〉的通知》（国资发改革〔2006〕108号）、《关于进一步加强中央企业金融衍生业务监管的通知》（国资发评价〔2009〕19号）及《关于建立中央企业金融衍生业务临时监管机制的通知》（国资发评价〔2010〕187号）制订本办法。

第二条　本办法所称汇率利率套期保值是指为避免汇率利率的波动使公司发生收入成本波动、资产负债变化等风险而运用金融衍生工具所发生的业务或交易。

第三条　公司汇率利率套期保值交易的目标是：对汇率利率波动进行积极的管理，以规避汇率利率波动而导致的财务不稳定，减少收入、费用的不确定性，有效降低财务成本。

第四条　公司汇率利率套期保值管理应在遵守国家相关法律法规的前提下坚持以下的原则：

（一）严守套期保值的原则，禁止任何形式的投机交易；

（二）公司总部集中管理的原则，严格按照本规定要求集中管理汇率利率套期保值；

（三）稳健原则，谨慎而严格依照内控制度和程序办理，规避操作过程中的相关风险；

（四）套期政策应保持连续性的原则。套期保值管理的目标、制度、流程及评价，不应随市场的变化而随意改动，如确需调整的，可以按照本办法规定的程序进行调整。

第五条　本办法适用于公司及各所属企业，公司控股的上市公司参照执行。

……

2. 应急机制

能够事先预期到并加以防范的往往没有那么危险，最麻烦的是事先完全无法预计到的情况。但是世界永远充满了意外，所以对于套期保值的规章制度而言，应急机制至关重要。

（1）紧急情况定义

紧急情况一般包括项目合同的重大变化或终止，发生政治变动或自然灾害等不可控因素导致套期关系中被套保项目发生重大变化。

如下突发事件发生时可视为紧急情况：在业务执行过程中出现严重的操作错误；人员的重大变化（如果核心岗位出现人员离职或其他问题，还要考虑人员配岗）；交易对手出现信用危机；市场出现异常波动；发生交易相关的法律纠纷情况等。紧急情况包括但不限于上述所列情况，风控专员认为的其他对套期保值业务具有重大影响的事件，也可及时启动紧急情况应急机制。紧急情况又分为重大紧急情况和一般紧急情况。重大紧急情况由年度决策委员会对执行委员会的授权书定义，通常是指涉及的损失金额或需要集团支持的金额超出决策委员会给执行委员会的授权范围的情况或执行委员会认为需要上报的其他情况。除此以外的其他紧急情况通常视为一般紧急情况。

（2）紧急情况应急机制

发现紧急情况的人员应立即通知风控人员；风控人员发现紧急情况或接到紧急情况汇报之后，应立即上报和提请执行委员会，由执行委员会启动应急机制召开工作会议并决定处理方法；如为重大紧急情况，则由执行委员会上报决策委员会，决定处理方案；风控人员负责所有相关文档和会议记录的存档，根据监管要求上报相关监管部门。

每家企业都要根据实际的情况、所在市场的特点、企业自身的情况进行应对。子公司业务小组需要在年度计划以外和授权范围内进行交易，需要向集团风控专员提交交易申请方案，履行临时套保计划的申请和审批程序。如果需求紧急，则需要向集团风控专员提交交易申请方案，启动紧急情况应急机制。

（3）止损处理

虽然套保理论上不需要止损，如进出两端都锁定了则通常不需要止损（比如说加工企业，产品价格和原料价格都受到同样波动的影响，这就不需要止损）。但在一些无法预计的情况下，不排除衍生品暂时止损离场是一个明智稳妥的做法。

止损方法一定要在事先考虑清楚，因为在重大的市场波动下，人很难清楚知道自己需要做什么。

当出现衍生品止损需求时，执行委员会应急会议中需要讨论的一些要点如下供参考：以公司和子公司能承受的最大损失为出发点，从公司经营出发，以市场判断为辅，将衍生品仓位的损失控制在适当的限度以下。

止损对策：如果出现需要止损的情况，讨论如下的止损策略：一是直接在当前市场价位止损；二是制订限价止损计划。当该合约价格达到某个预先设定的值时，止损多少额度。比如当该合约价格达到多少时，止损一半；达到多少时，全部止损。事先确定的好处是，避免事到临头当局者迷、无法决策。

止损操作中可以非常灵活，可以直接把衍生品仓位平掉也可以建立相反的头寸购买现货，或者可以买期权。比如企业做多套保，正常情况下看起来很简单，但在价格急剧下跌的时候就会处于压力中，做决定就非常困难。因为价格下跌，一旦止损，万一价格反弹，所有的收益都没有了。在这种考虑之下，如果购买看跌期权，不仅继续下跌的损失保住了，而且一旦价格回头，收益还是能够拿到。这个方式的缺点就是期权费很高，需要足够的资金，但在那种情况之下也是一个可供选择的方法。

6.2.3　评估和考核

套期保值评估可以分为过程评估和结果评估，其根本出发点是套期保值和被套保项目的合计盈亏计算，只计算衍生品盈亏是没有意义的。一定要现货和期货结合，将被套保工具和套保项目合并计算盈亏，在这个基础上从过程和结果两个方面对套保业务进行评估。过程评估主要集中在合法合规和符合企业管理制度方面，从制度和流程上保证套保业务稳健运转。而结果评估主要是以期货损益和现货损益累计的效果作为主要的评估标准。套期保值是为了减少盈亏波动，所以最后要衡量的其实是减小现货和期货结合在一起的损益的波动。

但实际操作会遇到一些具体问题，比如现货采购用什么价格计算。以铁矿石生产船板为例，铁矿石有很多不同的现货标准，在做现货评估之前要找一个公允现货指数作为标准，测试套期保值交易相对指数能节省多少。核心效果是现货通过指数来计算再加上期货，最后两者放在一起，看看冲抵效果。建议采用"夏普比例"计算冲抵以后的波动率减小，分子是额外收益，分母就是冲抵以后期现组合的波动率。这里需要注意，因为是套期保值交易，所以冲抵以后可能会有损失，只要和不做保值相比有较大的改善就是成功，不一定都要盈利。

套期保值结果要在公司及相关子公司的年度报告中体现。

6.2.4　套期保值实施流程

如图 6-4 所示，套期保值流程期初要制订套保计划、执行套保计划，执行过程中要有风险管理，最后就是套保会计处理。

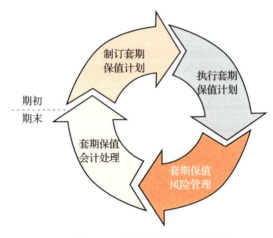

图 6-4　套期保值的实施流程

1. 套期保值计划的制订

年初时，由套期保值小组、套保风控小组和套保执行委员会协助，套保决策委员会做出年度套期保值计划。

季度末，由套期保值小组和套保风控小组协助，套保执行委员会在授权范围内做出季度套期保值计划，套保决策委员会在授权范围外做出季度套期保值计划。

临时需要套期保值时，由套期保值小组和套保风控小组协助，套保执行委员会在授权范围内做出临时套期保值计划，套保决策委员会在授权范围外做出临时套期保值计划。

计划内容为当期套期保值需求（除了套保总量，还要有持仓限额）和对应套期保值策略。

风控人员在保值业务计划流程中的主要职责是审核套保需求。主要审核内容包括：套保需求是否与提交的相关排产计划或合同等文档相符合；交易品种是否符合管理细则中限定的由决策委员会批准的公司可交易金融工具列表的范围（不能什么工具都用）；套保策略是否符合套期保值原则，是否符合合规要求；套保策略是否有配套的资金准备和支持等。

2. 套期保值计划的执行

（1）交易前的准备工作

风控小组将批准后的套保计划和相关授权文件存档（为了以后的备查，套保会计也能使用）。这是非常重要的。风险管理讲究可测可控可承受，可测是因为所有交易资料有存档。业务小组联合财务部门开展套期关系指定、套期有效性评估等；制作套期关系指定文档并存档；为交易后套保会计处理做准备（套保会计的执行文档要在交易前做）。

（2）交易中具体工作

套保业务小组根据套期保值方案，选择合适的市场时机执行交易指令。交易指令人与代理机构或交易对手通过双方认可的通信方式（以前主要是打电话，现在通常是电子邮件或其他互联网通信工具）初步确认成交。套保决策的依据包括保证金、对报表的影响和对利润的影响等。

（3）交易后结算工作

业务小组交易员、结算人员和交易对手的成交确认、结算单据确认，资金调拨、结算或进行现货交割；交易的会计处理。

3. 套期保值风险管理

风控人员在套保交易执行流程中的风险管理工作是在交易执行后对市场风险的监控和提交相关风险监控报告，如有接近风险限制的情况，向业务小组发出预警。如有违反限制的情况出现，向业务小组发出提示并上报执行委员会及决策委员会；监督年度和季度套保计划的执行进展，如有不符合计划的交易发生，及时寻求业务小组的解释，并上报执行委员会；交易的合规检查；交易后结算工作的监督；各项文档保存等。

4. 套期保值会计处理

套期保值会计处理本质上是一种区别于常规财务会计的特殊处理方法，通过使用特殊的会计处理方式（提前或递延确认损益），将套期工具和被套期项目之间的确认和计量关联起来，令套期工具与被套期项目的损益影响以相互配比的方式抵销在相同的会计期间，避免利润因被套期项目与套期工具的确认、计量方法不同而产生波动，在财务报表中真实反映套期保值的财务效应。

套期保值会计处理相关内容将在本书第 7 章详细论述，本章不展开论述。

6.2.5　示例：某企业套期保值业务推进表举例

某企业原来没有开展套期保值业务，现在准备推进此业务，具体工作如下。

1. 准备阶段

具体工作：讨论总体工作方式与流程；明确责任人；确认工作团队。

阶段性成果：确定工作流程；确定责任人及工作团队。

2. 制度建设

具体工作：建立套保业务决策体系和组织结构。

- 高层决策和前中后台的制度和流程建立。
- 建立决策和操作流程。
- 专业人员培训。
- 选择交易系统。
- 选择风控系统。
- 套保工作团队全程合作。

阶段性成果：建立符合公司自身特点的完备的套期保值业务：组织结构；决策流程；风控系统。

3. 确认套保计划

具体工作：公司财务模型分析。

- 明确公司财务目标。
- 计算公司目标价格。
- 原材料采购计划。

阶段性成果：明确财务目标；得出目标价格。

明确采购计划：期限与规模。

4. 套保方案讨论与制定

具体工作：根据公司目标价格、采购计划、大宗商品市场动态、监管法规等制定备选方案；讨论和改进方案；选择最适合公司和当前市场的套保方案。

阶段性成果：评估企业开展短中长期套保业务的能力；得出最佳短中长期套保方案。

5. 方案实施：交易前准备

具体工作：

套保会计与监管报备：和会计事务所一起建立套保会计制度。

业务分工：审计部负责监管报备；财务部负责套保会计。

阶段性成果：套保会计制度建立；对已执行交易执行套保会计。

6. 方案实施：交易

具体工作：

短期实施：开户和实际交易（规模，入场时机，经纪商，报价等）；风险监控和汇报；套保效果跟进与衡量。

业务分工：审计部负责监管报备；财务部负责资金分配；套保团队负责交易具体实施。

阶段性成果：由小规模套保交易试行，逐步推广到全面的套保。

6.3 交易实施

6.3.1 套期保值策略

前面已经对各种衍生工具作了介绍，这里我们进一步细化讨论如何把这些衍生工具运用到套期保值实践中去。

1. 期货或远期、掉期锁定价格

一般人们把期货、远期和掉期统称为线性产品，其价格的波动和标的的波动基本上是一比一的线性关系。通过线性产品，可以有效锁定价格，不管未来价格如何波动（见图6-5）。从套保的角度，线性产品起到了削峰填谷的作用，把或有的额外收益补贴或有损失，锁定价格。虽然套保的角度有充分合理性，但是线性产品在现实上面临单边盯市浮亏的问题，有时会造成困扰。

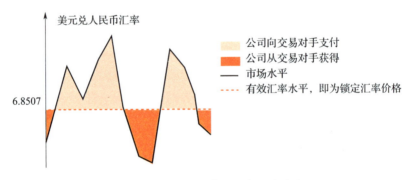

图6-5 运用远期进行汇率风险对冲

2. 买看涨或看跌期权

正如前面对期权产品的介绍，通过购买期权，本质是购买了价格保险，收益不封顶，损失只是期权费，因此，有时人们也把期权归类为非线性产品，和期货、远期和掉期这类线性产品相对应。期权和期货的比较如图6-6所示，期权的特性比起期货有很大优点，但其应用中主要面临的难点是高昂的期权费。

	期货	期权
买卖双方的权利和义务	买卖双方具有合约规定的对等的权利和义务	买方有以合约规定的价格买入或卖出期货合约的权利，而卖方则有被动履约的义务。一旦买方提出执行，卖方则必须以履约的方式了结其期权部位
盈亏结构	买卖双方都面临着无限的盈与亏	买方亏损封底，收益无限 卖方亏损无限，收益封顶
保证金	买卖双方均要交纳交易保证金 每日盯市市场调整保证金数量，随着交割月份的临近通常需要追加	买方支付期权费，无须支付保证金 卖方需支付保证金
了结仓位方式	平仓或实物交割	平仓、执行权利或到期不实施权利期权失效
期初成本	无	买方需支付期权费 卖方收取期权费
灵活度	较低，锁定未来成本	较高，可以根据风险管理者需要设计不同的期权策略
杠杆率	杠杆比率来源于保证金，数量要求小于100%	期权费通常少于期初保证金，因此期权一定情况下可能提供更高的杠杆
市场风险	下行风险无限	已知，最大亏损为期初支付的期权费

图6-6　期货和期权的比较

上图是期货和期权的比较，期货双方都有权利和义务；期权的买方买入期权后，卖方有履约的义务，买方只有权利没有义务。盈亏结构方面，期货买卖双方都是无限盈亏，期权卖出方是亏损无限收益封顶。金融最重要的风险是尾部风险，就是虽然发生的概率非常小，但是一旦发生就可能导致毁灭性后果的风险。尾部风险是我们一定要避免的。一般人会认为那是小概率事件，不会发生，然后就把风险敞开，这是最危险的。前面反复说过，其实我们最核心的出发点就是生存。这些小概率事件对于我们的生存威胁很大，需要不惜代价去避免。期权有这样一个特点，买期权没有尾部风险，卖期权有很大的尾部风险。期货公司每天都要结算保证金，期权买方不需要交保证金，而卖方需要交保证金。期货是平仓或者实物交割，期货的成本是佣金，期权的成本要高得多。期货的灵活度比较低，而期权的灵活度非常之高，对于企业套期保值来说很多特殊的操作都可以通过期权组合来完成。期货的杠杆率是由保证金比例决定的，有些期权杠杆是非常高的。期货的下行风险非常高，而如果是买期权，风险是已知的，就是支付的期权费。

3. 现货敞口 + 卖备兑期权

第一个结构组合是做现货多头 + 看涨期权空头（见图6－7），一般建议在价格窄幅波动时使用。比如一家铁矿企业，买入铁矿石现货同时卖出铁矿石的看涨期权，因为卖期权可以收到期权费来增加收益，这样就可以做到小幅度保护现货多头的价格下行风险。如果铁矿石价格上涨，就直接交付现货，因为是用现货来抵消期权的损失，两边完全抵消，没有涉及杠杆。这个组合通常使用在增加收益和市场判断下行空间有限的情况下。但这个组合也只能保一部分，卖看涨期权是因为企业认为未来价格不会下跌太多，价格如果跌得太厉害就保不了了。

期权费昂贵，因为包含着风险厌恶在里面，即买保险付的保险费高于预期的损失，所以卖期权有预期正收益，但是又必须控制住小概率事件下的尾部风险，这时如果有现货备兑，就可以控制住尾部风险。

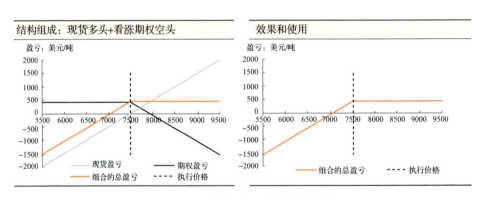

图6－7　现货多头 + 看涨期权空头

第二个结构组合是现货空头 + 看跌期权空头（见图6－8）。一般建议在价格窄幅波动或在期权期间内价格下行时使用。以生产船板为例，铁矿石价格上涨，企业就会有损失。这个时候卖出看跌期权，如果铁矿石价格下跌，企业就要接现货。但是企业的生产本身就需要铁矿石，所以企业买过来就可以直接用。交易效果同样是期初收取期权费，增加收益和小幅度保护现货空头的价格上涨风险，通常是为了增加收益。同理这个组合也只能保一部分，卖看跌期权是因为企业认为未来价格不会上涨太多，但如果未来价格涨得太多就会有损失。

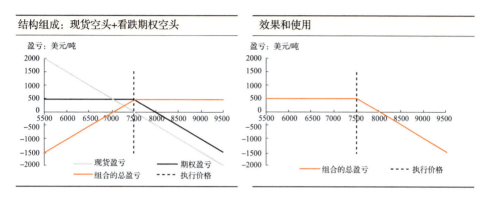

图 6-8　现货空头 + 看跌期权空头

4. 上下限期权或三项期权

上下限期权为卖出低执行价看跌期权买入高执行价看涨期权，也可以是卖出高执行价看涨期权买入低执行价看跌期权，以卖期权收到的期权费补贴买期权付出的期权费，通常选择两个期权的执行价格使得总成本为零，这样可以大大降低使用期权的高昂成本。一般用于价格总体呈上涨趋势的情况下。交易效果是一定区间允许波动，同时对冲现货空头大幅上涨和对冲现货多头价格大幅下跌的风险。比如担心铁矿石上涨，就买入铁矿石的高执行价看涨期权，同时卖出铁矿石的低执行价看跌期权。当铁矿石价格上涨时，收益就能保住；万一价格跌得更多，看跌期权对手方会执行期权，就把别人的货买进来。但在看涨期权和看跌期权的执行价之间，上下限期权不会把收益完全锁死。

三项期权是上下限期权的小小变种，既想锁死一部分价格间的损失，又想在价格出现剧烈有利变化时，能够获得额外收益。具体做法如下：卖出低执行价看跌期权买入高执行价看涨期权，再买入一个更高执行价的看涨期权；也可以是卖出高执行价看涨期权买入低执行价看跌期权，再买入一个更低执行价的看跌期权（见图 6-9）。

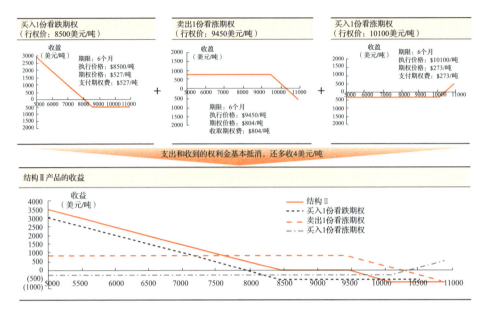

图 6-9　三项期权举例

　　总结一下：套保工具包括期货、远期、掉期、期权和期权组合，期权包括看涨期权、看跌期权以及上下限期权结构。主要使用的套保工具是前四种（见图 6-10）。中国套期会计准则里有一套关于套保工具的要求，其中单纯的卖出期权不能作为套保工具，需要形成期权组合，但复杂期权组合千万不要做，会出现很多问题，在本书前面已经有详细的讨论。

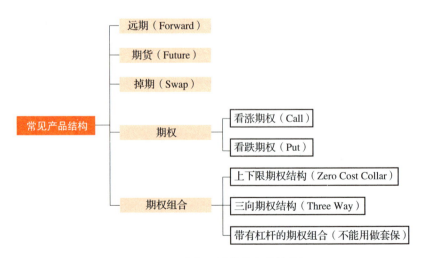

图 6-10　套保工具常见产品结构

6.3.2 套期保值策略的选择要素

我们知道，大宗商品的套保有很多工具。企业应随着外部市场和企业内部情况，选择合适套保工具，形成交易策略。总的原则如下。

（1）与企业的资金和衍生品交易能力相关

国资委明确要求，国企进行套期保值操作，要符合企业自身的资金和衍生品交易能力。由于采用的套保工具不同，资金要求和衍生品操作的能力是有很大区别的，比如期货和期权的保证金要求和权益曲线是截然不同的，企业要有足够的资金和能力来进行操作。

（2）需要结合企业目标和敞口数量情况

建议企业在年初时就结合企业自身的产能和成本，确定企业利润目标和能够接受的波动范围。

例如矿产企业，一般生产成本是比较稳定的，那么结合年产量和年度利润目标，就能得到目标价格，销售价在这个目标价格之上就能确保年度利润。然后结合企业利润率的可接受范围，确定可接受的价格波动范围。如果在该波动幅度的价格上限区域，可以尽量卖出保值，在该波动幅度之下，需要结合市场情况，综合判断。

（3）需要结合市场价格、价差和波动率三要素的走势

企业在明确了公司资金实力、自身目标范围和敞口数量后，需要结合市场走势，选用合适的套保工具，选择形成合适的交易策略。

比如价格在高位，波动率较小的时候，如果同时市场基差也在低位，现货价格与期货市场价格相近，甚至现货市场低于期货市场，那么套期保值策略应该是期货卖出套保，锁定库存波动风险；而如果价格在高位，基差也在高位，波动率是平均水平的时候，企业应该加速现货卖出，降低库存，可以考虑采用远期购入的方式补库，形成虚拟库存。以上价格、价差和波动率的组合情况复杂，要同时结合企业的产能和成本，综合形成交易策略。

表 6-1 为不同价格、波动率和基差水平下的做空套保策略选择。

表6-1　不同价格、波动率和基差水平下的做空套保策略选择

价格	高位			中位			低位		
波动率	高位	低位	中位	中位	低位	高位	高位	低位	中位
基差	低位	中位	高位	低位	中位	高位	低位	中位	高位
策略	F>S>O	O>S>F	S>F>O	F>S>O	O>S>F	S>F>O	S>F>O	S>O>F	F>S>O
说明	期货卖出套保,锁定绝大部分库存风险	期权买入看跌套保,减少追保风险,获得现货收益	加速卖出现货,可以考虑运用期货远期补库,形成虚拟库存	远期升水结构,期货增加卖出保值比例,赚取基差收益	通过卖权增益,降低库存成本,注意跌价风险	卖出现货,建立部分期货的虚拟库存	买入现货最佳时机	现货买入期权保护	战略期货买保,建立虚拟库存,或者卖出看跌期权

其中 S 代表现货、F 代表期货、O 代表期权。

（4）相关品套保

非标品的企业进行套保，是产业链中的大部分企业的实际操作。在这种情况下，肯定存在着潜在的多逼空的风险隐忧。一般推荐企业在 OTC 市场上，采用亚式看跌期权，一方面亚式期权采用一段时间的均价作为结算价，可以避免价格操纵的风险；另一方面均价较为稳定，采用期权的套保价格成本比较低。

（5）简化套保工具

复杂的套保工具，不容易判断评估策略和工具内部的风险回报情况、对敞口的风险保护能力等，也不容易进行风险跟踪和预警。比如累计期权不是套保工具，2008 年前后曾经引发了中信泰富和中国东方航空等风险事件。目前，业界对于使用期权工具进行套期保值的争议比较大。要注意的是单纯的卖出期权工具，不能作为合适的套保工具。

6.3.3　交易对手的选择

1. 交易和报价能力

对手方的交易量需要符合公司交易需求。涉及的交易量越大，企业越希望对手方报价能力强、能报较大的量。但大的量就对对方的流动性有比较高

的要求。在中长期产品上的报价能力（主要是对掉期来说）和流动性提供能力，交易前中后台及相关业务支持能力等业务能力都非常重要。

2. 信用风险敞口的集中度

场外交易的经纪商，尤其是境外经纪商，会根据客户的资信情况，给予一定的信用额度，以便于企业操作和结算。企业要充分考虑现有的金融衍生品总体仓位占交易对手信用风险敞口的集中度。如果公司对某交易对手的信用风险敞口过高，超过或者接近公司信用管理办法的限定，则应考虑选择其他交易对手。在交易的期限之内，要对交易对手信用风险和敞口集中度进行动态监控。如果做期货场内产品，信用风险相对较小，因为中国的期货公司潜在背后有国家信用支撑，违约风险小。如果是国际的投行或期货公司，就有倒闭风险，需要格外小心。如果做场外产品，跟银行做的远期或者期权等，也要警惕对方的倒闭风险，倒闭以后就无法履约。所以一定要考虑交易对手的信用问题，是否有足够的信用可以履约。交易对手也要分散，不能只选择一家或两家。对信用风险敞口集中度要动态监控，监控每一个交易对手的信用情况，即时了解其财务情况，谨慎选择交易对手。

3. 合作和授信

合作和授信是指对手方能够给公司提供的信贷额度及抵押品要求情况。境外有些机构衍生品可以不收保证金，需要通过企业信用额度来做。

对手方能够接受的其他增信方式，信用交易之后就不需要增加保证金，一定程度免除保证金，这对企业财务有很大价值。

4. 信用级别和增信

参考对手方信用评级标准，穆迪（Moody's）、标准普尔（Standard & Poor's）、惠誉国际（Fitch）评级等可以作为参考。明确与公司签署协议的法律主体，应明确尽量不选择与交易对手下属的非主要机构、特殊目的载体（SPV）、衍生品交易载体（DPC）进行交易。如可能可在交易中要求对方提供其他增信。尽量和大的企业合作，比如世界 500 强企业的期货子公司，因为母公司实力非常强大。

6.3.4 信用安排

信用安排主要针对场外交易。在实际交易中，信用是需要考虑的重要因素。如果交易对手因信用出现问题导致违约，赚的钱就没有了，所以要非常关注信用风险。在做套期保值时，信用风险控制非常重要。当我们在做市场价格的保险之前，事先一定要确保对手的信用风险可控。只有确保交易对手是可信的，我们才能交易，不然什么都是空中楼阁。

信用安排中的常见增信方式有以下四种。

1. 保证金

为控制交易中的信用风险，一般交易对手会要求公司支付保证金，并根据市场的波动情况及时补充调整。在交易所清算的交易中，保证金制度一般都是必需的。对于场外交易，具体保证金支付比例及方式（例如是否需要支付初始保证金、维持保证金水平等）根据公司的信用资质由双方沟通决定。

2. 母公司/第三方担保

指集团或第三方出具保函，为公司在交易中支付保证金、期末支付合同款等行为提供担保。由于套期保值交易属于贸易项下的交易，涉及购汇出境，需要外管局审批，因此母公司或第三方为公司境外衍生品交易出具保函往往受到政策限制。

3. 银行信用证

通过银行开具信用证的方式支付合同款也是一种常见的增强信用的措施。只要单据齐全，银行就会付钱。通过信用证的方式，可以将信用提高到银行的信用程度。由于境外套期保值交易通常以美元计价，因此需开具美元信用证。

4. 抵押物

提供抵押物也是增强信用、降低信用差价的常用措施。抵押物以流动性好、变现能力强的财产为优，例如境外的大宗商品存货、上市流通的金融资产等。

我们需要实时对交易对手的信用风险进行监控，知道对方整体的信用情况。2019 年出现了这样一个事件，国内最大橡胶期货市场的重庆商社突然违约，造成市场重大的波动。2019 年 9 月 27 日，重庆商社化工有限公司发布说明函，声明从即刻起对外暂停所有业务，为保证供应商利益，所有还未执行合同将全部停止执行，已交单到银行的单据，要求银行马上退单处理。重庆商社的一些交易伙伴，提前察觉到重庆商社有一些不正常的交易行为，就及早停止了与其交易，最终避免了损失。造成这个事件的主要原因是资金链断裂。但实际最近几年，重庆商社每年都在不同的时间段传出资金短缺的消息，却没有引起大家足够的重视。所以要随时对交易对手的信用进行监控，发现问题时要迅速采取措施，尽量分散风险。

国内的场内交易一般不会面临信用风险，但国外的场内交易会有一定信用风险。比如，2011 年曼氏金融倒台。曼氏金融曾是世界最大的期货交易商之一。美国很多农民都在曼氏金融做期货进行保值，很多头寸都在做曼氏金融。结果曼氏倒台后，期货头寸就无法拿出，被锁在里面。但如果另外建头寸，农民又没有额外的钱支付保证金。当时美国政府拿出一笔特别的津贴补贴农民，让他们重新做保值。国内期货公司出现问题的概率比较小，但在与境外期货公司做交易时一定要格外小心。瑞士央行前些年一直在控制瑞士法郎，不让其升值。但在 2015 年 1 月 15 日，瑞士央行突然宣布放弃控制瑞士法郎的升值，取消欧元兑换瑞士法郎 1∶1.20 的保底汇率，结果当天瑞士法郎对欧元汇率一度猛涨 41%，引发各国金融市场的大动荡，也导致当时很多的衍生品公司倒闭，引发了很多的连锁问题。所以如果通过国外公司做套期保值，一定要关注它们的信用问题。

6.3.5　方案调整

做套期保值非常重要的一点是，不是做了就结束了，因为整个的市场环境随时在变化，企业的经营情况也随时在变化。这个时候企业就要根据不同的市场情况、自身经营情况和其他情况进行调整。除了金融市场的变化，还有订单的变化，比如炼钢厂有个订购船板的大订单，船厂突然出了问题不再需要这个订单。这个时候钢厂原来对铁矿的保值就不需要了，就要对套保头寸进行及时的调整。

套期保值是一个动态的过程，一定要密切关注周围环境的变化，随时进行调整。因为现实世界瞬息万变，什么情况都有可能发生。无法预测是它的常态，能准确预测的可能性几乎是没有的。所以为达到最佳套保效果及最低套保成本，可采用滚动调整方案，根据市场变化及时调整方案要素。

1. 对套保比例的调整

当市场价格相对目标价格过高或过低时，可适当降低套保比例，反之则应提高套保比例。价格太高的话可能还有上涨的空间，只要保住基本的成本就行，然后留出一些敞口，来换取更大的利润空间。如果价格太低的话，锁亏就没有必要。

另外一个原则是根据市场走势来看，套期保值除了要根据自身的经营情况也要结合市场情况进行研判。比如钢厂生产船板，如果已经签订了合约，有 1 万吨铁矿石需要保值。如果此时铁矿石价格下跌，就可以适当降低套保比例，只要套保比例在 0 到 100% 之间都是保值。如果铁矿石跌得很厉害，钢厂就没必要去锁亏，可以不做多头。如果发现铁矿石可能要上涨，这个时候就可以提高套保比例。这种做法跟投机不一样，投机是没有现货基础，纯粹根据未来市场的预判去做。虽然套保比例的调整也依靠对市场的研判，预期可能也不准，但在实际操作中还是要研判市场的未来走势。套保是为了抵消天然敞口，在天然敞口的反向 0~100% 之间进行保值。

比如前面提到的成功套保企业美国西南航空，金融危机时，它降低了燃料油的套保比例，后期又逐步升高。这就是根据市场走势进行调整（见图 6-11）。

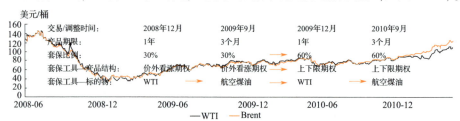

注：以上方案仅为示意，交易时需根据市场具体情况决定

图 6-11　航空公司航油滚动套保方案示意

2. 对套保工具的调整：产品结构调整

产品结构的报价及相对优劣在不同市场情况下差别是非常大的，因此应根据市场变化及时进行调整，选择最适合当前市场状况的衍生品，以获得最佳套保效果及最低的交易成本。很多因素需要重点考虑，首先是流动性。比如当我们要做很长的保值期，国内套保可能只有一年但国外可以有更长时间。如果要在国外保值的话，比如做远期产品，就不一定有流动性。以西南航空为例，西南航空的精确保值是要保值航空油，但航空油远期的金融衍生品流动性非常差。如果在时间相距很远的时候要保值的话，只能选择有流动性的原油期货。原油跟航空油虽然高度相关，但毕竟不是同一个品种，还是会有价格走势的偏离。随着时间越来越接近，流动性开始提高，就能用航空油的期货进行套保了。接下来就是考虑各种产品的价格，根据当时市场的判断进行调整。时间再近的话，可以用领子期权（上下限期权）买看涨和卖看跌，方向是为了防止价格上涨。除了流动性，还要考虑交易成本和对市场的判断。有些市场的判断通过传统期货不好操作。比如上下限期权形成的结构，价格上升是保住了，但要放弃一部分价格下行的收益。为达到最佳套保效果，我们需要灵活地调整产品结构。国内的套期保值原来主要是期货，但现在已有场外的期权、掉期。如何根据情况去调整产品结构就很重要了。时间较远的时候可以以期货为主，时间较近的时候可以通过期权比如上下限期权和卖备兑期权来保值。我们要根据自身情况的变化和市场变化，进行灵活调整。

3. 对套保工具的调整：标的物调整

特别是在大宗商品套保中，公司需要对冲价格波动风险的商品可能和市场上流动性较好的金融衍生品标的物不一致，因此从流动性和报价的角度出发需要选择具有一定相关性的其他商品作为标的物。但公司将由此面临套保期间的基差风险，这种风险有时可能会变得比较大，此时可选择更换为相关性更高（虽然流动性可能较差）的商品作为标的物，以减小基差风险。标的物最好是本身，但现实当中很多商品不一定有相应的衍生品。另外也有流动性问题。比如西南航空要做战略性保值，为今后一两年的价格成本进行锁定，但由于航空油的品种流动性不足，就换成了原油，虽然品种不完全一样，但大部分波动还是高度相关的。

6.4　套期保值工作中的风险管理

6.4.1　风险管理核心

把握原则："保"而非"赌"：避免投机盈利的冲动，运用套保工具而非投机工具，选择适宜套保的量和价。

分析风险：对冲与风险敞口相匹配。根据风险管理目标，分析和量化公司业务风险，坚持风险对冲原则，风险对冲与风险敞口相匹配。

确定方案：选择与主业相关、符合风险对冲会计处理要求的简单衍生品，根据风险和回报选择最优对冲方案。

持续监控：合同签订后，定期对公司风险敞口进行监控，根据风险敞口变化对现有风险对冲措施进行必要调整；要制定完善的审批程序，以先见应万变。

6.4.2　企业建立完善风险管理体系的意义

在宏观层面，中国经济对全球市场的影响逐步扩大，中国经济的重大事件会给全球商品、金融市场带来波动。反之，全球市场波动又会影响中国企业的经营。健全的风险管理体系可以减轻企业受到宏观经济环境恶化的冲击。

在微观层面，如果企业消极对待市场的波动，必然将企业的经营完全暴露在市场风险之下，一旦出现不利的极端情况，企业将无法有效应对。健全的风险管理体系可以减轻企业受市场波动的影响，对其风险敞口进行有效的对冲。

风险管理水平是监管机构考察企业特别是上市公司的重要指标。2006 年国资委颁布《中央企业全面风险管理指引》，对中央企业开展全面风险管理、加强企业内部控制建设发挥着重要作用。2008 年 5 月财政部、证监会、审计署、银监会、保监会五部委联合制定《企业内部控制基本规范》，自 2009 年 7

月 1 日起在上市公司范围内施行，鼓励非上市的大中型企业执行。而在 2020 年国资委颁布《关于切实加强金融衍生业务管理有关事项的通知》，并在 2021 年对该通知做出了补充，颁布了《关于进一步加强金融衍生业务管理有关事项的通知》，对于企业运用衍生品工具进行套期保值做出了细致全面的要求。

6.4.3　风险管理的职责在于企业的各个环节

企业不同的部门有不同的职责：

- 业务部门要持续、主动管理所有风险敞口和确保风险、回报平衡。
- 财务部门要确保所有交易和仓位完整、准确记录和为业务管理提供支持。
- 风控部门要独立、客观地核查带有风险的经营活动和确保所有风险因素都在业务规划和业绩评估中体现。
- 审计部门要对风险管理和内部控制原则与相关部门职能履行的独立性进行评价。

6.4.4　套期保值引发的各类风险的应对

套期保值是风险管理，虽然规避了现货上的风险，但本质上却引入了高杠杆的金融衍生品，也带来了更多的风险。

- 市场风险：交易本身的盈亏和对市场变化的敏感度。应对市场风险，需要进行每日市场监测和定期汇报，包括市场数据、仓位及损益、保证金余额等的监测和汇报。风险管理的核心并不是去影响决策而是要让风险变得可测、可控、可承受，能随时了解风险的相关情况。
- 信用风险：信用风险来自于套期保值交易对手，在进行 OTC 交易时信用风险管理更加重要。应对信用风险，要严格筛选交易对手或代理经纪商，并加强风险敞口管理；也要随时监控交易对手的信用情况，一旦出现问题，立马停止合作；同时要分散交易对手，不能只与一家合作。

- 操作风险：由不完善的内部流程、系统故障、员工欺诈行为或操作不当、人员重大变化及其他外部事件导致损失的风险。应对操作风险，须建立业务操作细则，操作人员要严格执行，定期培训。

- 现金流风险：企业无法及时筹措资金满足建立和维持保值头寸需要的保证金和交易占用经营所需现金。应对现金流风险，要建立保证金管理办法，包括最大保证金、保证金使用和准备额度、保证金预警线、保证金调拨等内容。这些都需要事先做一个详细的规划，做套期保值之前知道自己能够调动多少保证金。

- 流动性风险：市场容量不足时无法按市场价格成交的风险，即"有价无市"。应对流动性风险，要选择流动性良好的市场进行交易，产品期限选择上充分考虑流动性风险。一般场内品种的流动性比较好，场外品种的流动性差一些；期货和掉期的流动性会优于期权。在做交易时要充分考虑流动性风险，紧急情况可以及时撤离。

- 基差风险：保值工具与被保值项目之间价格波动不同步所带来的风险。应对基差风险，要选择相关性高的套保工具，密切跟踪基差变化并及时调整。

- 合规风险：交易须遵守境内外相关法律法规。应对合规风险，交易前需要充分研究相关法律法规。

- 法律风险：境外交易需要签署 ISDA，境内交易需要签署相关合同，交易条款的谈判要谨慎。虽然套期保值是用作风险管理，但也带来了更高的风险管理要求。应对法律风险，交易协议签署前须经法律部人员审核。

6.4.5　套期保值业务的风险管理方法

首先要严格遵守套期保值原则，尽可能选用简单的套期保值工具。

其次是建立健全套期保值业务的组织架构、工作流程和规章制度，执行严格的报告、审批、监测等风控流程。

最后要设置应急处理机制，处理以下可能发生的情况：市场出现异常波动；交易对手出现信用危机；出现严重操作错误；保证金需要临时调拨；市场状况发生重大变化；发生交易相关法律纠纷；逼仓等。应急机制非常重要，因为真正巨大的风险大多来自于没有预想到的事情，所以必须事先制定好紧急情况下的应急机制。

6.4.6　监管合规

套期保值交易必须做到合规。金融机构的上级监管部门主要有人民银行、证监会和银监会；而国有实体企业的上级监管部门主要是国资委；上市公司还需要遵守上市机构的法律法规。企业操作场内衍生品，需要遵守各个商品交易所的监管要求，以及《期货交易管理条例》等。

6.4.7　示例：青山集团 LME 镍套保风险事件

1. 青山集团 LME 镍套保风险事件回顾

2022 年 3 月 7 日至 8 日，伦敦金属交易所（LME）电子盘 3 个月期货合约从 29246 美元最高飙升至 101365 美元，最高涨幅高达 247%。市场传闻，中国不锈钢巨头青山控股集团有限公司（下称"青山集团"）牵涉其中。据传青山集团持有 20 万吨镍衍生品合约空单，由于缺少可交割的现货而被国外贸易商逼仓，青山集团持有的空单亏损一度高达百亿美元。

事件发生以后，青山集团主席项光达对外安抚市场，称"老外的确有些动作，正在积极协调；青山是家优秀的中国企业，仓位和经营都没有问题"，随后市场传闻青山集团"已调配到充足现货进行交割"、空头"搬起石头砸了自己的脚"等。最后在 3 月 15 日对外公告，"青山集团已经与由期货银行债权人组成的银团达成了一项静默协议。在静默期内，青山和银团将积极协商落实备用、有担保的流动性授信，主要用于青山的镍持仓保证金及结算需求。在静默期内，各参团期货银行同意不对青山的持仓进行平仓，或对已有持仓要求增加保证金。作为协议的重要组成部分，青山集团应随着异常市场条件的消除，以合理有序的方式减少其现有持仓"。

与此同时，LME 3 月 8 日决定暂停镍期货交易，并宣布 3 月 8 日当天的镍合约成交全部取消。在暂停了 5 个交易日后，LME 在 3 月 15 日公告了风险监管措施。LME 设置了适用于所有基本金属的涨跌停板：其他基本金属合约的每日最大涨跌幅度将为该合约前一个交易日的收盘价加减 15%，而镍为至少加减 5% 并将根据市场情况继续审查和调整。涨跌停板制度将从 15 日开始实行，镍的涨跌停板将从恢复交易开始实行。LME 还出台了大户报告制度、会员 OTC 市场交易报告制度等措施，以避免风险再次出现。

2. 青山集团空单性质

该事件一经公布，市场上对青山集团空单的性质争论比较多，到底是投机还是套保？青山是一家通过 RKEF 工艺从红土镍矿生产镍铁和高冰镍，并进一步加工成不锈钢和硫酸镍的一体化企业，在印尼等地拥有红土镍矿资源。青山集团的目标是在 2021 年生产 60 万吨含镍当量，2022 年生产 85 万吨，2023 年生产 110 万吨。同时，其综合生产成本在 1 万美元/吨左右。

因此，当 LME 镍市场涨到 2 万美元/吨左右的时候，在市场上抛出镍空单，锁定原料端的利润，是一个非常正常的套保动作。而且按照市场上公布的信息，这个空单总量在 15～20 万吨，这个数量也符合其自身的年生产量。因此可以说，这个卖空操作符合方向相反、数量相当、品种相关、时间相近的套保原则。

3. 青山集团被逼空的原因

最主要的原因是，LME 镍的合格交割品是镍板和镍豆等产品，而青山无法用自产的镍铁或高冰镍去实现交割，他们的套保属于相关品的交叉套保。

虽然 2022 年 2 月也有仓单较为集中的时候，但是俄乌冲突成了此次事件的导火索。冲突伴随而来的制裁措施，导致电解镍产量占比超过 20% 的俄镍供应不畅，进而可交割的品种变少，在货源较为紧张的背景下无异于雪上加霜，原有的通过镍铁和高冰镍置换俄镍镍板的链条被打断了。而市场上镍板的流通是有限的，LME 镍库存自 2021 年 3 月 26 万吨降至 2022 年同期 7 万多吨，库存下降导致现货供应偏紧。同时，现货被高度控盘，LME 镍仓单大部分集中在单一客户手里，该客户占有了 50% 以上的仓单。由于 LME 没有大户报告制度和限仓制度，所以在临近交割期时，青山没有提前获悉，也无法搜集到足够的合格镍交割品，这时就会被对手在临近交割前 2 天打了个措手不及，发生了多逼空的事件。

在事件出来以后，相当多的报道说青山是采用卖出看涨期权的工具，来实现空头套保，当然也有报道说是其他工具，下面做仔细分析。

如果青山是采用卖出看涨期权作为套保工具的话，那么跟期权和青山现货多头组合，形成备兑开仓策略。这种策略下，价格大幅上涨的情况下，由于期现结合计算盯市盈亏，本身是损失有限的，因为衍生品端的亏损，是可以用现货的盈利来对冲的。

但是由于卖出看涨期权，只能利用收取的权利金作为风险垫，当市场价格涨过执行价格的时候，就要承担衍生品端损失，并进行追加保证金等操作。如果现货销售不畅或者资金短时间没有办法回笼，就有可能发生爆仓的风险。一般来说，单独的卖出期权只能抵御相当有限的风险，并不能作为长期巨量的套保工具。

当然如果青山是卖出期货作为套保工具，那么面临的就是巨额的保证金追加。如果无法收集到足够的交割品，就只能平仓头寸，发生巨亏。

4. 企业规避逼仓风险的注意点

逼仓事件一般分为多逼空和空逼多两种情况。

（1）比较常见的是多逼空的情况，青山事件就是典型的多逼空操作。在多逼空的情况下，一般的背景是多方控制现货货源；或判断空方没有足够资金去筹集货源；或即使有资金，无法在短期的规定时间内筹集到足够的货源；或即使有足够的货源，也没有办法运输、进入交割库形成交割仓单，从而利用这种种因素大幅拉升价格等。

所以在进行卖出套期保值的时候，需要：

- 判断现货的流通性，市场上是否有足够的流通货物来进行交割；
- 仓单的集中度，通过查询大户报告，判断交割库库存有没有被控制。一般来说在集中度比较低的市场内交易，更为安全；
- 自身的资金情况，是否有资金来缴纳保证金和收购货物。如果资金不足就要分散头寸在多个月份和多个套保工具上；

- 合理的交易策略和交易的工具，比如采用买入看跌期权工具来替代卖出看涨期权和卖出期货来进行套保；
- 关注交通运输和交割的便利性，是否有足够的交通工具、交割库容和交割周期。
- 提前了结和转仓，避免临近交割期才进行平仓或者展期的操作。

（2）在空逼多的情况下，有可能就是空方有充足的货源，但是判断多头没有足够的资金接货，或者没有足够的库容来接货，从而大幅做空，压低价格。比如在能源行业，2020 年 4 月的美国原油期货出现了负油价事件，就是利用了美国原油期货交割地区库欣，没有足够的储罐来存储原油，所以多方大量卖出，导致了油价低于运输和仓储成本，形成了负油价。

5. 非标品套保工作启示

针对 LME 镍套保事件中出现的市场价格风险、交割风险、现金流风险、操作风险等，诸如红土镍或者高冰镍等非标品的场内外交易中套保管理具有更高的工作要求。企业需要结合自身实际情况，强化风控部门责任，统一负责集团公司的风险管理工作；审慎选择交易对手和经纪商；结合企业资金实力和衍生品管理能力，合理确定非标品的套保规模，选择套保工具，制定套保方案；通过信息化工具固化管理要求，实时追踪市场变化和方案执行情况，并予以预警、报告和处置。

（1）风控部门职责强化

风控部门是公司最高决策层或者专门风险管理委员会下设的风险管理专职部门，其工作职责和工作作用正日益受到重视。在嘉能可和托克等国际一流的大宗商品运营商的管理构架中设立有首席风控官。风控部门在大宗商品业务管理中，辅助公司最高层完成风险管理目标设定和相关战略、政策和程序的制定；监控和评价价格风险管理体系的日常运作，确保公司管理目标的达成。

日常工作主要是进行头寸管理、敞口归集与计算，对于非标品规格多样、成分不一、质量多层的情况，风控部门能发挥重要作用，可以清晰核定敞口的数量；对现货部门和期货部门进行风险监督，包括审核场外交易合作方和合同条款、监控购销合同执行状态和对冲比例、合约的流动性情况以及临近交割期的移仓操作等；计算盯市盈亏和保证金需求，并予以跟踪和报告。充分发挥风控部门职能，能有效降低乃至避免 LME 镍套保事件中青山集团遇到的临近交割期巨量持仓的逼仓风险。

（2）场内外交易对手和经纪商优化

在 LME 镍套保事件中，青山集团与财团签订的静默协议对于事件平稳处理具有重要作用。正如本书第六章所述，审慎选择场内外交易对手和经纪商，可以关注四个方面，首先是交易和报价能力，其次是信用风险敞口的集中度和稳健性，再次是合作和授信，最后是对手方信用级别和增信情况。

（3）非标品套保规模匹配

套期保值本质上是套期关系中实货和衍生品两者之间价格波动的对冲。建立的套期关系，需要确定被套保的实货规模和对应的套保工具的衍生品数量，调整两者的比例，以便能够互相最优地冲抵掉价格波动，平滑业务盈利曲线。在非标品中，由于计价公式跟所含敞口的成分、比例、质量等因素密切相关，单纯计量实货的数量，并不能确定所需要的实货规模。比如红土镍矿和镍铁的套保中，并不是核定镍矿或者镍铁的数量，而是计算含镍量，作为确定 LME 镍期货数量的依据。但另一些相关品种，则需要采用其他的方法，比如采用豆油期货对葵花籽油实货进行套保的时候，还需要考虑两者的波动性和相关性，一般用最小方差法计算最优对冲比例。得到最优对冲比例以后，乘以实货的物理数量，不必经过其他折算，直接获得所需要套保工具的衍生品数量（见图 6-12）。

最优对冲比例（最小方差法）：

$$h = \rho \cdot \frac{\sigma_S}{\sigma_f}$$

- 套期比率：一个单位的被套项目（敞口数量），用多少单位的套期工具
- 基础数据：实货品种近期历史价格数据、期货品种近期历史价格数据（两组数据的日期时间序列相同，最好半年以上数据）
- 计算参数：实货隔日价差的标准差 σ_S、期货隔日价差的标准差 σ_f，实货与期货隔日价差数据的相关系数 ρ

图 6-12 相关品对冲比例计算公式图

（4）非标品套保工具选择

正如上面提到的，企业在场外交易中，采用的套保工具如果不恰当，会产生严重亏损，甚至产生投机性和方向性的错误。青山也因为在非标品上采用了标准品期货和期权工具，导致了交割风险。在这方面，墨西哥国家石油公司做出了有益的示范。同青山集团的红土镍矿、高冰镍类似，墨西哥国家石油公司产出的石油，并不能直接在 WTI 或者布伦特市场中进行交割，也是非标品。从 20 世纪 90 年代初开始，墨西哥政府使用过多种避险工具，包括原油价格连接票据、期货、掉期、期权等。目前它主要同高盛等机构签订场外交易，买入原油亚式看跌期权。以墨西哥出口玛雅原油为标的，当结算价格低于过去一年平均油价时执行该期权。因为原油和镍一样，相对于农产品等，属于高波动的产品，如果采用欧式或者美式期权，套保成本偏高。而用亚式期权，能够使墨西哥政府年度均价为执行价，实现以较低的成本在整个财政年度锁定最低平均油价。自 2001 年以来，墨西哥大约每年花费 GDP 的 0.1% 来购买这种亚式看跌期权。2019 年墨西哥支出了 12.3 亿美元，锁定价为平均 55 美元/桶。2020 年墨西哥的石油出口价格锁定在了平均每桶 49 美元，保值总量约 2.5 亿桶（相当于全年产量的 40%），建仓完成时间是 2019 年 10 月，花费了 13.7 亿美元。在 2020 年 3 月疫情冲击下，WTI 交割月原油一度跌破 0，多个月份价格在 40 美元以下。2020 年 4 月 22 日墨西哥宣布 2020 年保值收入已经达到 61 亿美元，相当于贡献财政收入 47 亿美元，从而达到了稳定财政收入和国家债券评级等目的。

（5）套保信息化工具使用

套期保值信息化工具正在成为大宗商品套保工作的刚需，对于非标品的套保管理，更是如此。随着衍生品市场的蓬勃发展，非标品在场内外交易中，挂钩期货市场标准品进行定价的趋势日益明显，并产生了各种期现结合的新兴业务方式，需要耗费大量人力精力等资源进行敞口计算和估值、市场和策略跟踪、评估和监控，以及风险预警和报告。这种情况下，需要具有行情跟踪、业务灵活定价模式、实时估值、风险管理、衍生品管理和套期会计等功能的信息系统来支持业务运行。国资委在 2020 年和 2021 年连续出台通知，规范中央企业开展衍生品套期保值业务操作。明确规定"加快信息系统建设",并设定了 2 年的时间要求,明确了集团层和业务层建立风险管理信息系统的功能要求。

套保信息化工具可以实时监控市场价格波动,计算盯市损益,应对价格风险,评估保证金占用和预计需求,防范现金流风险;还可以满足公司对于运营管理的合规和内控要求,固化管理要求,降低操作风险和道德风险。比如在交易权限设置上,可以设置交易规模、品种,套期比例、亏损限额、VaR风险价值等,防止由于误操作产生的操作风险,或者给人可乘之机;同时,还可以通过批量化和自动化的设置,帮助各部门提高工作效率。比如套期保值期货成交的自动录入,期现的自动匹配,以及各类限额的实时自动跟踪与预警,各类报表的自动出具,使得相关部门能大大提高工作效率,缩短工作时间。这方面内容,在本书后面章节中会进一步展开描述。

第7章　企业风险管理的财务处理

▲

7.1　套期保值会计处理意义

套期会计本质上是一种区别于常规财务会计的特殊处理方法，通过使用特殊的会计处理方式（提前或递延确认损益），将套期工具和被套期项目之间的确认和计量关联起来，令套期工具与被套期项目的损益影响以相互配比的方式抵消在相同的会计期间，避免利润因被套期项目与套期工具的确认、计量方法不同而产生波动，在财务报表中真实反映套期保值的财务效应。

衍生品的套期保值本质是将衍生品和现货进行盈亏抵消。如果不做衍生品的套期保值，就只有在现货采购真正发生的那一刻，现货成本进入财务报表。比如钢厂采购铁矿石，铁矿石进货的时候才会体现到报表上。而做衍生品不一样，衍生品一旦买卖就出现在报表上，只要衍生品在报表上，就要进行市值评估，就会造成报表的波动，而最后的套期保值抵消效果只是在现货购销那一天才能体现。

如果采用一般会计处理办法，在套期期间内，无法有效地反映套期保值的关系，那么衍生品的市值评估非常高，本身又是高杠杆，波动非常大，对报表的影响非常大。衍生品的盯市浮动市值变化将被列入投资损益，而不能与业务损益一起列入主营业务利润科目中，造成企业主营业务利润的剧烈波动。这种波动会对上市公司股东衡量公司的经营带来很大的干扰（见图 7-1）。

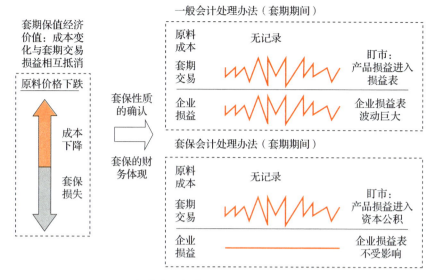

图 7-1　会计处理办法的选择对企业财务表现的影响

套期保值会计处理办法的核心出发点是要匹配，合理规避衍生品和现货在财务报表上错配，才能真正体现套期保值的经济意义，而不会造成不合理的波动。采用套保会计处理办法，衍生品与现货的套期保值关系将会反映在财务报表中，主要能解决以下四个方面的差异。

（1）解决企业在业财实务中的计量性差异。当套期工具与被套期项目都是表内确认的资产或负债时，由于计量基础不同，会产生计量性差异。

比如在以前，库存的货值在行情上涨的情况下，是不能进行重估入账的，但是如果这批库存进行了套期保值，卖出开仓的衍生品是会产生巨大的亏损的，这个时候企业的账务上就会出现巨额的投资亏损，与企业实际的情况不符。采用套期会计可以把因套期保值产生的衍生品端亏损计入主营业务科目，从而真实表现企业套期保值效果。

（2）解决企业业财实务中的确认性差异。当被套期项目是不需要在表内反映的合同性权利或义务时，会产生确认性差异。

避免在合同业务上造成套期保值的误解。比如，由于企业在行情上涨的情况下，需要对已定价销售但未采购的合同进行买入保值，这个时候由于行情的上涨，在衍生品买入会产生浮亏。但是在会计上，一般是不能把合同进行入账的，因此该衍生品看起来是投机操作，容易造成财务报表上的误解。采用套期会计，可以把符合要求的合同作为被套期项目纳入财务处理，这可以真实表现套期保值衍生品端的操作。

（3）解决企业业财实务中的存在性差异。当被套期项目是预期很可能发生但尚未确认的未来交易的现金流量时，会产生存在性差异。

避免在计划业务上造成套期保值的误解。比如，由于矿产企业在生产成本相对固定、行情上涨的情况下，需要锁定未来生产的产品利润，需要对销售计划进行卖出保值，如果行情继续上涨，在衍生品卖出端会产生浮亏。但是在会计上，一般是不把计划进行入账的，因此该衍生品看起来是投机操作，容易造成财务报表上的误解。采用套期会计，可以把符合要求的计划作为被套期项目纳入财务处理，这可以真实表现套期保值衍生品端的操作。

（4）解决企业业财实务中的列报性差异。当套期工具与被套期项目的计量基础相同但相关损益的列报方法不同时，会产生列报性差异。

企业在对外融资、授信或者上市申请等过程中，投资者往往会对企业的主营业务利润规模、平稳性和增长性有一定要求。如果没有套期会计，不能把套期保值的损益计入主营业务成本或者收入，企业的主营业务利润往往会产生巨大的波动，造成投资者的误解。

企业使用套期会计方法具有以下四项意义。

1. 为经营管理决策提供真实财务信息

在进行现金流量套期和境外经营净投资套期时，不采用套期会计，会对最终的净利润的评估产生偏差，不利于管理层根据反映真实经营情况的财务数据作出经营管理决策。

2. 提高财务管理水平

套期保值的实施，要求更高的财务管理有效性和科学性，会计准则的转换将使经营的各种风险暴露得更及时、更彻底，通过财报将风险管理转化为盈利能力的渠道更为通畅，因此可把对市场的研判以及对应的风险管理能力作为核心竞争力来培养。

3. 提高风险管理能力

套期会计通过影响会计核算，直接或间接地影响风险管理能力。由于公允价值和减值测试的运用，各项资产的交易属性越来越明显，资产的流动性大大加强，这就能够更多地将风险转嫁出去而不是自己来承担，可提高风险管理能力。

4. 更准确地反映经营管理意图

套期会计使会计计量结果更加准确地反映出主体的经营管理意图，反映出降低风险的经营行为，并有效提高会计信息的相关性。

7.2　套期保值会计实务

7.2.1　套保业财融合在实际操作中的障碍

大宗商品业务套期保值业财融合的障碍在于业务和财务的计量与确认方式不一致。

- 时点上，业务上在合同阶段即开始核算盈亏利润，但是财务一般需要出入库和开票完结才入账核算；
- 计量方法上，业务上采用公允价值计价，实货与衍生品采用盯市方法计算盈亏，但是财务上对于库存等实货采用市价与成本孰低法计量；
- 会计科目上，财务以往对于实货的购销操作计入主营业务成本或者收入科目，但是对于衍生品的操作计入投资损益，使得业务期现操作的两端无法合一。

7.2.2　套期会计处理方式

套期会计的处理方法首先参考中国会计准则下的《企业会计准则第 24 号——套期保值》，在中国会计准则未明确阐述的地方，参考国际会计准则和美国会计准则。执行和参考的会计准则包括：

中国会计准则：《企业会计准则第 24 号——套期保值》

国际会计准则：《国际会计准则第 39 号——金融工具：确认与计量》（IFRS IAS 39）

美国会计准则：《美国会计准则第 133 号——金融衍生品会计处理和套保会计处理》（FAS 133）

三套套期保值会计内容趋同，下面的论述以中国会计准则为主，在中国会计准则未明确阐述的地方，参考国际会计准则和美国会计准则。

1. 公允价值套期

其定义是指对已确认资产或负债、尚未确认的确定承诺，或该资产或负债、尚未确认的确定承诺中可辨认部分的公允价值变动风险进行的套期。该公允价值变动源于特定风险，且将影响企业的损益或其他综合收益。

会计处理为：对于大宗商品类的套期会计，将库存、合同等指定为被套期项目，将相应的衍生品工具指定为套期工具，两者的公允价值变动形成的利得或损失，在报表日计入当期套期损益，在期末结转到本年利润；对于证券、债权投资、长期借款、利率互换合约等金融资产，如果套期工具是衍生品工具，会计处理方式与大宗商品类的套期会计一致；如果套期工具是交易性资产等非衍生品工具，被套期项目和套期工具的公允价值变动形成的损益，计入其他综合收益—套期损益，在期末结转到未分配利润。

2. 现金流量套期

其定义是指对现金流量变动风险进行的套期。该类现金流量变动源于与已确认资产或负债、很可能发生的预期交易有关的某类特定风险，且将影响企业的损益。

会计处理为：对预期交易进行套期保值的时候，将相应的衍生品工具指定为套期工具。需要逐期比较被套期项目与套期工具的公允价值变动情况，将套期工具累计变动额的绝对值大于预期交易累计变动额绝对值的部分，指定为套期无效部分，其他部分指定为套期有效部分。将套期有效部分计入其他综合收益—套期储备，在预期交易实现时候，调整交易成本或者收入；如果预期交易没有实现，在期末结转到本年利润。套期无效部分计入套期损益，在期末计入本年利润（见图 7 - 2）。

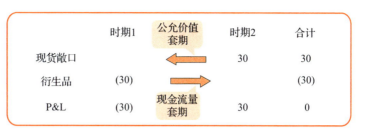

示例		时期1	公允价值套期	时期2	合计
现货敞口			←	30	30
衍生品		(30)	→		(30)
P&L		(30)	现金流量套期	30	0

图 7-2　公允价值套期和现金流量套期示意

7.2.3　套期会计步骤

经济套期是套期保值的本质（抵消现货和衍生品，降低波动）：为管理外汇、利率和大宗商品价格风险，企业从实际经营情况出发，根据套期保值的原则，通过制定套期保值管理制度，指定套期对象并选择相应的套期工具，制定并严格执行套期保值方案和计划，从而科学地开展套期保值业务。

会计套期（先有会计准则能认准的套期）：在认定经济套期的前提下，考察企业是否在交易前准备了相应的文档，准备的文档是否满足会计准则的要求，套保业务的实际开展是否符合事先准备的文档，从而认定是否为会计套期。

账务处理：在认定会计套期的前提下，应用特定会计准则进行套期交易的账务处理，包括资产负债表日的估值；套保有效性的回顾性评价；对无效套保及有效套保中有效部分和无效部分的账务处理等。

经济套期认定是会计套期认定的前提，会计套期认定是应用套期会计账务处理的前提，但不是所有经济套期都能被认定为会计套期，也不是所有会计套期都能被认定为账务处理。

要充分注意套期保值对财务的影响，特别是国企和上市公司。有时作为经营者，一开始的确以套期保值为目的，但后来由于种种原因，会计上没有认定是套期，最后就不易定性，容易被追责。做好会计套期非常重要，一是可以自我保护，另外对上市公司来说也很重要，因为不做会计套期，公司股票会来回剧烈动荡，这种情况下市场很难对公司进行有效估值。

7.2.4　套期会计的实施流程

套期会计的实施流程分为套期关系确认和套期会计执行两大部分六个步骤。

套期关系确认包括被套期项目和套期工具指定，套期会计适用性论证和套期会计处理方法确认。套期会计执行包括交易前套期关系正式指定和文档备案，交易期间内每会计期间的会计记账和套保结束后的会计记账处理。套期保值会计可以委托专业的审计师和专业的机构去执行。但被套期项目、套期工具指定和套期关系确认必须要在交易前做好。具体操作还是需要企业去委托相应的会计师事务所或其他专业机构来处理。

7.2.5　套期保值会计的主要工作内容

明确被套保项目和套期工具：明确被套保项目，例如指定金额、指定期间的贷款计划。明确套期工具：指定某标的的掉期、期权或期权组合为套期工具。

论证套期会计的适用性：根据会计准则，论证套期工具对被套保项目套期的有效性，符合套期会计对套期工具确认的标准。

套期会计应用方法指定：确定该项套保的种类：公允价值套期、现金流套期或境外经营净投资套期。

套保交易前，备案相关文档：在套期开始时，备案相关文档，对套期关系（即套期工具和被套期项目之间的关系）有正式指定，准备关于套期关系、风险管理目标和套期策略的正式书面文件。该文件至少载明了套期工具、被套期项目、被套期风险的性质以及套期有效性评价方法等内容。

交易后会计处理：在交易到期或者套期关系结束时，对套期工具的市场公允价值变化和产生的现金流进行相应的处理。

7.2.6　套期会计实务注意点

企业在实际采用套期会计的时候，需要注意若干要点。

1. 合格套期工具与被套期项目指定

首先是套期工具的指定（套保方案中衍生品的选择）。一般来说，对于利率、汇率、大宗商品套保，单一期货、远期、掉期、期权或上述产品的组合都可以被指定为套期工具，但是各个产品及其组合需要满足合格套期工具的要求。

其次是被套期项目的指定（套保方案与被套保项目的匹配）。对于利率套保，套保项目一般是具体的某项债务收支现金流。对于外汇套保，套保项目可以是具体的某项外汇收支现金流，也可以是某个工程项目的所有外汇收支。对于大宗商品套保，套保项目可以是具体的库存原材料等资产负债、原料采购或产品销售合同等确定承诺，也可以是年度、季度的排产计划等预期交易，同样各个套保项目及其组合需要满足合格被套期项目的要求。

2. 预期交易与现金流量套期的应用要求

在实务中，部分企业未对业务进行区分，就全部采用现金流量套期会计。实际上，现金流量套期仅适用于预期交易，而且套期会计准则对预期交易进行套期保值也有严格的要求，即企业的预期交易极有可能发生，在评估预期交易发生的可能性时，企业应当考虑以下因素。

类似交易之前发生的频率；企业在财务和经营上从事此项交易的能力；企业有充分的资源（例如，在短期内仅能用于生产某一类型商品的设备）能够完成此项交易；交易不发生时可能对经营带来的损失和破坏程度；为达到相同的业务目标，企业可能会使用在实质上不同的交易的可能性（例如，计划筹集资金的企业可以通过获取银行贷款或者发行股票等方式筹集资金）；企业的业务计划。

所以企业仅在符合预期交易评估条件的情况下，才可以采用现金流量套期。

3. 净敞口套期的应用要求

在企业未采用套期会计前，部分企业采用了对于公司敞口的净敞口滚动保值的方式，采用衍生品对冲价格波动的风险，即对实货多空敞口进行定期的轧差，然后根据企业的外部行情、成本收益和资金等情况，采用衍生品工具进行套期保值。在这种方式下，无法将被套期项目与套期工具进行逐一对应。因此企业往往希望通过净敞口套期的方式进行会计处理。

实际上，2017年颁布的《企业会计准则第24号——套期保值》，对于净敞口套期有明确的使用要求，即当企业将形成风险净敞口的一组项目指定为被套期项目时，应当将构成该净敞口的所有项目的项目组合整体指定为被套期项目，不应当将不明确的净敞口抽象金额指定为被套期项目。

所以，风险净敞口并非在任何情况下都符合运用套期会计的条件。企业根据其风险管理目标，可以将一组项目的一定比例或某一层级指定为被套期项目。当企业将一组项目的某一层级部分指定为被套期项目时，应当同时满足以下条件：该层级能够单独识别并可靠计量；企业的风险管理目标是对该层级进行套期；该层级所在的整体项目组合中的所有项目均面临相同的被套期风险；对于已经存在的项目（如已确认资产或负债、尚未确认的确定承诺）进行的套期，被套期层级所在的整体项目组合可识别并可追踪等。

特别是在现金流量套期中，企业仅可以将外汇风险净敞口指定为被套期项目，并且应当在套期指定中明确预期交易预计影响损益的报告期间，以及预期交易的性质和数量。

4. 期权作为套期工具的应用要求

企业使用期权衍生品作为套期保值工具日益频繁，而套期会计准则对于期权作为合格套期工具作出规定，单独的企业的签出期权（除非该签出期权指定用于抵消购入期权）不能作为套期工具，因为该期权的潜在损失可能大大超过被套期项目的潜在利得，从而不能有效地对冲被套期项目的风险。而购入期权的一方可能承担的损失最多就是期权费，可能拥有的利得通常等于或大大超过被套期项目的潜在损失，可被用来有效对冲被套期项目的风险，因此购入期权的一方可以将购入的期权作为套期工具。

对于一项由签出期权和购入期权组成的期权（如利率上下限期权），或对于两项或两项以上金融工具（或其一定比例）的组合，其在指定日实质上相当于一项净签出期权的，不能将其指定为套期工具。只有在对购入期权（包括嵌入在混合合同中的购入期权）进行套期时，净签出期权才可以作为套期工具。

对于一项由签出期权和购入期权组成的期权，当同时满足以下条件时，实质上不是一项净签出期权，可以将其指定为套期工具：

企业在期权组合开始时以及整个期间未收取净期权费；除了行权价格，签出期权组成部分和购入期权组成部分的关键条款是相同的（包括基础变量、计价货币及到期日）；签出期权的名义金额不大于购入期权的名义金额。

将期权或者期权组合作为套期工具后，需要区分期权的时间价值和内在价值，企业只将期权的内在价值变动指定为套期工具时，应当区分被套期项目的性质是与交易相关还是与时间段相关，并进行不同的会计处理。

如果是跟交易相关的，比如预期交易或者合同等，企业应当将期权时间价值的公允价值变动中与被套期项目相关的部分计入其他综合收益，并按照与现金流量套期储备相同的会计处理方法进行处理。

如果是跟时间段相关的，比如资产负债等，企业应当将期权时间价值的公允价值变动中与被套期项目相关的部分计入其他综合收益，并在持有期间内进行摊销，摊销金额从其他综合收益中转出，计入当期损益。

7.2.7　套期会计的使用及示例

在实际操作中，期货的盈利是以天为单位在会计账目中进行体现，也就是常说的盯市（mark to market）；但是现货的记录则是在最后一天计入报表，由此期货衍生品的记录和现货的记录在时间上存在不一致。期货市场的价格往往有较大的变动，盯市的特征会使得公司损益表有较大的波动。套保会计的作用就是将套期保值带来的损益变动与现货在时间上进行统一，从而体现套期保值的价值，降低公司损益表的利润波动。

以西南航空公司的航油套保为例（见图7-3），图中实线和虚线均为在风险对冲后美国西南航空公司的净利润。区别在于，实线部分为该公司在使用套期会计后的净利润曲线，而虚线部分则为没有使用套期会计的净利润曲线。

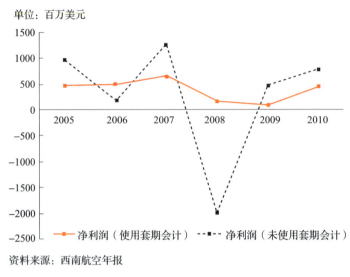

单位：百万美元

资料来源：西南航空年报

图7-3　使用/未使用套期会计情况下净利润的对比

　　实线是使用套期会计的利润，利润的波动比较小，表现非常好。虚线没有使用套期会计，利润波动就非常剧烈。因为2008年金融危机，油价跌幅较深，所以西南航空的衍生品浮亏也很严重。如果没有用套期会计就无法真实地体现西南航空的真正业绩。所以做衍生品套期保值，大公司一定要用套期会计，不然会造成资本市场的困惑，对于国企也会造成上级管理部门难以正确评估。企业做了衍生品，到底是保值还是投机，在实际当中不容易被区分。企业有效地做好套期会计，一方面可以给资本市场一个清晰正确的反应，另一方面国有企业也能给上级管理部门一个正确的反馈。

7.3　套期会计实施难点及信息化解决方案

7.3.1　套期会计实施难点

　　套期会计对于实现套期保值业务的企业具有重要意义，但是企业在实施过程中，普遍反映操作困难，手续烦琐，工作要求较高。其中的原因如下：

　　（1）套期会计本身的实施要求与现行企业对于套期保值的管理方式不一致。套期会计要求被套期项目能够独立识别、准确计量，被套期项目与套期工具能够逐一对应。但是目前企业界对于套期保值采用的主流的方式是净敞口套期，在这种方式下无法达到套期会计的实施环境要求，需要有一个管理方式转变过程。

（2）套期会计实行时间较短，财务人员对于套期会计的理解还有待进一步深入。比如对于被套期项目、套期工具、套期关系、套期有效性，有效套期与无效套期等，在将衍生品计入投资损益的情况下，是无须涉及这些概念的，但是如果使用套期会计，就需要对这些概念准确理解和掌握。

（3）套期会计的操作要求较高。由于套期会计要求期现匹配，并对套期关系的有效性进行最终评价，这在实务中需要巨大的工作量，使得一些有意开展套期会计的企业也无力开展此项工作。

7.3.2　信息化解决方案

针对以上难点，CTRM 系统开发配置了套期会计模块。企业运用该系统，可以对以上难点针对性解决，极大降低套期会计在账务处理中的实施难度，并提高工作效率：系统能够支持业界灵活定价方式，自动识别实货风险敞口，并产生实货敞口，以形成被套期项目；系统能够以策略为纽带，链接被套期项目和套期工具，形成套期关系；系统能够提供多种匹配方式，实现被套期项目和套期工具自动匹配或者指定匹配，并对套期关系予以跟踪，以评价套期有效性，并形成相应的报告；系统能自动产生套期会计凭证，提供给财务部门进行套期会计账务处理。

第8章
大宗商品企业业务和风险管理信息化工具

▲

大宗商品具有"货、款、价"三分离模型，同时大宗商品企业业务经营同时涉及金融衍生品、风险管理等内容。基于货物管理的供应链系统，以及基于财务管理的财务系统，或者基于内控合规风险的管理系统，已经很难适应大宗商品企业的信息化管理需求。大宗商品行业企业需要融合业务、财务、风险、衍生品管理于一体的信息化工具。

由于大宗商品业务较为复杂且涉及金融衍生品，不仅企业自身，而且国有企业监管部门、上市公司监管机构等均较为重视，因此大宗商品企业信息化管理一方面要满足业务需求，另一方面也要满足监管合规需求。

8.1 大宗商品企业信息化管理需求

如本书前文所述，大宗商品企业现货贸易定价模式大部分采用灵活定价处理，同时需要对价格敞口、套期保值进行管理，套期会计的财务处理方式也不同于传统的财务处理方法，还需要警惕和管理金融衍生品的操作风险，并且在现货定价、敞口管理、套期保值、套期会计上均需要使用企业外部的数据作为定价基准，进行公允价值评估，进行套保有效性评价等。因此，下文分别从灵活定价、敞口管理、套期保值、套期会计、期货交易、行情数据等六个方面，对大宗商品企业的信息化需求进行论述。

8.1.1　灵活定价的信息化需求

如本书第二章第一节所述，大宗商品购销过程中定价大部分采用点价、均价等灵活的定价模式。这些定价模式对大宗商品购销来说意义非常重大，也必不可少，同时也是金融衍生品市场价格发现的基本功能的最重要体现。因此，灵活定价模式在原油化工、有色金属、农产品等行业使用广泛，同时在其他行业也呈快速推广之势。但灵活定价模式对企业管理，尤其是企业信息化管理要求更高。

灵活定价模式使敞口识别难度变大。灵活定价模式不同于固定价，固定价模式的合同，在货权转移时价格已经确定，仓库的库存基本就是企业的价格风险敞口。如果大宗商品采取灵活定价模式，不管是点价还是均价，均有大量的定价要素影响最终价格的确定。这些定价要素包括基准价格、锚定日（发货日、到货日、付款日等）、定价数量、定价时间、升贴水、逾期处理等。如果要事中即时识别出风险敞口，首先需要在合同数据采集中全面采集这些定价模式数据，同时需要在业务执行过程中即时获取这些要素的确定，才能最终实现事中对于风险价格敞口的识别、评估和盯市盈亏的管理。而这些定价要素的确定不仅和合同签署有关，还和大宗商品三要素"货"——发货、到货确认，"款"——定价、保证金、货款、付款，"价"——多次定价动作等有关（见图8-1）。同时，"货、款、价"这三个要素均包含多次发

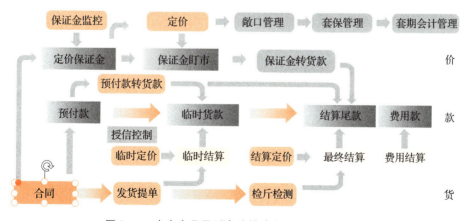

图 8-1　大宗商品灵活定价模式中的货款价三要素

货，多次定价，并配合多次付款，且不分先后，因此处理难度极大。这也是原有供应链管理系统和财务 ERP 改造也很难满足大宗商品业务管理诉求的根本原因所在。

大宗商品业务灵活定价模式的处理需要将传统合同项下的"货和款"二维处理方式更改为"货款价"三维处理方式。如果信息系统处理不够清晰，改造不够彻底，将严重影响后续大宗商品的敞口管理和套期保值管理。

8.1.2 敞口识别的信息化需求

大宗商品企业经营面临着巨大的市场风险，如前文第 1 章第 5 节所述，大宗商品企业需要建立风险管理体系，明确风险管理政策，设定风险预算和风险限额。因此，在大宗商品信息化系统里面需要满足事前设定风险预算、风险限额的需求，同时可以在后期的操作过程中加以控制和预警。

大宗商品企业价格风险敞口对于企业的风险规避和价值创造非常重要，所以大宗商品企业首先需要在复杂的业务中识别出自己企业的风险敞口。风险敞口是大宗商品企业除了关注库存数量、资金金额外的一大不可缺少的重要指标。如本书第 2 章所述，大宗商品价格风险敞口可分为预期交易、确定承诺和资产负债敞口，不同类型的企业管理风险敞口的政策不同，同时在业务过程中这些敞口还在不停地变化，因此大宗商品信息化系统需要在复杂的业务中即时识别风险敞口并对敞口的变化进行动态管理。

大宗商品风险敞口对企业业绩的影响巨大。因此，对于当前时点的盈亏需要做盯市盈亏分析，对于未来影响程度需要通过历史波动幅度对未来的风险进行量化评估，如前文第二章风险量化章节所述，VaR 值是大宗商品企业进行量化评估的主要方式。大宗商品信息化系统需要支持盯市盈亏计算、风险量化评估和预计处置等功能。

8.1.3 套期保值的信息化需求

套期保值是大宗商品企业规避市场风险最有效的方式之一，而套期保值将实货敞口和金融衍生品头寸进行匹配，形成套期关系是套期保值管理最基本的要求，这也是国资委 8 号文和 17 号文的基本要求。但是由于实货敞口多种多样且在业务过程中不断变化，金融衍生品头寸也面临着多种类型、多种变化，例如需要进行移仓换月等。衍生品进出场规则和现货购销规则不一致，实行的是先建先平的原则。基于以上各种情形，简单把实货敞口和衍生品头寸关联起来，很难满足业务的复杂需求，因此套期保值的信息化需求需要通过策略（也可以叫项目或者方案）将实货敞口和金融衍生品头寸关联起来，以跟踪、评估和应对套期保值业务过程中的各种复杂变化。

同时，套期关系的匹配可以真正反映大宗商品业务经营的现货和衍生品统一核算的经营结果，再加上各种费用、成本的核算，就可以计算出大宗商品每笔业务的实际盈亏和损益归因。

套期保值过程中还面临着各种风险，因此需要在套保策略内设置各种风控指标，内置业务审批程序，形成完整的授权体系，明确有交易权限的人员、交易品种和额度，最终建立完整的套期保值风险管理信息化体系。

大宗商品套期保值信息化系统必须满足统一管理、协同管理、智能管理的要求，以各种业务和财务数据实时统计为基础，建立价格、风控等数据信息台账，使管理层、现货业务、期货操作、风控、财务能实时掌握套期保值业务运行情况，为快速有效决策提供支持，同时对各种指标执行完成进度进行定量追踪，以便及时调整和改进，确保期现严格匹配、全程监控资金运行情况，保证结算的及时性和准确性，客观反映期货套期保值业务开展效果。

此外，大宗商品信息化系统还需要满足国资委最新政策文件要求，以套期保值业务在线监控、期现严格匹配、全程监控资金运行情况为目标，客观、准确反映期货套期保值业务开展效果，实现套保业务财务全覆盖，实现套期保值业务的制度流程固化和动态过程管控。

8.1.4　套期会计的信息化需求

财务会计记录有助于提供决策有用的信息，提高企业透明度，规范企业行为；有助于加强经营管理，提高经济效益，促进企业可持续发展，在审计和合规方面占据重要的位置。在套期保值业务开展的过程中，套期保值会计的重要性不言而喻。

2017 年 3 月财政部对《企业会计准则第 24 号——套期会计》进行了修订，自 2018 年 1 月 1 日起施行。修订后的准则放宽了被套期项目和套期工具的要求，取消了套保有效性 80%~125% 的范围要求，使套期会计的大面积使用成为可能。但是套期会计实务处理非常复杂，套保有效性评估具体比例虽然取消，但是企业和第三方审计还需要根据品种实际情况、业务实际情况设定合理的套保有效性指标。

大宗商品套期会计信息化系统需要事前支持会计模板设定、套保有效性评估等参数的设定，从而将复杂的套期会计处理通过信息化系统直接生成套期会计的凭证，以帮助企业在缺乏套期会计专业人士的情况下通过系统进行套期会计的处理，真正实现套期保值工具合并计算盈亏，财务核算更符合套期保值业务实际，同时满足监管部门合规要求。

8.1.5　衍生品交易的信息化需求

大宗商品衍生品交易面临着境内境外多家期货交易所、多家期货经纪公司、多类型衍生品品种、公司内部多主体需要进行期货交易等诉求。同时，企业还要管控交易员的道德风险和操作失误风险，合规有效完成期货资金的调拨等管理，推进科学合理使用资金，在风险可控的基础上提升资金使用效率。

因此，大宗商品衍生品交易信息化系统需要满足一系列衍生品交易管理的需求，包括满足多账户智能管理、支持期货期权、支持境内境外多家交易所、支持多组合下单、支持统计维度结算等需求；满足有效控制账户密码、品种交易权限的需求；满足和套保信息化系统互联互通的需求；满足资金管理的需求；满足可以灵活设置各种监控的指标的需求等。

8.1.6　行情数据的信息化需求

大宗商品市场价格波动剧烈，严重影响企业利润，因此需要采集企业外部的行情数据。外部行情数据在大宗商品企业经营中运用广泛：一方面可以作为现货购销的定价基准；另一方面可以为敞口管理的盯市盈亏、风险量化评估服务；同时还可以为套期保值的公允价值进行估值；此外还可以为套期会计提供数据进行套保有效性评估。除了上述经营过程中的使用外，还可以对大宗商品的行情趋势进行分析研判，辅助经营决策。

因此，大宗商品行情数据信息化，需要建立公司的统一数据仓库，包括企业内部数据和外部市场数据，并在数据收集的基础上实现数据清洗、数据建模、数据展示等数据全流程治理的信息化；支撑企业产品定价和期现结合的现货经营模式，促进企业市场分析和数字化能力的提升，降低企业市场风险，为企业的生产和经营创造价值。

8.2　大宗商品企业信息化监管要求

现阶段，国家的经济发展与大宗商品市场呈现出越来越密切的关系，而大宗商品行业基于商品价格的风险管理迫切性越发突出。为防范系统性风险，有效管理大宗商品现货和衍生品（期货、期权）交易，风险监测预警系统已成为大宗商品企业管理交易和风险的重要支撑手段。

2020 年 1 月国务院国资委印发《关于切实加强金融衍生业务管理有关事项的通知》（国资发财评规〔2020〕8 号）（以下简称"8 号文"）、2021 年 4 月 30 日印发《关于进一步加强金融衍生业务管理有关事项的通知》（国资厅发财评〔2021〕17 号）（以下简称"17 号文"），要求中央企业将信息系统建设作为企业开展金融衍生业务的必备条件，要求中央企业加快推进各层面信息系统建设。

两个文件对于信息化建设的要求分别如下。

1. 8 号文要求

"集团应当通过风险管理信息系统等信息化手段监控业务风险，实现全面覆盖、在线监测。商品类衍生业务的操作主体要建立健全业务信息系统，准确记录、传递各类交易信息，固化制度要求，规范操作流程，阻断违规操作。"

2. 17 号文要求

（1）"各中央企业集团应当建立金融衍生业务风险管理信息系统，对集团范围内所有业务进行每日监控，建立健全风险指标体系，实现在线监测和预警。仅开展货币类衍生业务，且开展频次较低、业务规模较小的集团，可不单独建立风险管理信息系统，但应当采取有效手段监控业务风险。"

（2）"开展商品类衍生业务的操作主体，应当建立金融衍生业务信息系统，覆盖业务全流程，嵌入内控制度要求，实现"期现一体"管理，具备套保策略审批、交易信息记录、风险指标监测、超限额或违规交易预警等功能。"

（3）"已开展金融衍生业务的省属企业应当加快推进各层面信息系统建设，自本通知印发之日起 2 年内建成上线。新开展金融衍生业务的省属企业应当将信息系统建设作为必备条件。"

8 号文和 17 号文对集团和操作主体的风险管理信息系统提出了不同的建设要求，明确了两层系统定位和所需功能，两者互有区别和侧重（见表 8 - 1）。

表 8 - 1 两层系统定位和功能的比较

	央企集团层	操作主体层
系统定位	金融衍生业务风险管理信息系统	金融衍生业务信息系统
系统功能	对集团范围内所有业务进行每日监控，建立健全风险指标体系，实现在线监测和预警	覆盖业务全流程，嵌入内控制度要求，实现"期现一体"管理，具备套保策略审批、交易信息记录、风险指标监测、超限额或违规交易预警等功能

从中可以看出，央企建立的金融衍生品业务的信息系统需要具备业务管理、策略审批、风险监控和指标监测、风险预警、记录与报告等一系列功能，形成风险管理的闭环（见图 8 - 2）。

图 8 - 2 金融衍生品业务信息系统的风险管理闭环

8.3　大宗商品业务和风险管理系统

为了满足大宗商品企业业务管理和合规管理的信息化需求，国际上有一套专用的对于大宗商品企业业务和风险管理的信息化系统，被称为大宗商品交易和风险管理系统（Commodity Trading and Risk Management system），英文简称 CTRM。CTRM 系统产生于 20 世纪 80 年代，20 世纪 90 年代以后 CTRM 系统已趋于成熟。CTRM 系统可以实现计划的管理、采购、销售、仓储、物流，以及交易数据的获取、风险的管理、套期保值会计等功能。CTRM 系统把风险管理和大宗商品的业务完全整合在一起。当然 CTRM 还有一个分支 ETRM，又称为能源交易和风险管理系统。ETRM 系统是在 CTRM 之前出现的，它主要应用于电力、原油等能源的风险管理，其在国际上的应用非常普遍。

CTRM 系统由大宗商品风险管理子系统和业务子系统组成。套期保值管理模块、敞口管理模块、套期会计管理模块、期货交易模块和行情价差模块，这五个模块构成了风险管理子系统。大宗商品的计划管理、合同管理、价格管理、仓储物流、信用和采购管理等业务管理功能构成了大宗商品的业务子系统。两者有机结合就成为大宗商品交易和风险管理系统，即 CTRM 系统。这个信息管理系统和传统 ERP 系统最显著的区别在于其可以对灵活定价模式进行即时处理。如果不能对业务过程中的灵活定价模式进行即时管理，就不能及时地找到价格风险敞口，那么所有的风险管理都无从谈起。CTRM 系统在底层就是把价格流、货物流、资金流三个流分开的。以合同为首，然后分别连上价格、货物、资金，这样才能灵活处理。CTRM 系统可以支持多种贸易形态，不管进口的、出口的、内贸的、转口的，还是长单、零单，或者融资合同、流量合同、现货合同以及交割、仓单等都可以支持。CTRM 系统也可以支持各种各样的交易模式，比如基差交易、跨期套利、跨市场套利等。

国际上，CTRM 系统在大宗商品行业已经得到了广泛应用。而在国内，运用 CTRM 系统也是大宗商品企业的必然趋势，主要原因是：随着国家衍生品市场的蓬勃发展，越来越多的企业把期货等衍生品工具作为业务风险管理的工具，开展套期保值的上市公司也逐年增加，并产生了各种期现结合的新兴业务方式。这种情况下，需要具有行情跟踪、业务灵活定价模式、实时估值、风险管理、衍生品管理和套期会计等功能的信息系统来支持业务运行。

（1）国家政策要求

国资委在 2020 年出台 8 号文和 2021 年出台 17 号文，规范中央企业开展衍生品套期保值业务操作。文件明确规定"加快信息系统建设"，并设定了 2 年的时间要求，明确了集团层和业务层建立风险管理信息系统的功能要求。

（2）原有系统老化

企业主流运行的 ERP 系统、财务系统等，只支持固定价格的业务方式，无法支持大宗商品业务运行所需的灵活定价、实时估值、风险和衍生品管理等功能，同时受制于底层框架的限制，无法通过升级来完成功能完善。

所以，需要建立一个全新的融合业务、衍生品、风险管理、套期会计等功能于一体的 CTRM 系统来支持大宗商品企业的运营。

8.3.1　国际 CTRM 行业现状

CTRM 系统产生于 20 世纪 80 年代的美国，随着能源行业的企业竞争需要，在能源领域得到发展，并在北美和欧洲的大宗商品行业企业中得到广泛应用。2023 年总体行业规模约 140.94 亿元人民币（见图 8 – 3）。

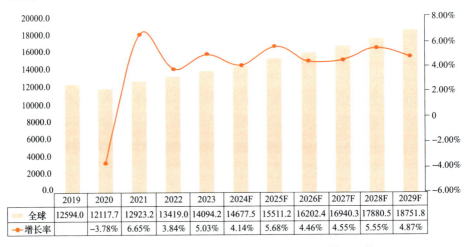

	2019	2020	2021	2022	2023	2024F	2025F	2026F	2027F	2028F	2029F
全球	12594.0	12117.7	12923.2	13419.0	14094.2	14677.5	15511.2	16202.4	16940.3	17880.5	18751.8
增长率		-3.78%	6.65%	3.84%	5.03%	4.14%	5.68%	4.46%	4.55%	5.55%	4.87%

图 8 – 3　2019—2029 年全球大宗商品 CTRM 行业市场规模（单位：百万元）

据 ComTech 报告，国际上提供 CTRM 系统的公司有 100 多家。国外 CTRM 系统主流供应商包括 ION、FIS、Eka、Brady、Allegro 等。

对上述企业的典型客户进行分析，不难发现，CTRM 系统已经成为世界大宗商品企业的必备软件，同时也在能源、金属矿业和农产品等不同行业里广泛应用（见表 8 - 2）。

表 8 - 2　国外 CTRM 系统领先开发商及其典型客户

国外 CTRM 系统 领先开发商	典型客户
Allegro	Exxon Mobil（埃克森美孚）、Norsk Hydro（挪威海德鲁石油）、Southwest Airlines（美国西南航空）
Brady	Glencore（嘉能可）、Mitsubishi（三菱）、Norilsk（俄罗斯诺里斯克公司）、Codelco（智利国家铜业）、ICBC Standard Bank（南非工行标准银行）
Eka	Cargill（嘉吉）、Rio Tinto（力拓）、Enmax（茵曼能源电力）、Foremost Farms（美国 Foremost Farms 药品公司）
FIS Kiodex	Delta Airlines（达美航空公司）、Mondelez（卡夫食品）、Huntington National Bank（亨廷顿国家银行）
FIS Market Map	Wingas、Reliance（印度信诚石化）、San Miguel（生力啤酒）
FIS XDM	Gasterra（加斯特拉天然气）、AXPO Power Italy（AXPO 能源电力）
ION Aspect	Trafigura（托克）、Mitsubishi（三菱）、Sasol（萨索尔燃料）、Aegean（爱琴海航空）、Unipec（联合石化）、Socar（阿塞拜疆国家石油公司）
ION Openlink	Centrica（英国森特理克天然气）、Chevron（雪佛龙）、Enbridge（加拿大安桥天然气）、Etihad Airways（阿联酋阿提哈德航空）、Shell（壳牌）
ION Right Angle	ConocoPhillips（康菲石油）、Valero、Reliance（印度信诚石化）、Suncor（加拿大森科能源）、General Mills（通用磨坊谷物食品）、Petrobras（巴西石油公司）
ION Triplepoint	Enbridge（加拿大恩桥天然气）、BP（英国 BP 公司）、Kansas City Power and Light（堪萨斯城电力和照明）、Etihad Airways（阿提哈德航空）

8.3.2　中国 CTRM 行业现状

中国 CTRM 行业随着中国大宗商品行业的蓬勃发展开始发展起来（见图 8 - 4）。2013 年我国出现真正意义上的第一套具有中国自主知识产权的

CTRM 系统。该系统为北京华融启明风险管理技术股份有限公司引进国际理念、借鉴国际 CTRM 解决方案，根据中国国情为中国大宗商品企业量身打造。

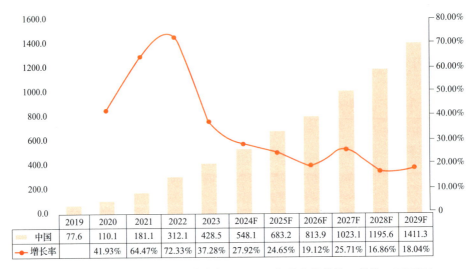

	2019	2020	2021	2022	2023	2024F	2025F	2026F	2027F	2028F	2029F
中国	77.6	110.1	181.1	312.1	428.5	548.1	683.2	813.9	1023.1	1195.6	1411.3
增长率		41.93%	64.47%	72.33%	37.28%	27.92%	24.65%	19.12%	25.71%	16.86%	18.04%

图 8-4 2019—2029 年中国大宗商品 CTRM 行业市场规模（单位：百万元）

此后，2015 年 11 月美国塑能成立塑能（北京）咨询有限公司开始涉足中国市场；2017 年上海期程信息科技有限公司成立，以母公司山东祥光解决方案为模板打造 CTRM 系统，实现母公司外的企业销售；2019 年上海金仕达科技股份有限公司开始在其交易软件上添加套期保值系统，同时开始尝试涉足 CTRM 行业。随后 ATP、量投、融航等交易软件公司也尝试在交易软件上开发套期保值模块。另外原有的 ERP 软件公司和供应链软件公司也开始在原有功能模块上增加期现匹配功能，2020 年前后又有一些小规模企业开始尝试涉足 CTRM 行业。以上新进入者分别拥有部分或者全部 CTRM 功能的产品，目前这些产品在国内或已上市或即将上市，抑或正处于开发阶段。自 2013 年国内第一个 CTRM 系统诞生，经过十年的持续发展，当前国内 CTRM 市场已处于快速发展阶段。

国内大宗商品企业使用 CTRM 系统的情况 2021 年以后也出现了快速发展。从行业来看，主要集中在能源行业和有色金属行业，橡胶、农产品次之，黑色金属、煤炭等行业较少。从区域来看，主要集中在北京的央企和浙江、上海的大宗商品贸易活跃地区，深圳次之。从企业规模来看，主要是各行业的龙头企业和变革决心较大的企业。从使用的模块来看，对于大宗商品业务管理和套期保值管理需求比较刚性，对于套期会计和行情分析系统使用还处在少量使用阶段。对于交易软件，国内厂商较多，企业使用也比较广泛，就不赘述。

2019 年以来，国内 CTRM 相关系统的开发方兴未艾，涌现了多家供应商设计开发其相关功能。其中一些厂商并不能称为真正意义上的 CTRM 提供商。根据技术来源、功能配置倾向以及产品定位等要素，其产品主要可以分为三类，即传统软件类、新生软件类和业务与整体方案类。

1. 传统软件类

这类传统软件以 ERP 或者财务软件为基础，总体上看，在业务和财务端的构架和技术较为成熟，但不能支持大宗商品交易和风险管理，也没有套期会计等功能。例如，传统软件仅支持固定价格处理，不支持交易功能，市场信息和交易数据无法及时获取，风险无法实时监控；同时不支持敞口管理功能，不能解决大宗商品企业期现匹配的痛点。在大宗商品行业实际管理中，这些交易和风险管理的部分功能只能通过手工方式台账和事后补录方式解决。

同时由于底层技术构架限制，无法通过软件功能升级或者二次开发等方式匹配客户要求，因此部分公司已经放弃 CTRM 方向的研发投入，进而和 CTRM 整体方案提供商合作，由第三方供应商根据其大宗商品行业需求，提供 CTRM 系统软件的外包和实施。

2. 新生软件类

截至 2023 年末，面向大宗商品行业软件需求的新生软件公司正在快速涌现，已达 10 余家。根据技术来源，这些新生软件，还可以进一步细分为实体贸易转化、交易软件转化和国外同类软件转化三类。

（1）实体贸易转化

这类软件，主要是实体企业为了自身大宗贸易业务和风险管理所需，利用企业自有软件团队，围绕自身商品行业和企业管理特定需求进行设计和开发的，进而希望将沉淀的巨额开发成本转嫁给市场而将自用软件同时向市场销售。

这类为企业自用而研发的软件的问题主要体现在软件局限性较强，开发设计的理念不成体系，系统构架不完善，功能配置各家参差不一，行业的适用性和功能的适用性受到较大限制，针对其他商品行业和客户的二次开发能力较弱。

（2）交易软件转化

这类软件，一般是以衍生品交易软件起家，往 CTRM 方向特定功能发展。但是这类提供商对于大宗商品行业和风险管理特点的认知有限，对于国家监管政策、业务管理、敞口管理、期现匹配、套期会计等理解不到位，因此整个软件功能仍然停留在以衍生品端交易和风险控制功能为主，难以满足客户整体解决方案的需求。

（3）国外同类软件转化

这类软件，主要是由以美国为主的国外 CTRM 公司在中国开设分支机构或者办事处向国内企业提供软件服务。由于是国外公司，对中国的监管政策和市场环境不熟，同时客户的软件二次开发和灵活配置的要求往往得不到满足。在中美经济"脱钩"日益明显的情况下，大宗商品购销数据直接反映行业和经济运行情况，因此央国企对于采购国外背景企业的软件日趋谨慎。

3. 整体方案类

在大宗商品业务和风险管理整体解决方案提供商类别中，目前能提供完整的 CTRM 软件功能并能成功交付的企业在国内数量较少。这类企业产品经过多次迭代，产品功能非常全面。

相对于其他供应商，这类企业差异化优势明显。

- 更专业

这类企业首先引入风险管理理念和 CTRM 理论，经过多年行业深耕，从业务端出发导向风险管理，形成专业的整体解决方案。

- 更全面

这类企业的实施方案包括业务管理系统、敞口管理系统、套保管理系统、套期会计系统、行情分析系统、交易控制系统等多个子系统，可分步实施，随时拓展。

- **更本土**

这类企业没有外资背景，同时借鉴国际先进经验，结合中国国情，不断实践、不断升级，形成了符合中国国情的"中国方案"，并将对大宗商品业务和风险管理行业与软件的经验和理解传递给相关监管部门，为监管部门相关政策的制定提供可行性参考。

- **更成功**

这类企业市场占有量大，已经经过数十家甚至上百家行业头部企业实践，基本做到成功交付，客户好评度高。客户分布于黑色金属、有色金属、能化、农产品、贵金属等不同行业，软件的适用性和可靠性得到持久验证。

综上所述，当前国内 CTRM 软件市场发展呈现以下特点：

（1）2021 年以来国内 CTRM 行业处于快速发展阶段，进入的企业数量较多，来源多样化。传统软件商和新型软件商，纷至沓来。

（2）各 CTRM 供应商企业由于技术背景不同，特点和优缺点明显，对于项目软件的需求方而言，增加了选择路径和选择难度，因为错误选择而导致的项目开发延误等情况时有发生。

（3）整体方案类提供商相对于竞争对手，在多方面具有明显的差异化优势。在项目方案的专业性、软件功能的全面性、实施效果的成功性、背景和输出的本土性上，具有竞争对手不可比拟的优势。

8.4　大宗商品企业信息化功能

8.4.1　CTRM 软件模块

企业需要将传统 ERP 业务财务一体化系统解耦，根据业务和风险管理的要求，重新整合成松耦合的系统结构，实现对大宗商品企业事前、事中、事后的风险进行监控，帮助其实现业务、风控、财务等一体化管理（见图 8 – 5）。

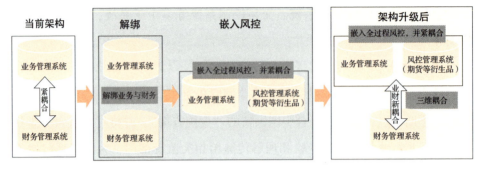

图 8-5　ERP 系统升级实现业务、风控、财务等一体化管理

CTRM 软件模块具体包括：

- 业务管理：计划、购销、仓储、调度、物流、开票结算等；
- 价格管理：支持灵活价格定价，包括点价、均价、固定价等；
- 敞口管理：敞口识别、归集、监控等；
- 行情分析：行情收集、估值、应用等；
- 套期保值：期现匹配、策略计划指令、换货、移仓、换月、交割等；
- 交易管理：下单成交、资金管理、多账户管理、交易报告等；
- 套期会计：套期文档、套期关系、有效性评估、财务凭证等；
- 风险管理：年度计划、授权、限额、风险指标、关键节点控制等；
- 报告与合规：风险事件库建设、跟踪、监控、预警、报告等。

8.4.2　CTRM 软件特性

CTRM 软件需要结合大宗商品业务和风险管理的特点，把大宗商品企业的实物业务、衍生品交易与风险管理融为一体，并能设定策略模型，提醒机会窗口，与套期会计等财务软件无缝衔接，清晰核算各种利润。

1. 满足运营管理需求

在大宗商品交易中，运营是企业的枢纽。它控制着商品库存，并且管理必要的供应链活动，对将买卖转化为公司的利润和客户的价值全权负责。从交易敲定到最终交割，运营团队负责执行达成目标所需的无数流程，这些流程可以通过 CTRM 系统予以实现。必备特性包括：

- 实物商品和金融衍生品的交易获取和合同管理；
- 商品物流的追踪/管理；
- 持仓头寸管理和评估。

2. 增强风险控制能力

CTRM 系统将风险管理和业务运营管理互相融合，关注大宗商品市场风险，并提供管理和分析工具；跟踪客户信用风险；对操作风险在系统中予以设定和制度固化。

- 市场风险敞口归集与计算，包括商品价格风险、汇率风险和利率风险；
- 风险管理和分析，如限额管理、在险价值（VaR）、盯市损益；
- 贸易对手的信用履约，信用风险管理和损益；
- 操作风险制度固化，主要针对贸易流程、贸易结算以及衍生品交易。

3. 捕捉盈利窗口机会

CTRM 系统以策略为纽带，连接不同市场、期限和产品的价格变动，记录市场公允价格、货物成本价格、衍生品指令价格和成交价格，以供跟踪、分析和交易。

- 交易员分析工具和交易优化工具；
- 模型设定与交易机会提醒。

4. 提升资金利用效率

CTRM 系统一方面提供套期会计功能所需，为采用衍生品对现货进行风险对冲的企业提供更为客观的财务报告，另一方面能在企业、部门、人员、合同和策略层级上，提供利润核算信息，为资金利用、绩效考评提供支持。

- 交易与事项的确认、结算与会计；
- 套期会计规范的执行、公允价值的信息披露；
- 各项业务、持仓的盈亏与现金流，防范企业现金流不足甚至资金链断裂风险。

8.5　大宗商品企业信息化项目建设要点

大宗商品企业信息化项目建设一般可以分成四个阶段，即立项阶段、供应商选择阶段、项目建设阶段和软件上线应用阶段。对于不同的阶段，有各自不同的关键要点。

8.5.1　立项阶段

在项目立项阶段，企业需要从三个方面着手分析（见图8–6）。

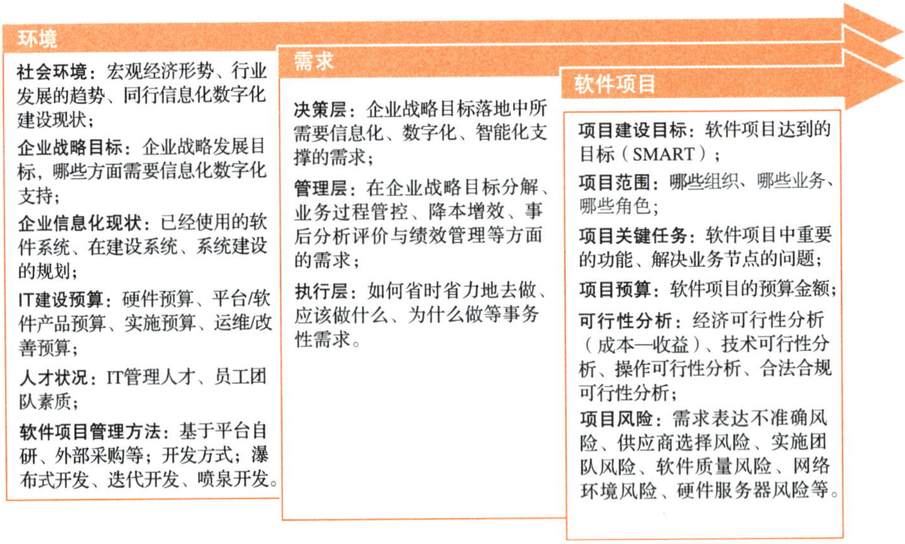

环境

社会环境：宏观经济形势、行业发展的趋势、同行信息化数字化建设现状；
企业战略目标：企业战略发展目标，哪些方面需要信息化数字化支持；
企业信息化现状：已经使用的软件系统、在建设系统、系统建设的规划；
IT建设预算：硬件预算、平台/软件产品预算、实施预算、运维/改善预算；
人才状况：IT管理人才、员工团队素质；
软件项目管理方法：基于平台自研、外部采购等；开发方式；瀑布式开发、迭代开发、喷泉开发。

需求

决策层：企业战略目标落地中所需要信息化、数字化、智能化支撑的需求；
管理层：在企业战略目标分解、业务过程管控、降本增效、事后分析评价与绩效管理等方面的需求；
执行层：如何省时省力地去做、应该做什么、为什么做等事务性需求。

软件项目

项目建设目标：软件项目达到的目标（SMART）；
项目范围：哪些组织、哪些业务、哪些角色；
项目关键任务：软件项目中重要的功能、解决业务节点的问题；
项目预算：软件项目的预算金额；
可行性分析：经济可行性分析（成本—收益）、技术可行性分析、操作可行性分析、合法合规可行性分析；
项目风险：需求表达不准确风险、供应商选择风险、实施团队风险、软件质量风险、网络环境风险、硬件服务器风险等。

图8–6　大宗商品企业信息化项目立项分析

首先对于环境，企业在进行信息化软件立项时，要考虑一下企业当前的内外部情况。

一个是企业的外部情况，包括世界和国家经济形势的变化，以及未来大宗商品行业的走向、趋势以及政策上的变化，这些变化在信息化建设的过程当中都具有相当大的影响。还有，在建设信息化的时候要关注同行业的客户采用的系统，因为信息化软件系统比较多，也有很多细分的专业产品，参考同行业企业的软件，会起到事半功倍的效果。

　　另外一个是企业内部情况，这包括多个方面。首先是企业发展的战略目标，信息化就是要服务企业的战略目标。企业战略目标制定以后需要落地，在落地的时候就要考虑，软件信息工具如何支撑企业达到目标。同时，要关注企业当前已经构建信息化的系统情况。当前已经建设的信息化系统、正在建设的信息化系统，还有将来信息化系统整体的规划，通过统筹规划，使得业务和风险管理信息项目建设能够有的放矢。

　　还有 IT 建设预算。企业在 IT 建设上的投入实际上不止包括软件的费用，还包括硬件、网络、系统运营的费用。能够拨付给新的软件产品的预算，需要计算和衡量。

　　另外还有企业人才的状况。一些偏远地区的企业实际使用系统的个人的文化水平，可能相对来说没有那么高。这种情况之下，可能信息化系统本身非常不错，领导也强烈支持，但是实际建设和使用过程中，落不了地，毕竟信息化的系统都要靠人去使用。

　　同时需要注意的是，关于企业自身 IT 团队的作用。企业的 IT 人员了解企业内部的情况，IT 的技术能力也相当高，但是由于和同行业企业的横向对比可能关注比较少，更多关注的是企业当前的业务状况，那么可能就会面临对于行业未来发展趋势和企业变化把握不准的情况。

　　在内部环境方面，还要考虑的是对于项目建设的方式。软件项目的管理，包括自研平台，或者购买了平台之后继续自研开发，以及外部采购信息化的系统，当然也有互相结合的，具体的管理方式需要和企业当前信息化的水平相适应。如果企业处于初创阶段，信息化的工作相对来说比较弱一些，那么购买外部成熟的第三方产品比较合适，同时在开发层面采取瀑布式的开发，一次性上一个规模比较大的系统较为合适。对于信息化程度比较高的公司，可能采用迭代式的开发、敏捷式的开发可能效果会更好。

　　其次是确定项目需求。项目的需求，需要从决策层、管理层、执行层这三个层面来考虑。决策层更多地要考虑企业的战略目标落地当中所需要的信息化、数字化、智能化。管理层需要考虑的是通过软件项目建设，实现企业的战略目标分解、业务过程管控、降本增效、事后分析评价等方面的管理需求。执行层需要考虑通过软件和信息化工具，提高执行效率和效果。

　　再次是确定软件项目。软件落地的时候，应该明确的内容包括软件项目所达到的目标，这个目标必须是清晰的、明确的、可衡量的；软件项目的范围，要确定软件能够覆盖的组织层级、业务场景、使用者角色以及具体流程，这样软件才能发挥作用。

　　还有，项目建设当中的关键任务，包括软件项目关键的功能，以及解决业务节点的问题。这些事情需要逐一列举清楚。还包括这一期项目的预算情况，以及可行性的分析，如技术、操作、合规合法分析等，这些方面都需要充分地进行论证。最后还包括风险，软件项目的风险存在于多个方面，包括需求的表达不够准确、供应商的选择风险、实施团队经验不足造成的风险、软件质量风险和网络环境风险、软硬件的配套情况造成的风险。

8.5.2　供应商选择阶段

　　第二阶段是供应商选择，关键点是企业要建立供应商的选择和最后效果的实施评价标准，防止走眼跑偏；要平衡信息化软件产品的质量和价格关系，避免贪小失大。

　　企业对软件供应商的选择过程如图8-7所示。

图8-7　企业对软件供应商的选择过程

　　选择供应商的过程，首先要确认需求与软件的吻合度。在软件立项、确认软件需求的时候，企业其实已经和一些潜在的供应商进行接触，对供应商所能够提供的解决方案也比较清楚。在这个过程中需要做的事情是进一步地落实潜在的供应商，评估需求和解决方案的吻合度。企业需要做的事情是针对自身需求和潜在的供应商，去制定相应的供应商评价标准和方法。这一步比较重要，比如国企和央企的客户，都要通过公开招投标过程。公开招投标聘请的专家有可能是企业和行业外部的专家，如果所制定的标准和方法过于笼统，或者过于宽泛，就会造成中标的供应商不是合适的供应商，这样企业和招标过程就很被动。

对于企业来说，选择一个经过长时间、多行业、多企业验证的成熟解决方案，是大宗商品业务和风险信息化建设的有效途径。企业可以通过多个维度，判断解决方案的合理性和科学性，避免在项目投入使用以后产生问题（见表 8 - 3）。

表 8 - 3　解决方案科学性多维度分析

维度	较为合理科学的解决方案	容易产生问题的解决方案
设计理念	从风险管理出发，从现货敞口出发符合风险管理流程	从金融衍生品出发，以衍生品交易结果匹配现货
政策导向	符合国资委、证监会、交易所等政策导向	对国资委等机构要求围绕实货敞口实现套期保值的政策理解不到位，设计有偏差
管理方法	用策略整合实货敞口和衍生品头寸，在策略层面进行风控，管理套保风险	用货头寸和现货进行匹配，难以对期现总体在线监控和管理
管理工具	专门套期保值系统，管理套期关系、套保比例、保证金、换月、换货、再平衡等	交易软件子账号下设置方案，进行资源池匹配，无法适应灵活业务场景
组织架构	业务部门、风控部门、期货部门、交易部门分别使用边界清晰的模块，可以统一规划、分步实施	在期货交易部门的虚拟账号里面植入套保功能，用报表进行风控
流程审批	计划、策略支持操纵层、管理层、决策层的审批自由配置	审批流程固定化，不能调整或者适应业务发展需求
后期拓展	套保系统拓展敞口管理系统、套期会计系统、交易系统、行情分析系统、业务管理系统，松耦合	交易系统和套保系统紧耦合，仅能使用简单单据报表实现所谓敞口和套期会计

在供应商的选择和最后效果的实施评价方面，有四个方面需要着重考虑（见图 8 - 8）。

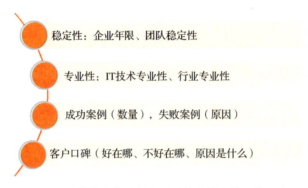

稳定性：企业年限、团队稳定性

专业性：IT技术专业性、行业专业性

成功案例（数量），失败案例（原因）

客户口碑（好在哪、不好在哪、原因是什么）

图8-8　供应商的选择和最后效果的实施评价因素

第一是稳定性。首先是企业从业年限，因为一些小企业的存活率并不高，新创的小企业存活期在3～5年；而对于大宗商品来讲，CTRM软件行业是比较复杂的行业，通常要具备5年以上的时间沉淀，才能把CTRM软件开发这件事情做好，所以企业的生存年限比较重要。其次，企业要关注供应商实施团队是否稳定。实施团队在这个企业存在多少年，实施团队人员是否经常性流动。选择名气比较大的供应商，但是如果其实施团队人员频繁流动，最终给企业服务的实施团队人员经常变动，那么实施效果就会大打折扣。

第二是专业性。主要分成两个方面，一方面是IT技术的专业性。IT技术的专业性是指系统底层的技术平台的情况和技术人员的水平。另一方面是行业的专业性。由于大宗商品企业业务开展特点，风险管理要求和财务处理规范各不相同，不同的行业和产品运作方式也差异较大，因此大宗商品企业开展业务和信息化建设的难度比其他通用工具类软件企业更高。专业的实施队伍，可以更准确高效理解行业和产品特点，分析客户业务和管理需求，并掌握风险、衍生品和财务等知识，这样可以降低双方的沟通成本，把握开发设计和实施的方向，有助于提升系统的落地可控性。而且由于CTRM系统模块复杂，包括业务处理、定价管理、敞口管理、套期保值、套期会计、期货交易、行情数据等功能，如果企业将多个功能模块同时上线，需要考虑项目实施人员是否全面掌握所需的知识和技能，因此选择具有不同产品模块实施经验的开发商显得尤为重要。在实施过程中，要求开发商派驻具有相应能力的项目人员，负责对应的功能模块建设工作。

第三是成功案例。要关注成功案例的数量、供应商企业承接的项目数量以及成功的数量的占比。也要关注是否有失败案例，其实有失败案例也不代表供应商企业不好，要关注失败的原因是什么，自身企业是否也存在。

第四是客户口碑。企业要到客户现场去沟通，评估客户口碑的正面评价和负面评价，分析原因。

在供应商选择过程中，价格与质量的平衡，是比较敏感的关注点。甲方一般都希望在保证质量的前提下，压低成交价格。市场中确实有一些成交价格明显低于实际成本。这有如下几个方面的原因（见图 8-9）。

低于成本价成交	优质优价成交
● 短期行为 ● 乙方将项目作为实验田、培育产品 ● 项目金额不大，乙方前亏后赚，乙方为了中长期合作 ● 乙方为了打压其他竞争对手 ● 乙方以次充好，没打算要项目验收，甚至项目部署上线款项	● 产品与需求吻合度高 ● 二开工作量小 ● 价格在合理的范围内；软件产品价格+二开成本+实施成本+回款周期成本

图 8-9　成交价格情况分析

第一个可能原因，是这种低于成本价成交的项目是短期行为。

第二个可能原因，是乙方拿这个项目作为试验田，因为乙方想在这个行业培育一个产品。乙方可能之前不在这个专业领域里，或者可能在这个专业领域中但不在这个品种线上。为了打造自己的产品，乙方必须要有实际的企业应用，这样才能够把自己的产品更好地落地。所以，乙方为了能够拿下这个项目，会把自己的价格变低。但是这就会带来两个风险，一是这个项目如果在开发的过程中没有打造好，就很有可能失败，这种情况下不仅亏损了前期付的资金，同时甲方企业的员工上的投入也是沉没成本。另外，甲方提出信息化方面的需求，然后乙方进行了相关软件产品的开发，由于是乙方试验田的产品，开发周期可能较长。但是业务又在随时发生变化，之前的需求已经不是现在的需求，软件产品上线的时候就发现很多地方不适用，需要进行大量的再调整。而这个调整容易出现扯皮的情况，甲方愿不愿意继续投入资金，乙方愿不愿意继续免费地或者低额地承接项目开发，需要认真考虑。如果乙方比较认可这个项目，即使亏损也愿意继续开发，这算是比较好的结果。

第三个可能原因，是乙方明知道项目会亏损，但是这个项目本身的金额并不大，同时甲方自身存在后续的需求。鉴于这种情况，乙方可能会为了与甲方长期的合作而接受当前的亏损。

第四个可能原因，是乙方为了打压其他竞争对手，或者以次充好，没有想把这个项目做好，只要前期能够竞标成功，能够拿到首付款，随便上线一套系统给甲方，然后按合同进行收款，那么这个项目最后可能不了了之。

合理价格应该如何界定，最主要看产品和需求的吻合程度，因为产品和需求的吻合程度越高意味着产品的复用率越高，二次开发的工作量越小。这时甲方投入的费用只是在二次开发和实施成本上面，相对来说整体的价格可压缩的空间会大一些。相反，二开的工作量大，同时还想把价格压得很低，对双方来说都比较难。

8.5.3　项目建设阶段

再关注一下项目建设的关键点（见图8－10）。项目建设招投标结束之后，甲乙双方正式合作，开始项目建设。对于项目规划、蓝图设计、系统建设、

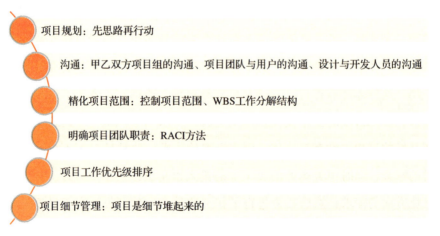

图8－10　大宗商品企业信息化项目建设工作要点

上线切换等工作，也有一些关键点，包括项目规划，沟通、精化项目范围、明确团队职责、工作优先级排序和细节管理等方面的内容。

项目目标一定要非常清晰，同时也要可度量，可实现，以结果为导向。同时时效性也非常重要，一个项目要有明确的时间周期。

在沟通方面，双方的流畅沟通直接关系到软件的项目落地。大宗商品企业信息化建设需要信息化建设企业和开发商紧密配合，全力以赴。沟通涉及两个方面的内容，一个方面是甲方要清晰地知道沟通的对象、方式、内容和途径，这些沟通当中包括了信息传递的媒介，像会议记录、任务书，原形设计、需求规格说明书等设计文档。另一方面也包括了项目组内部的沟通、甲乙双方项目组的沟通，要建立沟通机制。CTRM 信息化建设整个过程时间短则半年，长则数年，双方需要建立高度的信任和畅通的沟通机制，成立由公司领导参与的信息化建设项目组，并及时向高层汇报工作进度，并根据项目开发和实施情况调整工作计划。

对于项目需求蔓延的情况，发生原因可以理解，但要注意精简需求，保证项目进度和质量。在立项之初，用户并不知道这个系统的情况，但是后续购买产品、知道软件功能和使用感受之后，用户可能会有额外的想法，会造成需求的外延扩大。如果项目范围没有把控，随意扩大，就会造成时间和进度受到影响，进而会造成对项目质量的影响。所以，项目一定要精简相关的需求，围绕核心需求开展工作，其他的一些外延新增的需求放到二期，这样整个项目质量会比较高。

在工作分解方面，需要强调的是要通过项目工作的分工，分工到具体的工作包，分工到具体的人，明确每个人的职责。甲方和乙方所有参与到这个项目中的人员都能够明确项目目标，知道这个项目应该交付的成果、时间节点。同时，整个项目分解下来的工作要根据可行性和重要性两个维度排序，这样能够更好地保证项目的完成。

在细节方面，细节关系项目的成败。在开发过程中需要充分使用相关软件的产品，了解软件满足需求的情况，评估开发成本，以便进一步合作。

在新增需求方面，用户一开始只有一个想法，对软件实际落地之后的界面功能等并不了解，所以一定是要做高保真的原形，界面可以不漂亮，但功能一定要齐全，同时要有相关的规格说明书，把需求落实在纸面上。同时，对于新增的需求和需求的变化一定要保持审慎的态度。

8.5.4　软件上线应用阶段

软件上线的关键节点主要包括以下方面（见图8－11）：

第一，是企业在软件上线之初的时候必须要有相应的业务流程、组织职责、管理制度，即管理环境与软件要相互配合。如果没有这样的配合，软件能否使用起来是一个重大的未知数。

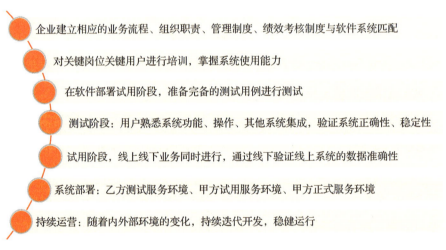

企业建立相应的业务流程、组织职责、管理制度、绩效考核制度与软件系统匹配

对关键岗位关键用户进行培训，掌握系统使用能力

在软件部署试用阶段，准备完备的测试用例进行测试

测试阶段：用户熟悉系统功能、操作、其他系统集成，验证系统正确性、稳定性

试用阶段，线上线下业务同时进行，通过线下验证线上系统的数据准确性

系统部署：乙方测试服务环境、甲方试用服务环境、甲方正式服务环境

持续运营：随着内外部环境的变化，持续迭代开发，稳健运行

图8－11　软件上线应用阶段

一方面，企业的大宗商品业务和风险管理既有企业各自的特点，也有一般性的普遍规律，对于业务和风险管理的文化和制度、风险管理机构和部门设置、权限和审批流程等管理改造，需要和CTRM系统建设同步落实。比如生产环节和业务环节的切分、风险转移的过程和方式、风控部门的设置和职能、交易部门的考核方式等，都和CTRM系统顺利实施和应用密切相关。只有建立了适合的管理环境，CTRM系统才能真正发挥业务和风险管理的作用。

另一方面，有可能决策层认为这个软件非常有必要，但是实际应用层发现用了这套软件之后对工作本身没有带来帮助，反而会增加很多的工作量，使用效果就会大打折扣。所以，必须要有相关的制度、流程和绩效来保障系统的运营。有一句话讲"三分技术、七分管理、十二分数据",就是这个意思。

在实践中,企业在开展 CTRM 建设之前,可以请业内擅长大宗商品业务和风险管理的机构开展咨询,对企业风险管理体系、组织和部门建设、业务模式等进行诊断和提供建议,并进行相应的建设,随后将建设成果输出到信息化建设中,以便在 CTRM 系统建设时更有方向性和针对性。

第二,要对关键用户进行培训,软件上线之初,用户要进行充分的测试,测试的过程主要为了熟悉系统的功能,同时也要检验和其他系统的协调性,验证系统的稳定性。在系统试运行阶段,可能会存在线上和线下两套账同时操作的情况,一方面在线下可能用传统的 Excel 管理工作,同时还要把每天的数据录入进来,这个阶段比较辛苦,但是非常有必要,只有度过了这个阶段之后才能验证这个系统整体稳定性的状况。

第三,关于系统部署的环境,需要乙方测试服务环境、甲方试用服务环境、甲方正式服务环境,这样才能够更好地修改,不断地验证,最终保证系统顺利上线。

随着企业外部监管政策与形势的变化,以及企业自身发展阶段的推进,CTRM 系统需要持续地进行维护和功能迭代开发。由于 CTRM 系统是跟企业运营管理紧密结合的系统,一般建成以后在短时间内不会轻易更换,因此选择一家将 CTRM 行业作为主业、具有长期深耕细作经验的开发商,至关重要。

8.6　CTRM 系统的管理价值

由于 CTRM 系统模块众多,功能覆盖业务管理、定价管理、敞口管理、套期保值、套期会计、期货交易、行情数据、风险管理等,因此不同企业选择不同功能模块所能达到的管理价值各不一样;同时,不同业务层级和部门由于所使用的功能和管理要求不同,对于各个不同层级和部门的管理价值也是各不相同。在此,我们以 CTRM 系统各子功能模块为维度,分析 CTRM 系统对于公司的管理价值(见图 8 - 12)。

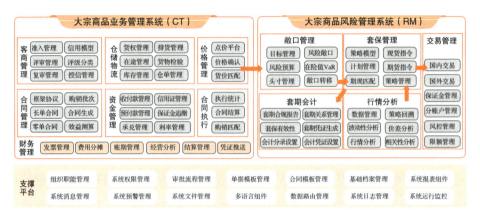

图 8-12　CTRM 系统功能结构图

8.6.1　业务管理功能模块

CTRM 系统的业务管理功能模块，可以实现公司业务的信息化管理，将风险管理政策和内部控制融合到现货采购、库存和销售运营的全过程，并以此为基础，结合套期保值等其他功能模块，建立"高层决策、专业负责、部门联动、全员参与"的业务和风险管理组织体系，丰富业务模式和盈利模式，提升企业核心竞争力。

1. 全程供应链管理

业务管理功能模块主要完成业务过程中的货物、往来款项、各类票据和价格的管理。从计划、合同、订单等不同管理层级，跟踪和记录货物的供应链全过程。完成收付款和收开票管理，并根据企业管理要求，进行审批流设定。

2. 支持灵活定价管理

业务管理功能模块作为专业用于大宗商品行业企业的软件功能模块，核心功能之一是对于灵活定价的管理。灵活价格模块支持点价、均价、固定价等定价管理，实现点价权分配、点价数量和时间管理，通过点价单对点价过程予以跟踪，对于逾期点价，支持罚息和一次性结算等管理；对于均价，支持不同时间周期和不同价格基准的自动结算。对于矿产品含有不同风险元素的头寸，可以实现成本预估、成分检验、结算等过程，自动计价。

3. 自动敞口管理

通过监控供应链购销和出入库过程，以及记录定价方式和定价过程，实现风险敞口的自动识别、归集、监控等要求。对不同组织、部门、品种、订单合同、策略等维度的敞口数量的核定，是风险管理部门的日常工作。通过敞口管理功能，可以大幅降低风控部门工作量，提升工作效率。在引入公允价值以后，就可以进行准确实时的风险量化管理。

8.6.2　套期保值功能模块

套期保值功能模块通过与业务管理功能模块的对接，实时收集现货头寸数据，实现套期保值业务线上化。根据需要，在必要的套期保值业务操作节点设置合理的审批流程，规范业务操作流程，有效防范风险。通过策略实现逐笔的期现匹配，提高套期保值业务管理的精细化水平，为统计分析提供数据依据。

1. 期现货严格匹配，确保套保业务运行受控

能够多维度实现现货数量和价格敞口风险管理，对期现结合业务实现在线管控，包括但不限于保值策略管理、现货敞口管理、期货交易管理、期现匹配管理等。

2. 客观反映期现业务经营结果

通过"一个数据源+两个输出口径"方式，可分别根据现货、期货和财务不同需求导出具体报表，形成期现结合逐笔匹配报表、套期保值业务日报告、资金使用和持仓报表等。

3. 保证套期保值业务结算及时，减轻人力负担

根据业务、财务不同台账和报表需求，集中开发实现；期货结算单及时导入系统，与保证金监控中心同步，甩掉手工台账，提高工作效率，降低操作风险。

通过与销售平台的有机协同，平台指令能够自动下达到交易软件，经过确认后一键下达给交易所，并能够自动获取期货成交数据，提高数据录入效率，解放生产力的同时降低错误概率，保障数据的一致性。

4. 符合国家期货衍生品行业最新政策导向

系统软件内有标准的动态敞口管理、资金预警监控和风险管理模块，能够实现套保业务在线监控及预警，准确记录、传递期现业务交易信息。

8.6.3　期货交易功能模块

期货交易模块除一般的交易软件所具有的账户管理、出入金管理和下单交易等功能外，作为 CTRM 软件的一部分，可以通过与套期保值模块协同工作，完成期现结合业务衍生品端的配套动作。

1. 多账户智能管理

帮助机构客户统一管理交易账户，账户信息独立；让主账户和交易账户之间的信息隔离；交易账户独立设定保证金、手续费，实时生效，可控制账户亏损额度；同时支持多家期货公司，对于客户发起的交易，可以同时在多家期货公司的主账户之间智能拆分；可以为交易账户设定交易的范围和权限，不仅仅是资金的使用权限，还包含持仓量上限、持仓保证金上限、最大撤单次数、可交易的品种、合约、头寸、持仓金额、追保风险度，强平风险度等功能；可防账户自成交、对敲；可添加版块，可对用户自定义套利的敞口进行风控条款设置。

2. 独立结算，实现资金清算成交统计实时完成

为每个开立的子账户进行结算，并为每个交易账户开设了独立的保证金监控中心（WEB）系统。结算报表的信息除了基本的账户信息之外还包括出入金明细、成交汇总、持仓汇总。能定制个性化结算报表的格式，并以 PDF 格式导出报表等服务。同时保存操作账户的数据，方便历史数据的查询。

3. 功能全面、界面灵活的交易终端

交易终端涵盖了市场上期货交易终端的大部分功能，包括条件单、止盈止损、浮动止盈止损跟随、策略编辑等；界面可自由调整组合拆分来适应交易者的交易习惯；交易终端提供了二次开发 API 接口。

8.6.4　风险管理功能模块

风险管理与业务过程高度融合，实现前中后的全流程的风险管理功能，

因此风险管理功能模块紧密嵌入在其他功能模块中。

1. 提高工作效率

通过 CTP 接口自动、实时获取期货成交数据，提高工作效率与数据准确性、及时性，减少人工机械操作，解放人工。

同时，随着期现结合业务量加大，通过信息化系统可以摆脱现货、期货和财务手工统计台账报表，提升工作效率，最大程度降低差错率。

通过信息化手段对套期保值业务风险进行管理，减少了期货、现货及财务人员的重复劳动，降低了差错率，同时期货业务风险的专业化管控能力得到了明显提升。

2. 规范业务操作

通过推行套期保值业务在线管理能够固化制度规定，规范操作流程，严防越权违规操作。通过"套保策略"将被套期项目和套期工具间的关系、期货现货比例、职能边界、业务核算规范化。当现货发生换货、期货发生换月时，使财务核算合规化。同时，符合国务院国资委发布的《关于切实加强金融衍生业务管理有关事项的通知》（国资发财评规〔2020〕8 号）中操作主体要建立健全信息化系统，准确记录、传递各类交易信息，阻断违规操作的最新政策导向。

3. 提升管理能力

借助信息化系统标准流程，优化日常管理操作，强化业务过程管控，从而给企业经营管理带来价值提升。一方面实现了对套期保值业务的在线监测，规范资金使用，尤其是期货保证金动态管理，最大程度防范资金风险；另一方面使套期保值业务数据透明化、准确可追溯，实现了业务动态管理。套期保值风险管理软件达到了预期的目标，将套期保值风险管理水平提升一个层次。

4. 契合最新合规政策导向要求

2020 年初，国务院国资委印发了 8 号文，进一步强调套期保值的实质和原则，以有效对冲大宗商品价格风险，对企业参与套期保值做出了从规章制度、操作流程到监督检查的详细规定，让企业的套保有章可循、有制可依。套期保值风险管理体系从制度、信息系统两个方面入手，强化套期保值业务内部控制，契合政策导向要求。

5. 防范业务经营风险

事前设定各种监控指标风险阈值，事中对风险指标进行监控，事后进行预实对比，统计分析，做到早发现早应对，起到有效防范各种经营风险的合理效果。

信息技术可以实现公司对于运营管理的合规和内控要求。比如在交易权限设置上，可以设置交易规模、品种、套期比例、亏损限额、VaR 风险价值等，防止由于误操作产生的操作风险，或者给人可乘之机。

在操作风险方面，企业对于衍生品操作等套期保值业务具有明确合规要求，比如国资委规定央企实体企业套期比例不得高于 80%，信息技术可以对这个套期比例予以实时跟踪计算，降低误操作扩大比例，避免造成违规的嫌疑。此外，在衍生品市场中，人性由于盈亏波动而受到市场的巨大考验，进而产生道德风险，比如该止损的时候不止损，希望行情反转等，这个时候可以通过损失限额的设置，提醒各层人员，甚至限制业务人员的进一步操作。

在现金流风险方面，由于套期保值业务中，涉及期货或者现货货值的实时估值，进而产生对现货或者期货进行资金补充的要求。信息系统可以通过对期货和现货敞口的实时估值与未来的预计估值，让企业明确资金缺口，防范资金风险。

8.6.5　行情数据功能模块

行情数据模块是整个 CTRM 系统高效运作的基础，可以对企业的经营决策发挥重要作用。

1. 收集数据，形成数据库

通过对接期货交易所、国家统计局、Wind 等数据源以及人工采集数据等方式，获取企业外部的宏观、行业和市场数据，形成外部数据集，与内部经营数据组合，形成企业数据库；在此基础上，数据中心、研究框架、指标体系、研究报告等各项数据工作实现信息化。

2. 支持业务决策

研究指标、研究报告、风险敞口、库存信息、损益分析、盯市损益等信息为期货现货业务采购节奏、定价、销售节奏等业务决策提供依据；建立研究框架、指标体系，促进经营决策；及时识别市场交易机会，提升企业期现经营效益；通过智能决策预警平台，对各分子公司期现货经营数据进行分类统计分析，从集团整体、分子公司、部门、商品种类、业务类型（内外贸、加工）等维度进行统计经营分析，为企业决策提供数据支持。

3. 提升办公效率和办公质量

企业的数据维护工作转为数据的质量审核工作，可以大幅降低工作量，提升数据质量，提升数据及时性和规范性。

8.6.6　套期会计功能模块

在套期会计实务操作中，通常情况下，公司会面临一系列实际困难，比如由于生产过程连续、购销合同滚动操作、期货等衍生品工具先建先平等原因造成难以对应匹配套期关系，套期有效性认定与核算工作量巨大等。通过套期会计模块，可以遵照会计准则要求，协助企业高效准确地对套期保值业务完成套期会计处理。

1. 支持灵活的套期关系匹配方式

（1）支持套期关系事前匹配方式

该种方式下，企业严格按照套期会计准则实施，在套期会计开始之初，事先指定被套期项目与套期工具，期货工具的开平仓在事前已经明确对应指定的被套期项目。建立套期关系后，在会计报表日，按照公允价值法或者现金流量法，对于被套期项目与套期工具进行公允价值计量，形成套期损益或其他综合收益—套期储备科目；最后在被套期项目完结的时候，根据套期损益或者其他综合收益—套期储备调整被套期项目等。该种方法要求被套期项目与套期关系识别与跟踪清晰，适合于贸易型企业等。

（2）支持套期关系事后匹配方式

该种方式下，盘中先进行期现交易操作，即期货工具的开平仓在事先并不对应指定的被套期项目。盘后再通过套期保值会计系统，把期现数据录入（导入）或者通过接口自动输入到套期保值风险管理系统中，由专人进行期现匹配操作。以上操作完成后，即完成了期现匹配。接下来进行期现结算，计算头寸、盈亏，做套期关系管理、套期有效性评价等操作。该种方法简化操作，也能真实反映套期业务的过程，适合绝大部分企业，尤其是生产加工型企业需求。但与套期准则流程要求有一定区别，需要经过外审机构确认。

2. 符合 24 号会计准则对套期会计的处理要求

套期会计功能模块具有套期关系管理、套期报表、套期会计凭证、报表日结账功能，符合套期会计准则，满足合规要求；能更真实地反映企业经营状况，减轻财务、审计工作量，提高风险管理水平。

套期会计系统结合套期业务，获取现货敞口、衍生品敞口数据，按套期会计准则确定套期类型、敞口类型、套期比率、执行期间等要素，通过系统设置相关套期参数，达到全自动、半自动、手工指定和管理套期关系的目标。

套期关系执行过程中，可随时了解套期损益、套期比率、套期有效部分、套期无效部分、套期成本等，并根据套期业务变化，做衍生品换月、套期关系再平衡、套期关系终止操作。

在评价周期内出具套期情况追踪、套期报告，做套期有效性分析。

套期关系执行过程中，或执行结束后，系统根据套期关系执行过程自动生成套期会计凭证，并可将套期会计系统与财务总账系统进行对接，将会计凭证传入财务系统，出具资产负债表、利润表等。

第9章
国际大宗商品一流企业风险管理介绍

▲

原油是大宗商品价格的先行者和引导者，与人们的衣食住行等日常生活密不可分。在 CRB 指数（路透商品研究局指数，为宏观经济形势的变化提供有效的预警信号）中，原油的价格变化在 19 种被跟踪的商品中占 23% 的权重，其地位和重要性不言而喻。

以原油化工品的生产加工和贸易为主要业务的能源企业，长期以来更是世界财富 500 强的常客。根据 2019 年美国福布斯杂志评出的财富 500 强企业排行榜，营业收入排名前 30 位的企业中，共有 10 家能源类企业，包括中石油、荷兰壳牌等以能源制造加工为主的企业 8 家，及嘉能可、托克这 2 家以能源运输贸易为主的企业（见表 9 - 1）。

表 9 - 1　2019 年世界财富 500 强中的能源企业前十名

本年 排名	上年 排名	公司名称（中英文）	营业收入 （百万美元）	国家
2	3	中国石油化工集团有限公司（SINOPEC GROUP）	414649.90	中国
3	5	荷兰皇家壳牌石油公司（ROYAL DUTCH SHELL）	396556	荷兰
4	4	中国石油天然气集团有限公司（CHINA NATIONAL PETROLEUM）	392976.60	中国
6	—	沙特阿美公司（SAUDI ARAMCO）	355905	沙特阿拉伯
7	8	英国石油公司（BP）	303738	英国

（续）

本年排名	上年排名	公司名称（中英文）	营业收入（百万美元）	国家
8	9	埃克森美孚（EXXON MOBIL）	290212	美国
16	14	嘉能可（GLENCORE）	219754	瑞士
20	28	道达尔公司（TOTAL）	184106	法国
22	32	托克集团（TRAFIGURA GROUP）	180744.10	新加坡
28	33	雪佛龙（CHEVRON）	166339	美国

数据来源：福布斯杂志网站

长期以来，原油以价格影响因素多且波动剧烈而著称，在 2008 年美国金融危机过程中，就上演了 WTI 原油指数从 147.9 美元/桶下跌到 40.1 美元/桶的过山车走势，由此造成了我国航空公司等企业在套期保值业务上的巨幅亏损。2020 年 2 月以来，由于上游 OPEC 组织内部减产不能达成一致，中游仓储装置库容有限，及下游需求萎缩等原因的影响，原油价格下跌迅猛，WTI2005 合约甚至出现 -37.63 美元的结算价格，以致引发中国银行"原油宝事件"。同时，原油行业由于自身生产深加工、产品多规格、运输长路径等特点，还面临着地缘政治、新能源替代、监管政策等一系列其他风险。

以上财富 500 强企业如何管理包括价格波动在内的各种风险，对于企业的可持续发展至关重要。正如托克公司所说：风险管理是贸易公司的核心竞争力。对世界一流能源企业的风险管理实践进行比较研究，不仅有助于我国能源石化企业提升国际竞争力，也有助于广大大宗商品企业在提升自身风险管理能力的过程中，找对路、摸对门，减少不必要的学习成本。

随着各家企业 2019 年年报数据的披露，以英国石油、荷兰壳牌和法国道达尔等能源制造加工企业，及嘉能可、托克、摩科瑞（MERCURIA）等能源运输贸易企业的年报及其他公开资料为依据，我们总结世界一流能源企业在风险管理上的特点，包括风险管理构架、职能设置和制度建设、风险文化和偏好、风险管理评估方法和过程、风险管理手段和信息化建设等多个方面，并结合我国风险管理监管政策和企业风险管理实践，进行分析评述。

9.1　董事会和专业委员会领导下的多级风控构架

从年报披露信息看，上述各公司的风险管理的管理构架，基本上采用了董事会和专业委员会领导下的多级风控构架。我们以英国石油公司（下称BP）和嘉能可作为对照分别展开论述。

9.1.1　BP 的风险管理构架

BP 的风险管理构架分为三层。

第一层：董事会及专业委员会，包括：

- BP 公司董事会；
- 审计委员会；
- 安全环境和安全保证委员会；
- 地缘政治委员会。

董事会负责领导全公司的风险管理事务，以识别主要和潜在风险，制定风险管理构架和政策，监督风险管理体系运行，作为 2019 年企业风险管理的主要任务。具体如下。

1. 董事会要求首席执行官通过一个全面的控制和内部审计系统来运营公司，并制定以下程序：

- 评估公司面临的主要风险和新出现的风险；
- 监控公司的内部控制系统（包括识别、评估和管理主要风险和新出现风险的持续过程）；
- 每年审查该系统的有效性。

2. 董事会、审计委员会、安全环境和安全保证委员会以及地缘政治委员会在评估公司面临的风险和监测内部控制系统时，在内部例会上，要求、收到和审查执行管理层的报告，包括对业务部门、公司活动和职能部门的管理。

相关委员会还定期与管理层、集团审计主管和其他监督和保证职能部门（包括集团道德和合规、安全和运营风险、集团控制、集团法律和集团风险）以及外聘审计员会谈。

董事会负责集团业务的全面开展。董事会根据英国公司法和英国石油公司章程承担职责。2019 年董事会的主要任务包括：

- 积极考虑制定长远战略，批准年度计划；
- 根据战略和计划监控 BP 的绩效，包括道德和合规性；
- 确保识别 BP 面临的主要和潜在风险及不确定性，并建立风险管理和控制体系；
- 董事会和执行管理层的继任。

董事会直接或通过其委员会定期审查识别、评估和管理主要风险和新出现风险。2019 年审查了每个优先的集团风险。董事会的工作重点是新出现的风险以及如何管理和缓解这些风险。委员会对网络安全风险进行了年度审查，特别是在 2019 年 12 月。

董事会每年评估集团内部控制和风险管理体系的有效性，作为英国石油公司年度报告和表格 20 – F 审查和签署的一部分，必须确保报告整体上是公平、平衡和可理解的，为股东评估公司的地位、业绩、经营模式和战略提供必要的信息。

第二层：管理层及执行委员会，作为公司的风险管理层，CEO 执行董事会风险管理政策，并驱动各类执行委员会，针对各种不同风险，进行风险的计划、管理、绩效和保障工作。执行委员会包括：

- 执行团队会议——针对战略和商业风险；
- 集团运营风险委员会——负责健康、安全、安保、环境和运营整体风险；
- 集团金融风险委员会——针对金融、财务、交易以及网络风险；
- 集团披露委员会——针对财务报告风险；
- 集团人员委员会——针对员工风险；

- 集团道德和合规委员会——法律和法规合规及道德风险；
- 资源承诺会议——针对投资决策风险；
- 更新委员会——针对与新业务相关的战略、商业和投资决策风险。

第三层：日常业务部门，针对生产、运营过程中的风险进行鉴别、管理和报告等工作。包括：日常风险管理、业务和战略风险管理及监督和治理三方面的工作内容（见图9－1）。

日常风险管理——管理层和一线工人针对设施设备、资产和运作，寻求识别和管理风险，促进安全、合规和可靠的操作	业务和战略风险管理——业务和职能部门将风险管理整合到关键业务流程中，如作为战略、计划、绩效管理、资源资本分配和项目评估	监督和治理——通过运作领导层、执行团队、董事会和相关委员会，监督BP的重大风险管理如何被识别、评估和管理

图9－1 BP的日常业务部门风险管理工作内容

9.1.2 嘉能可的风险管理构架

与BP一样，嘉能可实行董事会和专业委员会领导下的风险管理构架。也可以大致分为三层，即董事会层、执行管理层和业务层。

1. 最高层是董事会和专家委员会。专家委员会包括审计委员会（Audit committee），道德、文化、合规委员会（ECC committee），健康、安全、环境委员会（HSEC committee）。

董事会对风险管理进行领导和监督。包括风险文化、战略、偏好和治理。审计委员会负责审查风险管理框架和内部控制。

（1）对集团面临的新兴风险和主要风险进行稳健评估

董事会对嘉能可面临的新兴和主要风险进行稳健评估，包括那些可能威胁其业务模式、未来业绩、偿付能力或流动性的风险。该评估对于董事会确定集团的风险偏好至关重要，风险偏好是制定集团战略和目标时使用的关键因素之一。

（2）重新评估集团的长期生存能力

考虑到嘉能可的财务状况和主要风险，董事会对嘉能可的前景进行评估，并得出结论：董事会是否有合理的预期，认为嘉能可在评估期内能够继续经营并偿还到期债务。

（3）监控集团的风险管理和内部控制系统

董事会监控集团风险管理和内部控制系统的健全性，并对其有效性进行审查，包括审查集团的内部财务控制。这一监测和审查涵盖与财务、运营及合规职能有关的所有重大控制。

（4）培养风险意识文化

董事会为集团的整体文化定下基调，包括风险管理文化，向管理层提供与风险和回报相关的明确授权，以确保在承担的风险水平、内部控制的质量和预期回报之间保持适当的平衡。

2. 第二层是管理层以及职能部门，主要负责风险组织构架、风险暴露的监控和报告。

公司高级管理人员审查集团正在面临的风险，决定风险等级是否在董事会批准的风险偏好内，或者是否进一步采取措施缓解风险。

集团职能部门（风险管理、合规、法律、HSEC和可持续发展）支持业务风险所有者和高级管理层降低整个集团的风险。

内部审计作为一个独立的保证提供者，审查管理层建立的风险管理过程和内部控制。

3. 第三层是业务部门，进行日常的风险鉴别、评估和管理。

嘉能可相信，每一位员工都应该对与其角色相关的风险负责。因此，鼓励员工将潜在或已意识到的风险（不限于危险）报告至直接主管。这使得风险在早期阶段便由具有相关专业水平的团队管理，从而得到解决和缓解。

9.1.3　沙特阿美公司的风险管理构架

结合国内上市公司及央企的风险管理构架，可以发现以上两家公司与国内央企遵循的全面风险管理体系模型整体上相符（见图9-2）。

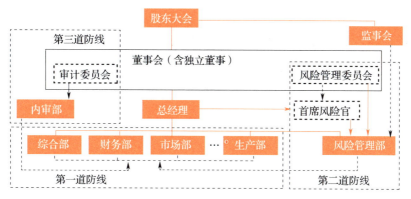

图 9-2 全面风险管理构架

　　而沙特阿美公司的风险管理构架的实例，很好地展示了董事会和专业委员会的企业治理层面、管理团队的执行层面和业务实施层面，以及与三道防线的结合。

　　沙特阿美的企业风险管理构架遵循"三道防线"的理念。经营业务和支持架构是第一道防线，作为风险所有者，对识别和管理其风险负有首要责任。第二道防线包括专门的风险管理职能，负责监测和报告风险，并向风险所有者提供指导。风险管理职能包括损失预防、环境保护、信息安全、企业应急管理和持续性、企业合规性、财务风险管理组织以及公司风险管理团体。内部审计作为第三道防线，为管理层和审计委员会提供了对内部控制体系有效性的独立保证（见图 9-3）。

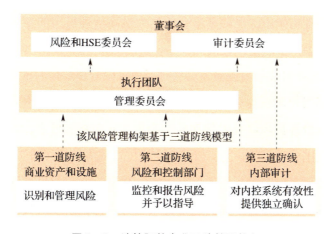

图 9-3 沙特阿美企业风险管理构架

还有一些值得关注的地方。

1. 突出董事会及专业委员会领导下的风险管理体系。

董事会将风险管理作为重点工作内容，而专业委员会一般由董事会成员担任负责人或者成员。相对于国内全面风险管理模型，突出了董事会和专业委员会对于风险管理的作用。这些董事会成员在公司最高层面，对委员会负责领域的专项风险给予识别、评估和指导，以保证公司能及时发现潜在的不确定性和风险的变化，保证公司的可持续发展。

国内上市公司和央企，对于风险管理的重视程度相对欠缺。即使以大宗商品行业为例，无论是在董事会职责，还是专业委员会的设置和人员配置上，还存在着空白或薄弱之处。

我们在企业实务中，经常会看到企业为应对专项风险的处理成立期货工作组、套期保值工作组或者外汇保值工作组等跨部门组织，一般由总经理或者负责业务的副总负责，由期货部门、现货部门、研究和策略部门的人员组成。这些机构，基本是处于执行层面，无法在公司治理层面对市场风险进行应对。

同时除了市场风险之外，公司还有其他一系列的风险，比如 HES 风险（即在工作场所中可能导致健康、安全或环境损害的潜在事件）等，但较少看到将此类风险的识别和应对作为董事会主要工作，或者将此类风险纳入一系列特定委员会的工作范畴。

2. 突出审计委员会和外部审计的风险管理地位。

在三家治理构架中，伴随董事会的作为最高治理机构的专业委员会各不相同，但审计委员会基本都在其列。

在 BP 中，审计委员会是董事会管理企业风险治理结构的重要一环，超越了一般职能部门和执行委员会。在沙特阿美中，审计委员会重点针对的是财务风险，包括财务报告以及内部和外部合规。而在嘉能可中，审计委员会还要批准集团范围内的风险状况，以及商定的位置阈值的任何例外情况。

同时我们还可以注意到，不仅审计委员会要对公司的风险管理和内部控制做出独立确认，在年报中还会有外部第三方审计，以便对公司风险管理体系做出客观的评估。通过内外部审计，保证公司的风控体系能真正实现持续健康运行。

3. 两家贸易类的公司都设置了首席风险官。

嘉能可和托克都以能源和金属矿产为主要经营产品，以运输和贸易为经营手段，不同于 BP 和壳牌等公司以油田的勘探、采集和加工为增值过程，因此这两家公司面临的市场风险对其公司利润的影响尤为显著。这两家都设立了首席风险官（Chief Risk Officer）职务，来专门处理市场风险。

9.2　与企业使命和盈利能力相适应的风险文化与偏好

在能源行业等大宗商品市场上，以英国石油（BP）等为代表的制造加工企业，与嘉能可等运输贸易企业，有着不同的企业使命，与盈利能力相适应。BP 的使命是"Our purpose is reimagining energy for people and our planet"（为人类和我们的星球重新塑造能量），主要通过生产加工的方式，获取价差，其生产成本往往是稳定的，要确保销售价格能够高于生产成本。

而嘉能可的使命是"Responsibly sourcing the commodities that advance everyday life"（负责任地获取改善日常生活的商品），其主要通过运输贸易的方式，赚取买卖价差。

正如托克所言："商品交易商很大程度上不在意市场波动。成功对冲在很大程度上消除了绝对价格变化的风险和回报。他们真正关心的是买卖价格之间的差额，当且仅当该差额大于进行该业务的单位成本时此交易才会赢利。净利润是赢利的关键指标。对于贸易公司而言，贸易量，而非价格，是其盈利能力的关键指标。"

这种企业使命和盈利能力的区别，是造成风险偏好和风险文化差异的原因之一。相对于生产制造商，贸易商的风险偏好更低，贸易公司对冲现货的头寸比例更高。嘉能可也认为自己的风险偏好是保守型。而农产品巨头嘉吉公司，甚至基本完全对冲现货敞口。

托克说："风险管理是贸易公司的核心竞争力。它们在全球范围内存储并运输实物资产，在高价值大容量交易中获取微薄利润。它们运用精细的风险管理技术连接收入与成本，并在波动的市场中有效运营。"托克的盈利途径如图 9-4 所示。

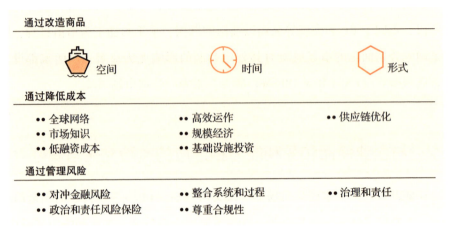

图 9-4　托克的盈利途径

9.3　与时俱进的风险管理活动

在了解分析各家企业风险管理活动的同时，我有一个至深感受，那就是这些企业的风险管理活动是与时俱进、实时更新的。

1. 公司高层对潜在风险的识别与评估可谓与时俱进

公司的董事会和专业委员会对于可能影响公司的风险或者不确定性，在全年始终保持警醒，在年度报告、例会和日常中，对于潜在风险的识别与评估与时俱进。

以新冠疫情为例，各家在年报中均不同程度地表达了其对公司经营造成的不确定性。

BP 将其列入在 2020 年董事会及委员会特别监督的风险中，提示"冠状病毒的传播，加上欧佩克＋的行动，导致油价大幅下跌。我们持续评估新冠疫情对员工和运营的潜在影响，并制订了适当的缓解计划"。

嘉能可认为新冠疫情是公司最重要的供需和价格风险的影响因素，认为"最近出现的新冠疫情可能会导致物料的严重中断，这可能会影响集团供应的大宗商品在中国市场的需求。虽然疫情大规模传播的风险在 2020 年仍然不确定，但短期疲软是现实，它可能使大宗商品市场产生额外的长期的物料短缺。"

沙特阿美公司和壳牌同样将新冠疫情列入宏观经济影响因素，涉及原油、天然气、石油产品和化学品价格的波动，同时还将新冠疫情列入影响社会稳定的因素。

而这种潜在风险一旦可能影响到企业实际运营时，采取的行动也往往是公司整体性安排。以气候因素为例，由于原油及其下游石化行业对于碳排放量影响巨大，因此现在对于碳减排工作要求很高。

BP 专门成立了工作组，应对气候相关工作。从纵向来看，管理执行层作为高层领导团队；中间层由碳排放部门的副总裁作为负责人，组成跨部门指导组；业务层是上下游的碳排放工作小组。以上的所有层级的工作都以系统、流程和风险管理为支撑。

2. 管理和业务层对风险的监控和处理是实时更新的

正如沙特阿美公司所言"我们是在一个以价格波动、危险操作和不确定项目结果为特征的行业中开展业务"。那么在三级管控体系下，管理层和业务层对风险的监控和处理是实时更新的。而这种监控和处理，往往需要通过 IT 系统来进行支撑。

嘉能可以物流和贸易作为主要经营活动，市场风险是其主要的风险类型，包括商品价格、基差、波动性、外汇、利率、信贷和业绩、流动性等。嘉能可的市场风险需要在个人、业务部门和中央层面进行管理。风险管理的初始责任由业务部门根据其商业决策负责承担并完善（见图 9 – 5）。

- 由首席风险官（CRO）领导的中央市场风险职能部门通过每日风险报告和分析（按市场和信用风险划分）承担支持、挑战和验证职能。市场风险管理团队的另一个重要考虑是处理跨多个位置的大型交易业务流的影响。该职能部门力求通过及时和全面的交易记录，持续监测交易和由此产生的风险，提供全面的敞口报告和持续评估普遍的交易对手信用风险，确保有效监督。
- 首席执行官作为商业领导和控制的核心人物，在首席财务官和首席风险官的支持下，利用来自中央风险团队和其他关键职能部门的数据和报告，推动执行职能风险管理政策。首席执行官负责向董事会报告，并向董事会寻求授权限制。

● 主要监督职责由审计委员会履行，审计委员会在其每次预定会议上接收首席风险官的报告并且确认集团范围内的风险状况，以及商定的位置阈值的任何例外情况。

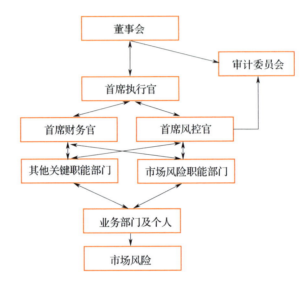

图9-5　嘉能可市场风险管理层次分布

9.4　基于自身能力和商业模式特点的风险类型

我们在梳理的时候发现，虽然是同一行业、同属头部企业，但是各家对于自身风险类型的划分并不同于传统的市场风险、操作风险、信用风险、流动性风险等划分方式，更为贴合企业的实际需求，同一风险类型下的因素也可谓各有千秋，是企业自身能力与商业模式的体现。

在嘉能可2019年重要风险地图中，嘉能可将风险分为外部风险、商业风险和可持续风险三大类，并将供应、需求和大宗商品价格，地缘政治、许可证和营业执照，法律和执法，流动性，健康安全环境这五类作为最重要的风险类型（见图9-6）。

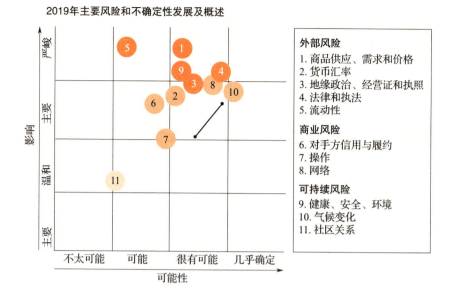

图9-6　嘉能可重要风险地图

道达尔则分成了市场环境、气候挑战、外部风险、地缘政治、运营风险和创新六大类风险，并将市场环境对油气价格、炼油利润率、汇率和利率对经营结果的敏感性，以及网络风险作为最重要的两大类风险。其中市场环境对油气价格、炼油利润率、汇率和利率对经营结果的敏感性，基本可以认为是市场风险（见图9-7）。

BP在年报中将风险划分为战略与商业、安全与运营，及合规与控制三大类（见图9-8），并指明其中九个风险是2020年BP董事会和专业委员会重点监察的风险，其中与气候相关的风险首次列为重点监察风险，并成立专门的组织予以应对。给出了可能对战略的实施、业务、财务业绩、经营成果、现金流、流动性、前景、股东价值和回报以及声誉产生重大不利影响的各类风险，并着重讨论了近期的变化和公司的缓解措施。

相对于道达尔，我们可以发现在BP关注的风险中，虽然将"价格和市场"列为所有风险中的第一个风险进行描述，但并没有将其作为董事会和专业委员会重点监察的风险，这可能和两家公司的盈利方式和价格风险对冲程度等差异相关。

	实质性 评估
市场环境参数	
结果对油气价格、炼油利润率、汇率和利率的敏感性	4
气候挑战	
能源转换的部署	3
油气储量开发	3
与气候变化影响有关的经营和财务风险	2
声誉风险与人才管理	2
与外部威胁有关的风险	
网络安全风险	4
安全风险	3
全球地缘政治和发展	
影响自由贸易的保护主义措施	3
运行条件恶化	3
法规的变化	2
与经营有关的风险	
健康、安全与环境：发生重大事故或对第三方和环境造成损害的风险	3
重大项目开发	3
商业道德	3
战略收购整合	3
合伙企业管理	3
创新	
数字化改造	3
技术或市场发展	2

重要性等级表（影响程度和发生概率）：1=较不重要，4=较重要

图9-7　道达尔风险地图

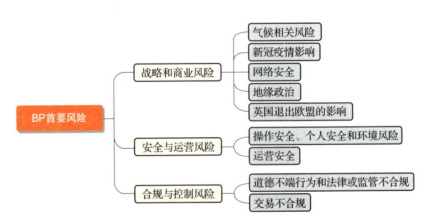

图9-8　BP 2020年首要风险地图

9.5　集团统一构架下的风险应对手段

　　各个公司对于不同风险的管理各有千秋，但也有殊途同归的地方。以嘉能可和托克对价格、利率、汇率的市场风险、信用风险和流动性风险的管理

为例，进行比较，可以得到以下对比情况（见图9-9、图9-10）。

商品价格风险	利率风险	汇率风险	信用风险	流动性风险
• 通过全球商品交易所或场外交易（OTC）市场进行期货和期权交易来管理大部分风险敞口 • 多家企业用于监测和限制其主要市场风险敞口的工具之一是风险价值（VaR）计算 • 嘉能可董事会设定了一个不变的综合风险值上限（1天95%的置信水平），即1亿美元，不到总股本的0.2%	• 通过组合多样化、期货和期权交易偶尔进行短期对冲、保险产品以及持续的内部监控、报告和量化基础业务的估计现金流和估值来管理这种风险敞口	• 通常与主要金融机构通过远期外汇合同进行货币对冲交易	• 信用管理流程包括定期评估、监测和报告交易对手风险敞口。通过内部审查和信用评分流程（包括公共信用评级）积极、持续地监控其交易对手的信用质量 • 分类交易策略，与没有公共投资等级或同等内部评级的交易对手的余额通常通过广泛使用信用增级产品（如信用证或保险产品）提高到投资等级	• 设定一个在任何时候都要保持的内部30亿美元的最低流动性目标，提前对其未来资本支出、营运资本需求和拟议投资以及信贷融资再融资/延期要求进行密切监控和计划

图9-9　嘉能可外部风险管理示例

商品价格风险	利率风险	汇率风险	信用风险	流动性风险
• 能够在所有市场条件下成功运营是托克商业模式的基本目标。集团的政策是在逐笔交易的基础上对冲与实物交易相关的所有指数价格风险 • 作为一项政策，100%的货物在任何时候都是预售的或与指数价格对冲的 • 尽管如此，套期保值交易仍面临基差风险	• 关于利率风险，我们的政策是以贷款利率借入短期流动资金，并将利率变动转嫁给我们的客户，以及通过掉期市场借入固定利率的中长期流动资金	• 就汇率风险而言，大多数销售和购买都是以类元计价的。对其他货币的敞口进行对冲，筹集的美元以外的货币通常换成美元	• 对于交易对手和信用风险，托克使用信用部制定的内部信用限额 • 信用限额反映了托克自身的风险偏好，并基于对客户的信用分析以及与Trafiigura资产负债表相比相关交易的规模 • 鉴于2019年大宗商品价格走低，我们特别注意筛选与生产商签订的预付款协议组合，以防范信贷风险 • 超过信贷限额的风险敞口由保险或银行市场承担	• 托克依靠银行提供的大量流动资金支持其业务，包括三大支柱；贸易融资、证券化和无担保承诺循环信贷 • 为满足长期资本需求，我们不时在公共债券市场或通过与机构投资者的私人配售筹集资金。我们遵循严格的政策，将资产和负债的到期日与长期借款支持的长期资产相匹配 • 我们采取保守的方式管理我们的融资流动性，在正常市场条件下，超过三分之一的承诺贷款始终未使用，并且随时都有约5亿美元的现金可用。我们的交易融资基础允许标的资产100%按市值计价，与任何相关保证金要求的流动性需求相匹配

图9-10　托克外部风险管理示例

其中需要关注的是：

1. 在应对商品价格风险的时候，多家公司普遍使用 VaR 值作为其市场风险敞口的测量和限制工具之一，嘉能可的风险敞口是 95% 置信区间下的 1 天的 VaR 值为 1 亿美元，2019 年平均值为 2700 万美元（见图 9-11）；托克的风险敞口为 95% 置信区间下的 1 天的 VaR 值，2019 年平均值 1170 万美元（见图 9-12）。两家企业都把 VaR 与企业的股本或股东权益进行对比。

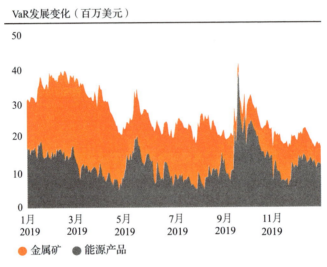

图 9-11　嘉能可公司 2019 年金属矿与能源产品的 VaR 值变化

图 9-12　托克公司平均每天 VaR 值及占股东权益比例

2. 现阶段我国对商品价格风险的对冲工具还不够完善。比如国内原油产品现有上海期货交易所能源交易中心的原油期货，但是期权、亚式合约和价差合约等在 WTI 等市场已经广泛运用的衍生品，在国内还没有上市。

3. 对信用风险和地域风险的对冲工具，国外的保险产品也已经比较普及，国内企业对于这种风险的应对手段尚不足。

4. 对于流动性，企业的应对要求可谓非常简单直接，就是无论何时，都必须保持一个最低限度的流动性，嘉能可是 20 亿美元，而托克是 1 亿美元。这种流动性主要是现金，也包括金融机构的授信额度、承诺贷款。

9.6　融入业务过程的风险管理过程

能源企业将最上游的石油变成交付给下游客户的产品，是一个价值创造的过程（见图 9 - 13）。在这个过程中，时间、空间和形态的转换跨度极大，始终伴随着市场风险、运营风险及其他一系列风险（见图 9 - 14）。

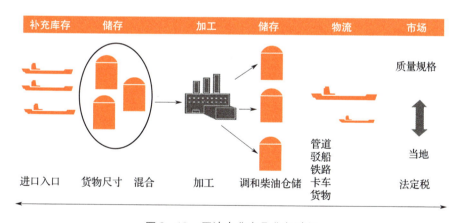

图 9 - 13　原油企业产品业务过程

企业将风险管理融入业务过程，来实现事前、事中和事后的风险管控。具体管理的组织构架和管理流程，可参考前文的气候风险实务管理和市场价格风险管理（见图 9 - 15）。

在这个流程中，由于交易和业务操作的全球化特点，不同的职能也分布在全球不同的区域。以摩科瑞为例（见图 9 - 16）：

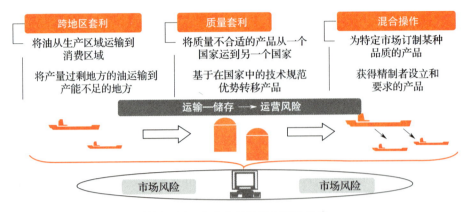

图9-14 企业业务过程与风险相伴

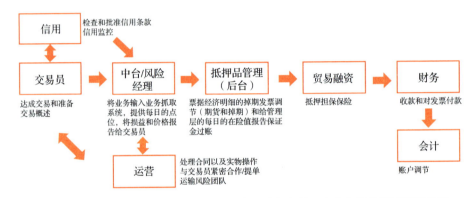

图9-15 企业每一个业务单元都有明确定义的角色并且在业务运营领域责任分离

> 中台/每个部门的风险经理（在现场的）
  - 订单录入系统
  - 二次成本估算输入系统
  - 提供准确的每日持仓、损益、价格报告给交易员
  - 监控和确保持仓量在设定的风险限额内
  - 将及时准确的套期保值需求报告给交易员（期货到期，提单转移等）
  - 有关持仓/损益的故障排除系统

> 后台—乌得勒支（荷兰）：
  - 中央风险管理、合作、汇报、检查、流程执行和内部控制
  - 在险值限额监控
  - 中央集成的系统支持/应用/加强需求
  - 衍生品合同、期货调节

> 休斯敦（美国）
  - 每天远期曲线
  - 晚间循环流程：
    ✓ 系统全面检查价格确实报告/价格差异报告
    ✓ 损益全面性检查

图9-16 摩科瑞的风险管理职能的全球化布置

9.7 基于大数据的风险管理系统

正如原油是大宗商品价格的先行者和引导者，能源行业企业相对于其他大宗商品企业，率先启用交易和风险管理系统。如图 9 – 17 中的 CTRM 系统以及图 9 – 18 中的 MERCURIA IT 系统。

ERP业务流程信息化	CTRM业务流程信息化
• 以财务为核心	• 以财务、风控为双核心
• 实现业务财务一体化，实现数据共享	• 从业务标准出发的全流程数据维护，更可靠的业财一体化
• 贸易管控从单纯的智能管理转变为系统管理和智能管理相结合	• 业务场景式系统操作流程，保证操作及时性和规范化，全面的风控管控
• ERP系统报表为公司经营分析、决策提供数据依据	• 业务口径与财务账面数据清晰易核对，杜绝账务处理和实际业务偏差
• 优化和完善贸易业务的内控审批流程	• 集成数据仓库

图 9 – 17 CTRM 系统与传统 ERP 的区别

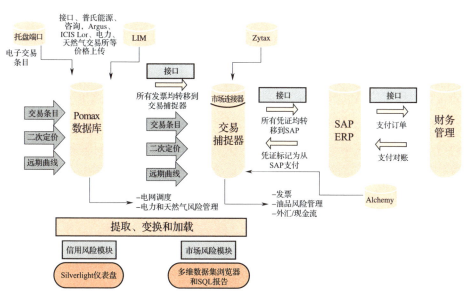

图 9 – 18 MERCURIA IT 系统

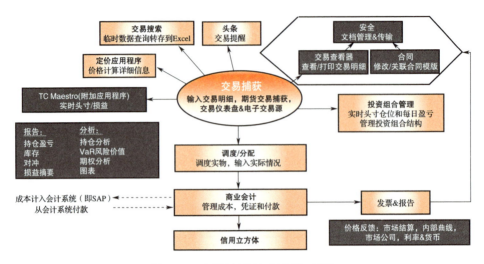

图 9-18　MERCURIA IT 系统（续）

以上通过对 BP、壳牌、道达尔和沙特阿美等能源制造加工企业，及嘉能可、托克、摩科瑞等能源运输贸易企业的年报及其他公开资料的考察，对世界一流能源企业风险管理做了一次概览。

9.8　示例：托克风险管理

对于大宗商品企业，外界往往重点研究商业模式、交易方式或者获利方式等，对于企业风险管理的关注相对较少。但是正如托克在《商品解密：交易和全球供应链》中所说，"风险管理是贸易公司的核心竞争力。它们在全球范围内存储并运输实物资产，在高价值大容量交易中获取微薄利润。它们运用精细的风险管理技术连接收入与成本，并在波动的市场中有效运营"。没有有效的风险管理，大宗商品企业就不可能行稳致远，无法持久运营。

本文就以托克 2021 年年报为基础，解读托克的风险管理，介绍托克的治理构架和职能分布、重点风险和融资模式、金融市场风险管理。

9.8.1　托克治理构架与风险管理职能

1. 治理构架

托克由其高级员工持股共有（见图 9-19）。这种员工和股东利益的一致性，有利于促进可持续的财务绩效和管理深度及稳定性。

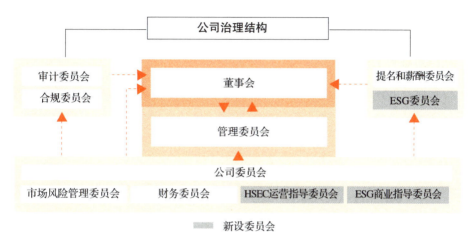

图 9-19　托克的治理构架

（1）董事会

集团的主要监督机构是董事会，全面负责集团的战略指导和管理，包括商业和融资战略以及利益相关者关系。

负有执行责任的董事也是管理委员会和附属委员会的成员。集团管理层的特点是报告线短、结构扁平、职责划分和分离清晰，以及个人问责制。

员工薪酬与集团绩效和个人贡献挂钩。该集团约 1000 名高级员工以股东的身份，对其长期成功做出个人承诺，促进管理深度和稳定性，并鼓励审慎的风险管理。

（2）董事会下属专业委员会

2021 年 9 月，托克成立了一个新的小组委员会，专注于环境、社会和治理（ESG）风险和战略，与现有的审计、合规和提名与薪酬委员会一起，加入董事会和管理委员会。ESG 委员会由集团执行主席兼首席执行官、一名执行董事和两名非执行董事组成。ESG 委员会使董事会层面能够进一步参与风险管理并为集团重大 ESG 风险管理和战略提供支持。

审计委员会协助董事会履行其对财务报告流程、内部控制系统和审计流程的监督职责。

提名和薪酬委员会就托克集团执行董事、管理委员会和其他高级员工的任命和薪酬事宜向董事会提供协助和建议。

合规委员会负责确保公司确定并严格实施所有必要的流程和控制措施，以遵守所有适用的法律法规以及托克的商业行为准则和支持合规政策。

（3）管理委员会

管理委员会由八名成员组成，位于董事会之下，包括托克的三名执行董事。管理委员会负责托克业务战略的执行，包括日常交易、商业和运营职能及其投资组合的管理。

公司管理委员会由以下四个公司委员会支持：

- 市场风险管理委员会
- 财务委员会
- HSEC 运营指导委员会
- ESG 商业指导委员会

作为托克治理结构重组的一部分，集团的 HSEC 指导委员会和气候变化小组被解散，并重组为运营 HSEC 指导委员会和商业 ESG 指导委员会。

这些新的指导委员会将运营健康、安全、环境与社区（HSEC）和商业 ESG 问题分开，使讨论更有针对性、更高效，并与成员和与会者直接相关。每个新的指导委员都会由管理委员会的一名成员领导，以确保高级管理层了解托克集团的关键 HSEC 和 ESG 问题，并能参与其中。

2. 风险管理职能分布

托克在充满活力的市场中运营，涉及广泛的风险，无论是运营风险、财务风险、政治风险、社会风险还是环境风险。因此，严格和审慎的风险管理方法是托克业务的一个重要组成部分。

托克制定了严格的风险管理和治理体系，以应对其面临的所有风险。这些系统采用多条监督线，以确保所有员工始终遵守所有适用的法律和法规，以及高标准的道德行为。集团在可能的情况下积极管理和缓解其活动固有的可识别或可预见风险，例如，系统地对冲固定价格风险，并广泛使用信用证等保险和信贷缓解工具。

托克的业务多样化，在许多国家和地理区域交易各种商品，市场动态各异且不相关，这是降低集团对任何单个市场、价格、地缘政治或其他风险的总体敞口的一个重要因素。与许多金融资产不同，实物商品市场为风险分散提供了许多机会。例如，中国为铜支付的升水与美国和欧洲之间液化石油气的价格差异关系不大。

通过扩展交易能力，托克实现了业务多元化，从而降低了总体风险敞口，提高了风险调整后的绩效。

（1）董事会和管理委员会

董事会和管理委员会直接监督交易部门和运营公司。托克的公司治理结构偏平，沟通和控制渠道短而直接。

董事会负有主要监督责任，制定风险管理框架，确定业务的总体风险偏好，并确保建立适当的结构和流程，以适当的方式处理各类风险。

管理委员会负责集团运营和投资组合的日常管理，并直接监督董事会的风险管理战略。

进一步的监督包括一系列公司职能，这些职能有助于管理委员会制定管理不同类别风险的政策和流程，并提供分析、建议和实施支持。

（2）合规委员会和合规负责人

托克的《商业行为准则》、集团合规政策以及公司责任政策和业务原则规定了每位员工个人和集体所需的高标准的责任和道德行为。每位员工都会收到一份准则和适用的关键政策的副本，其中包括作为雇佣条件的强制性培训。

托克首席合规官负责监督集团合规计划的实施和发展。他向首席运营官和托克合规委员会报告。合规部与前台办公室合作，以确保托克的控制措施具有相关性和有效性。该部门致力于在不断发展的技术、法规和利益相关者期望的环境中持续改进其实践。托克的合规培训计划不断扩大，确保员工了解关键的外部和内部要求。

（3）市场风险管理委员会和首席风险官

托克在董事会制定并由市场风险管理委员会和首席风险官实施的框架内，系统地对冲因其交易活动而产生的所有指数价格敞口。

首席风险官直接向首席运营官报告，并担任市场风险管理委员会主席，该委员会包括公司董事和高级交易员。

委员会至少每周召开一次会议，以管理总体风险敞口，评估不断变化的市场动态的影响，并限制风险敞口和集中度。

托克正在进行的风险管理系统投资计划包括一个报告系统，每当账簿接近其风险限额时，该系统会自动通知风险管理和交易团队。

首席风险官与交易团队积极合作，分析不断变化的市场条件，确保对冲策略关注当前市场动态。整个公司都采用了严格的市场风险管理方法。首席风险官的风险团队采用先进的统计模型，捕捉商品市场的一个重要特征——非正常动态。

风险团队关注总体风险，特别关注期限结构和商品内部利差。在不断变化的市场动态背景下，不断审查风险集中度。首席风险官动态管理战略对冲活动，以降低风险集中度并限制公司范围内的风险敞口。

（4）财务委员会和财务部

财务部支持整个集团的活动，并参与交易和项目的早期阶段。在财务委员会的监督下，财务部负责评估财务风险，并有权否决任何交易。

财务部信贷部门的关键作用是维护资产负债表，负责执行基本信用分析，评估集团交易对手相关的信用风险，设定内部限额，监控风险敞口并监督文件。

（5）ESG 委员会、ESG 商业指导委员会和 HSEC 运营指导委员会

新成立的董事会 ESG 委员会为 ESG 政策和方法提供集团指导。如前文所述，委员会促进董事会层面参与集团重大 ESG 风险和战略。

董事会授权商业 ESG 指导委员会和运营 HSEC 指导委员会推广最佳实践，监督集团运营中环境、社会和治理（ESG）风险以及健康、安全、环境和社

区（HSEC）风险的管理，并确保托克的企业责任政策和业务原则得到采纳，在整个组织内适当调整和实施。

（6）审计委员会和内部控制部

内部控制部门支持整个集团的管理层持续评估治理、交易、IT 和运营流程的风险和控制。这些活动的结果将报告给审计委员会，并附有行动计划，以加强控制，并在需要时进一步降低风险。内部控制还负责管理年度框架周期活动，作为外部审计师每年验证托克内部控制系统存在的过程的一部分。此外，该部门还负责进行现场审查，以评估当地管理层如何管理风险，确定改进机会，并就新 IT 应用程序的流程设计提供建议。

9.8.2　重点风险应对与融资模式

1. 重点风险与应对措施

托克的重点风险与应对措施如图 9-20 所示，下面我们一一展开讲解。

图 9-20　托克的重点风险与应对措施

（1）市场和价格

是指商品价格、价差、利率和汇率的波动，以及托克交易的商品的供应或需求的波动所带来的风险。

- 托克的政策是在每笔交易的基础上对冲与实物交易相关的所有价格指数风险。

- 所有库存在任何时候都是预售或对冲指数价格。

- 尽管进行了此类对冲，托克仍面临基差风险，即被对冲商品的价格与对冲工具之间的差额发生变化的风险。集团需每天仔细监控其对冲头寸，以规避因这些不完美的相关性而导致的过度基差风险。

- 大部分销售和购买以美元计价。对其他货币的风险敞口进行适当对冲，并进行美元以外的货币融资，筹集的资金通常会兑换成美元。

- 托克的政策是以浮动利率借入短期营运资本，任何利率变动都会传递给托克的客户，并通过掉期市场确定中长期融资的利率。

- 运费和燃油成本由托克的运输和租船部门通过远期运费协议和燃油成本进行对冲。

（2）金融、流动性和信贷

- 托克依靠银行和投资者的大量资金支持其业务。该基础设施有三大支柱：贸易融资、证券化、无担保承诺循环信贷。

- 为了满足长期资本需求，托克在公共债券市场或通过与机构投资者的私募融资。托克遵循严格的政策，将资产和负债的到期日与长期借款支持的长期资产相匹配。

- 托克采取保守的方法来管理其资金流动性，在正常市场条件下，1/3以上的承诺贷款始终未使用，并且随时可用现金至少为5亿美元。

- 托克的交易融资基础允许标的资产完全按市值计价，与任何相关追加保证金的流动性需求相匹配。

（3）合规、内部控制和制裁

- 托克的合规部门与前台办公室职能部门合作监督集团活动，以确保托克的运营适当。托克的内部控制具有相关性和鲁棒性，其重点是在整个组织内促进良好的合规文化，使每个人都认识到自己有责任达到托克的合规目标。该团队采用基于风险的方法，将精力和资源分配给对托克的核心业务和利益相关者最重要的问题。

- 该部门的活动包括交易对手尽职调查（KYC）；反洗钱；制裁和贸易限制；反贿赂和腐败；以及金融市场行为。
- 集团确保在托克的所有业务活动中遵守与国际制裁有关的义务规定，并确保托克履行作为信贷安排一部分的制裁承诺。这是交易部门的一个重点，交易部门得到了法律和财务部门的支持。

（4）法律、税收和监管

是指各地区税收安排的变化、金融监管框架变化的附带影响。

- 托克专注于管理其运营所在多个司法管辖区的法律、税务和监管风险。集团遵守所有适用的当地和国际税法，包括转让定价立法。
- 托克继续关注围绕经济合作与发展组织（OECD）、基础侵蚀和利润转移（BEPS）第一支柱和第二支柱蓝图进行的讨论。一旦确定了具体和最终的方向，托克将做出相应的举措。
- 托克还密切关注可能对大宗商品贸易公司实施的潜在新监管形式的讨论。托克已就在衍生品市场引入持仓限制和对交易公司实施监管资本要求的风险和不必要成本向有关当局做出陈述。

（5）交易对手、国家和授信

- 托克使用信贷部门制定的内部信贷限额来降低信贷风险。集团为其历史上信贷损失发生率极低而感到自豪。
- 托克通过购买政治风险保险，降低了低于特定风险评级的特定国家的政治风险。
- 授信限额反映托克对信用风险的偏好，并基于客户的信用分析以及与托克资产负债表相衬的相关交易规模。
- 托克特别注意筛选与生产商签订的预付款协议组合，以防范信用风险。
- 托克通过保险或银行市场的保险范围管理某些风险敞口信贷。

(6) 运营和环境、社会和公司治理（ESG）

- 托克的企业责任政策和业务原则阐明了领导团队在社会和环境治理方面的优先事项和承诺。在运营层面，他们概述了对集团每个人、各部门和运营公司的期望。

- 每个部门和运营公司负责并被要求使用相关的行业特定标准和程序补充政策和原则，以管理其运营的影响。

- 运营商负责确保始终遵守行业、环境、安全以及内部政策和程序。详细的程序手册在整个集团内实施，所有操作员都接受有关环境政策和立法的定期培训，以确保运营商及时了解程序、法律、监管和行业变化。

- 运营 HSEC 指导委员会要求所有部门和运营公司保存一份重大风险登记簿，说明其需要管理和缓解的关键问题。

- 记录所有 HSEC 事件，并根据集团 HSEC 数据管理系统的保障措施对其严重程度进行分类。

- 调查记录为 4 级和 5 级的涉及重大泄漏以及单个以及多个死亡的事件，并将调查结果和补救措施提交给运行 HSEC 指导委员会。

(7) 数字基础设施/网络安全

- 托克在位于高可用性和灾难恢复弹性基础设施上可扩展的弹性系统上进行了大量投资。托克的应用程序是为前后处理而设计的，具有集成控制和报告功能。

- 大宗商品行业是高科技犯罪等复杂网络威胁的重点对象，包括欺诈和数据盗窃。托克的公司或工业数字基础设施遭到破坏的影响有可能严重扰乱托克的运营。

- 为了应对网络威胁，托克通过部署和不断升级先进的网络防御系统，积极管理风险。托克采用多层先进的威胁检测机制，以及主动、自动对抗措施。托克与最资深的行业专家合作，定期开展演习，以测试托克对网络攻击的检测和响应能力。

- 管理层特别重视促进安全意识文化。网络安全是员工培训的一个重要组成部分，由一整套定义的技术和安全政策支撑。

2. 融资以满足不同的业务需求

托克的融资策略将资金来源与融资要求相匹配，通过制定多种融资战略，最大限度地提高了可扩展性、灵活性和业务弹性。

（1）持续获得资本

托克的业务活动需要大量资本。托克在全球范围内采购、储存、混合和交付商品，并投资于码头、物流和有形基础设施，以提高托克贸易运营的效率。托克的多元化融资模式使其能够在所有市场条件下继续有效和成功地运营。其可扩展性保护业务免受市场冲击，并提高灵活性和在机会出现时利用机会的能力。

托克已经制订了一项灵活的短期贷款全球计划，为托克的日常运营提供资金，并制订了一项长期的贷款计划，为托克的资产收购和其他业务活动提供资金。可用资金超过了托克的日常需求，这为异常市场条件提供了净空。托克还保持大量现金余额，以确保即使在意外情况下，也能始终履行日常资本承诺。

（2）托克的融资特点

托克的融资具有如下特点（见图 9-21）。

图 9-21　托克的融资特点

1）多样化提高了竞争力和获得资本的机会

托克使融资来源和结构多样化，以最大限度地降低风险和提高运营效率。托克在美国、欧洲和亚太地区的多个市场筹集资金，并与全球140家银行达成了贷款协议。因此，托克不受特定金融机构、部门或地区的信贷限制。托克通过一系列还款计划筹集资金，从非常短期的贷款到期限超过10年的贷款，这将托克的敞口分散到收益率曲线上。

2）匹配资金、抵押贷款降低了信用风险

作为一项政策，托克将融资类型与业务需求相匹配。托克建立了一个三支柱筹资结构，以将其付诸实施。托克使用短期融资进行交易，这些贷款以基础实物商品为抵押，每周按市价标记贷款额度，以便跟踪基础抵押品的价值。同时，托克筹集长期债务，为固定资产和投资提供资金。

3）透明度促进稳定性

托克作为一家依靠债务融资的私营公司，其业绩受到全球众多银行和投资者的密切关注。托克遵守银团银行贷款所附的财务承诺。财务团队成员定期与托克的贷款人代表会面。这些会议通常包括以运营为重点的人员（来自信贷、合规和交易部门），他们为托克的业务模式提供了更多的见解。作为公开上市债务的发行人，托克还满足债券投资者的透明度要求，其中期和全年报告在线发布，并定期举行演讲，向投资者介绍最新情况，并直接回答具体问题。

（3）托克筹资模式

托克的三大支柱融资结构（见图9-22）。

图9-22　托克的三大支柱融资结构

1）交易性授信

所有基于交易的贷款都完全抵押。托克主要通过与各银行的一对一（即双边）协议以及与银团银行的借款协议为日常交易提供资金。大多数交易始于银行代表托克以商品供应商为受益人开立信用证，以确保到期付款。银行对所购买的实物商品进行担保。当付款到期时，托克利用交易性贷款向供应商付款，该贷款以商品为担保。贷款在到期前每周按市价计价，以便融资金额始终与基础商品的价值相对应。一旦商品出售给最终买家，应收账款将被创建并分配给银行，直到现金结算用于偿还担保贷款。或者，如果应收账款出售给托克赞助的一个贸易应收账款证券化计划，则可以提前偿还贷款。

2）证券化计划

托克通过单独资本化的特殊目的机构（TSF 和 Argonaut）管理两个贸易应收账款证券化计划。这些计划进一步使托克的资金来源多样化，并且由于穆迪和标准普尔对 TSF 的投资评级，这些计划具有成本效益的融资机制。大多数交易都是在交易担保贷款的基础上逐笔融资的，但托克可以通过将发票出售给某个项目来为合格的应收账款提供资金。应收账款证券化加速了现有信贷额度的轮换，因为交易担保贷款可以更快地用计划收益偿还。

3）企业授信

托克投资固定资产以支持其交易活动。托克坚持资产与负债相匹配的政策，通过长期债务为其融资。托克发行债务证券，并在不同的市场上谈判贷款安排。资金来源包括债券、永久债券、循环信贷、私募和定期贷款。

（4）企业评级

托克没有公开评级，也不寻求获得公开评级。集团专注于通过长期价值创造加强其资产负债表。托克从利益相关者那里获得资金，这些利益相关者详细了解托克的商业模式，其投资决策不受评级的影响。

多年来，托克通过保持与投资等级相一致的可持续信用状况，显著扩大了融资来源。同样，没有评级意味着托克的业务和投资决策不是在维持特定评级水平的基础上做出的，这在市场波动性较大的时候尤为重要。

9.8.3　金融市场风险管理

托克因正常业务风险以及使用金融工具而面临许多不同的金融风险。这些风险包括与商品价格、外币汇率、利率和股票价格相关的市场风险、信用风险以及流动性风险。

审慎管理这些风险是集团业务的一个组成部分，自集团成立以来已制度化。风险管理指南由高级管理层制定。集团面临的各种风险通过内部程序（如严格的控制机制和政策）以及外部第三方（如衍生工具、保险和银行市场）进行管理。通常，集团积极管理并在可能的情况下减少其活动所固有的大部分风险。集团的审慎风险管理流程旨在：

- 全面准确地了解整个集团的风险；
- 通过一系列风险指标专业地评估和监控这些风险；
- 通过动态限额设置框架限制风险；
- 使用多种对冲工具和策略管理风险；
- 确保交易部门、风险经理和高级管理层之间的持续对话。

集团风险管理流程的三个主要强化组成部分是首席风险官（CRO）、市场风险管理委员会和交易团队。

首席风险官独立于业务创收单位，并向首席运营官和管理委员会报告，主要负责评估和监控集团的市场风险。首席风险官团队直接与交易团队联系，分析新的机会，确保风险评估适应不断变化的市场条件，同时确保集团的风险管理能力包括不断进步的技术和风险管理建模能力。

市场风险管理委员会由管理委员会和首席风险官组成，负责运用集团的风险管理能力来提高集团的整体绩效。在报告期内，市场风险管理委员会至少每周召开一次会议，讨论并设定风险和集中度限制，审查不断变化的市场条件，分析新的市场风险和机遇。

集团的交易团队在每个团队经营的特定市场中提供对冲和风险管理方面的专业知识。虽然交易团队负有管理其活动产生的风险的一线责任，但集团的流程明确了一种强大的上报和问责文化，有明确的限额、自动通知限额以及与首席风险官和市场风险管理委员会的定期对话。

集团面临的金融市场风险分类如下（见图9-23）。

图9-23　金融市场风险分类

1. 市场风险

市场风险是指由于市场价格变化导致集团头寸价值损失的风险。集团持有的头寸主要是为了确保集团有能力履行对集团客户的实物供应承诺，对冲这些承诺产生的风险，并支持集团的投资活动。由于客户需求和投资机会的变化，集团的头寸也会发生变化。集团头寸的价值以公允价值入账，因此每天都会因市场价格的变化而波动。集团面临的市场风险类别包括：

- 商品价格风险源于原油、石油产品、天然气、贱金属、煤炭和铁矿石等商品的现货价格、远期价格和波动性的变化；
- 汇率风险源于现货价格、远期价格和汇率波动的风险敞口；
- 利率风险源于收益率曲线的水平、斜率和曲率变化，利率波动和信用利差；
- 股票价格风险源于对个别股票和股票指数的价格变化和波动性的敞口。

集团对冲了其活动产生的大部分价格风险。当可用套期工具的特征和相应的商品价格风险存在差异时，托克仍面临被称为基差风险的剩余价格风险。

动态管理集团活动产生的基差风险需要专业技能，是集团交易和风险管理团队的核心重点。

风险价值

风险价值（VaR）是对集团头寸和未售出在途材料的价值因不利的市场波动而产生的潜在损失的统计估计。托克以 95% 的置信水平计算一天内的 VaR。集团使用综合 VaR 模型，捕捉包括商品价格、利率、股票价格和汇率在内的风险。集团的综合 VaR 模型有助于比较由一系列不同风险敞口组成的投资组合的 VaR。

截至 2021 年 9 月 30 日，托克的一天市场风险 VaR 为 6090 万美元（2020 年 9 月 30 日为 1030 万美元）。在此期间，平均市场风险 VaR（一天95%）为 4790 万美元，上一财政年度为 2640 万美元。集团管理委员会制定了将 VaR（一天95%）保持在集团股本 1% 以下的目标。

集团意识到 VaR 的固有局限性，因此使用各种风险度量和风险管理技术来创建稳健的风险管理流程。VaR 的限制包括：

- VaR 不会估计长期期限内的潜在损失，因为在长期期限内，总的变动可能是极端的；
- VaR 未考虑不同风险头寸的流动性，因此未估计如果集团在短期内清算大额头寸可能产生的损失；
- VaR 是基于历史市场数据的统计分析，如果历史数据不能反映期货市场价格的变动，VaR 可能无法准确预测未来可能的损失。

托克的 VaR 计算涵盖其在原油、成品油、石化、天然气、金属、精矿、煤炭、铁矿石和货运市场的交易业务，并评估受价格风险影响的未平仓头寸，包括这些商品的库存。集团的 VaR 模型基于历史模拟，对 5000 多个市场风险因素进行了全面评估。

VaR 的计算基于同时冲击这些风险因素。最近的历史价格数据在这些模拟中的权重更大，这使得 VaR 模型能够适应最近的市场条件，并提高集团对潜在损失估计的准确性。

托克的 VaR 模型利用先进的统计技术，将非正常价格动态纳入其中，这是商品市场的一个重要特征。集团的风险值模型经过持续自动校准和回测，以确保其样本外绩效符合明确定义的目标。此外，集团的 VaR 模型定期更新，以确保其反映集团活跃市场的当前观察动态。

集团对风险管理系统进行了持续的重大投资，包括一个报告系统，该系统每天自动在整个集团分发定制的风险报告。这些报告使用行业标准度量（如 95% 和 99% 的风险价值）和绩效指标（如夏普比率），提供了每个团队风险的最新信息。

所有交易账簿都有明确的 VaR 风险限额。每当账簿接近其风险限额时，以及每当发生 VaR 限额违约时，都会自动通知管理层和交易团队。此外，每当任何交易的损益发生统计上的异常变化时，集团的交易管理团队都会自动得到通知。

对于高级管理层，每日报告提供了集团风险的全面视图，并根据各种风险因素进行分类。这些报告强调了集团各种活动产生的风险分散以及任何过度的风险集中。

2. 信用风险

信用风险是指如果客户或金融工具、实体合同的交易对手未能履行其合同义务，集团从客户处的应收账款以及对债务和权益证券的投资产生的财务损失风险。

集团在世界各地的关键地点与信贷官员建立了正式的信贷流程。根据详细的财务和业务分析，为每个交易对手设定了严格的信贷限额。根据交易对手或市场发展情况以及与集团合并财务状况表规模相关的风险敞口金额，不断监控和修订这些限额。集团广泛利用银行和保险市场来覆盖超出其信贷限额的任何交易对手或国家风险。

风险管理监控和决策职能集中，并广泛使用集团的集成定制 IT 系统。集团与以下主要类型的交易对手进行交易：

- 实体商品交易对手遍布石油和大宗商品的垂直链，如生产商、炼油厂／冶炼厂和最终用户。向投资级和非投资级交易对手的销售以开放条款进行，不超过内部批准的信贷限额。高于此类限额的风险敞口须接受付款担保；

- 支付担保交易对手，即集团获得支付担保的主要金融机构；
- 对冲交易对手，包括多家主要金融机构和相关市场的实体参与者。没有任何单一交易对手或交易对手集团的重大风险集中。当集团对交易对手的敞口超过批准的信贷限额时，可从交易对手处获得抵押品。集团的政策是与所有对冲交易对手签订 ISDA 主协议或基于 ISDA 的长期确认协议。

托克在所有主要地理区域进行交易。在适当情况下，使用担保、保险和信用证来减少付款或履约风险。该集团在全球各地拥有总信贷敞口，集中在新兴市场，大部分风险转移给第三方，而平均保留 10%~20% 的风险。

在不考虑净额结算协议或不考虑持有的任何抵押品或其他信用增强的情况下，集团的最大信用风险敞口等于合并财务状况表中显示的其金融资产账面价值加上对第三方和关联方的担保。

托克拥有与受美国和欧盟目前实施的制裁影响的国家相关的未偿付金额和担保。集团分析了制裁和风险敞口，并得出结论，这些不会对集团的头寸产生重大影响。

（1）信用风险集中

当经济、行业或地理因素的变化对集团的交易对手产生类似影响时，即存在信贷风险集中的情况。这些交易对手的总信贷风险敞口对于集团的总信贷风险敞口非常重要。金融资产的账面价值代表最大信贷风险。集团通过持续监控其第三方贸易应收款的国家概况来确定信贷风险的集中度。

托克拥有多样化的客户群，截至 2021 年 9 月 30 日的 12 个月期间，没有客户占其收入的 2.5% 以上（2020 财年：3.5%）。

（2）未逾期金融资产

未逾期的贸易应收款和其他应收款来自信誉良好的债务人，他们在集团有良好的付款记录。未逾期的现金、现金等价物及衍生工具由信誉良好的金融机构或信用评级高且无违约记录的公司存放或签订。贸易和其他应收款的信贷质量是根据严格的信贷政策进行评估的。集团根据贸易应收款和其他应收款的特点对其进行分组，以监控客户信用风险。

根据集团对客户信用风险的监控，集团认为，除上述情况外，对于未逾期的贸易应收款，无须提供重大预期信用损失准备金。

（3）担保

集团的政策是在正常业务过程中仅向全资子公司和贸易伙伴提供财务担保。作为集团普通实物商品交易活动的一部分，托克可以通过出具担保书的方式作为担保人，承担子公司合同义务的责任。

3. 流动性风险

流动性风险是指托克无法在到期时履行其支付义务（金融负债情况见表 9-2、表 9-3），或无法在持续的基础上，以可接受的价格在市场上以无担保或有担保的方式借入资金，为实际或拟议的承诺提供资金的风险。

集团管理流动性的方法是尽可能确保其始终拥有足够的现金和现金等价物以及现成的承诺资金来源，以满足预期和意外的资金需求。注重流动性的健全财务管理对集团的成功起到了至关重要的作用。集团已证明有能力筹集适当类型的融资，以满足业务需求，并利用各种投资者基础（如银团贷款市场、贸易融资市场、债券市场、私募市场和证券化）、到期日和地理位置。

集团通过以下方式管理其资金和流动性风险，保持强劲的流动性状况：

- 在正常情况下，立即可用的手头现金至少为 5 亿美元（在极端波动的情况下更高）；
- 维持交易额度，使集团能够根据基础实物资产的价值按市值计价融资。按市值计价的融资每周进行一次（或在极端波动的情况下适当提高频率），并提供竞争对手无法获得的额外流动性来源，其融资完全来自循环信贷和/或资本市场证券；
- 承诺的无担保信贷；
- 维持交易性贸易融资额度和承诺性循环信贷额度下的净空；
- 合理分配利润（以产生留存收益）和回购股权的从属关系。

表 9－2 2021 年 9 月 30 日托克金融负债表

2021 年 9 月 30 日 （单元：百万美元）

金融负债				
流动和非流动贷款以及借款	34269.8	10279.4	631.8	45181.0
贸易和其他应付款	22690.0	—	—	22690.0
承诺额度到期前的预期利息支付	318.3	614.7	154.2	1087.2
衍生金融负债	4323.2	764.7	39.5	5127.4
金融负债总额	61601.3	11658.8	825.5	**74085.6**

表 9－3 2020 年 9 月 30 日托克金融负债表

2020 年 9 月 30 日 （单位：百万美元）

金融负债				
流动和非流动贷款以及借款	25783.5	6556.5	513.6	32853.6
贸易和其他应付款	10762.3	—	—	10762.3
承诺额度到期前的预计利息支付	366.1	538.4	152.0	1056.5
衍生金融负债	640.1	162.6	28.2	830.9
金融负债总额	37552.0	7257.5	693.8	**45503.3**

4. 利率风险

托克没有面临重大利率风险，因为其短期融资的到期日从几周到几个月不等，并且每笔商业交易都考虑了当前的利率水平。集团的利率风险主要集中于集团的长期融资，尽管大多数债务，无论是长期还是短期，都是浮动利率。

集团不时进行利率衍生品交易，以锁定当前利率水平，例如利率掉期，该掉期提供了一种降低集团因公司融资计划而产生的浮动利率风险的方法。为了实现衍生品结果与对冲利率支付的预期匹配，采用现金流对冲会计，并将衍生品指定为对冲工具。衍生品保持平衡，并每季度对其有效性进行测试。

5. 货币风险

托克在其交易活动中几乎没有外汇风险敞口，并且已经存在的风险敞口已被对冲。托克不使用金融工具对冲与外国子公司和非合并公司的股权和收益相关的折算风险。

托克使用交叉货币掉期对冲外币计价贷款和债券的本金和相关付款的货币风险，这些贷款和债券采用现金流对冲会计。由于基础被套期项目和相关套期工具之间的关键条款相匹配，预计套期关系将非常有效。

预计产生现金流的时期与外币计价贷款和债券产生现金流的时期相似。如果基础参考利率与集团债务协议中的基础参考利率不一致，则可能产生无效性；套期工具在指定点已经在货币中或货币外（与必须在市场上创建的假设性衍生工具相比）；当对冲工具的时间超出对冲项目，且对冲项目在当前到期日之后再融资的可能性不大时；如果套期工具的金额大于被套期项目。

6. 资本管理风险

集团的政策是保持强大的资本基础，以维持投资者、债权人和市场的信心，并维持业务的未来发展。

公司的直接母公司托克公司（托克 Beheer B. V.）由其员工独家所有。这种持股安排使集团及其管理团队的长期利益保持一致。由于拥有自己的风险资本，激励高级管理层对集团的整体业绩进行长期评估，并保护其资本。

集团的资本管理旨在确保其符合规定资本结构要求的计息贷款和借款所附的财务契约。违反财务约定事项将允许贷款人立即收回贷款和借款。本期没有违反任何贷款和借款的财务约定。

集团使用调整后的债务股本比（即调整后的总债务除以集团股本）监控其资本充足率。为此，调整后的债务指标表示集团的非流动和流动债务总额减去现金、存款、可随时出售的存货（包括正在发放的已购买和预付的存货）、与集团应收款证券化计划相关的债务以及第三方贷款的无追索权部分。

公司调整后的长期平均目标债务权益比为 1.0 倍。报告期末，公司调整后的净负债权益比率如表 9-4 所示。

表 9-4　托克 2020 年和 2021 年年末调整后净负债权益比率

（单位：百万美元）

	2021	2020
非流动贷款和借款	10911.2	7070.1
流动贷款和借款	34269.8	25783.5

（续）

	2021	2020
债务总计	45181.0	32853.6
调整项目：		
现金和现金等价物	10677.5	5757.0
存款	460.0	466.0
存货（包括外购和预付存货）	30508.8	20921.8
应收账款证券化债务	5150.4	2750.6
无追索权债务	555.4	198.4
调整后债务总计	−2171.1	2759.8
集团股本	10559.9	7789.9
年末调整后的债务与集团股本比率	(0.21)	0.35

结　语

▲

所有的经济活动最终都是为生命服务！在企业经营中，风险和收益永远是对立的矛盾统一体，只有在极端情况下企业生存下去，长期稳定盈利，才能真正为生命服务：为社会提供服务，不断创造价值，确保企业员工的稳定工作以及他们家庭的生计和幸福。

风险管理的出发点是确保企业在合理预期的最坏情况下生存下去。围绕这个出发点，本书就理论和实践进行了多方面的阐述，希望帮助企业树立恰当的风险管理理念和操作实践，这是相关企业在竞争中生存和繁荣的基本保障。没有这个保障，任何努力可能都是举步维艰的。

我们非常荣幸地汇聚了国内最顶尖的理论和实践，结合国际上成熟的理论和经验、国内的具体实践和案例，希望可以帮助从业者建立一个坚实的风险管理基础。希望我们可以抛砖引玉，为中国企业的风险管理，甚至为中国经济的繁荣发展，贡献自己的绵薄之力。

我们从事金融衍生业务多年，深刻体会到为实体经济服务、为实体提供风险管理，是金融衍生品存在的根本。金融衍生品从诞生的第一天就是为实体经济风险管理服务的。我们不忘初心，真正抓住衍生品业务善业的根本，内心感到非常欣慰和满足。

书中提到大量的观念和实践，是经过多方讨论和验证的，但也无法保证尽善尽美、没有漏洞。非常欢迎读者反馈意见和建议，帮助我们进一步完善整个系统！

衷心祝愿各位读者及供职的企业，能够在有效风险管理的守护下，繁荣发展，蓬勃向上！